华东政法大学
65周年校庆文丛编委会

主　任　曹文泽　叶　青
副主任　顾功耘　王　迁
委　员（以姓氏笔画为序）
　　　　　马长山　王立民　朱应平　刘　伟　孙万怀
　　　　　杜志淳　杜　涛　杨忠孝　李秀清　李　峰
　　　　　肖国兴　吴新叶　何益忠　何勤华　冷　静
　　　　　沈福俊　张明军　张　栋　陈金钊　陈　刚
　　　　　林燕萍　范玉吉　金可可　屈文生　贺小勇
　　　　　徐家林　高　汉　高奇琦　高富平　唐　波

华东政法大学65周年校庆文丛

内幕交易罪
应用法律对策与监管模式研究

王玉珏 /著

图书在版编目(CIP)数据

内幕交易罪应用法律对策与监管模式研究/王玉珏著.—北京：北京大学出版社，2017.10

ISBN 978-7-301-28914-3

Ⅰ.①内…　Ⅱ.①王…　Ⅲ.①证券交易—金融法—研究—中国　Ⅳ.①D922.280.4

中国版本图书馆 CIP 数据核字(2017)第 255392 号

书　　　名	内幕交易罪应用法律对策与监管模式研究 NEIMU JIAOYIZUI YINGYONG FALÜ DUICE YU JIANGUAN MOSHI YANJIU
著作责任者	王玉珏　著
责 任 编 辑	朱梅全　徐　音
标 准 书 号	ISBN 978-7-301-28914-3
出 版 发 行	北京大学出版社
地　　　址	北京市海淀区成府路 205 号　100871
网　　　址	http://www.pup.cn　新浪微博　@北京大学出版社
电 子 信 箱	sdyy_2005@126.com
电　　　话	邮购部 62752015　发行部 62750672　编辑部 021-62071998
印 　刷 　者	三河市博文印刷有限公司
经 　销 　者	新华书店
	730 毫米×1020 毫米　16 开本　17.75 印张　255 千字 2017 年 10 月第 1 版　2017 年 10 月第 1 次印刷
定　　　价	54.00 元

未经许可，不得以任何方式复制或抄袭本书之部分或全部内容。
版权所有，侵权必究
举报电话：010-62752024　电子信箱：fd@pup.pku.edu.cn
图书如有印装质量问题，请与出版部联系，电话：010-62756370

崛起、奋进与辉煌

——华东政法大学65周年校庆文丛总序

2017年,是华东政法大学65华诞。65年来,华政人秉持着"逆境中崛起,忧患中奋进,辉煌中卓越"的精神,菁莪造士,椷朴作人。学校始终坚持将学术研究与育人、育德相结合,为全面推进依法治国做出了巨大的贡献,为国家、为社会培养和输送了大量法治人才。一代代华政学子自强不息,青蓝相接,成为社会的中坚、事业的巨擘、国家的栋梁,为社会主义现代化和法治国家建设不断添砖加瓦。

65年栉风沐雨,华政洗尽铅华,砥砺前行。1952年,华政在原圣约翰大学、复旦大学、南京大学、东吴大学、厦门大学、沪江大学、安徽大学、上海学院、震旦大学9所院校的法律系、政治系和社会系的基础上组建而成。历经65年的沧桑变革与辛勤耕耘,华政现已发展成为一所以法学为主,兼有政治学、经济学、管理学、文学、工学等学科,办学特色鲜明的多科性大学,人才培养硕果累累,科研事业蒸蒸日上,课程教学、实践教学步步登高,国际交流与社会合作事业欣欣向荣,国家级项目、高质量论文等科研成果数量长居全国政法院校前列,被誉为法学教育的"东方明珠"。

登高望远,脚踏实地。站在新的起点上,学校进一步贯彻落实"以人为本,依法治校,质量为先,特色兴校"的办学理念,秉持"立德树人,德法兼修"的人才培养目标,努力形成"三全育人"的培养管理格局,培养更多应用型、复合型的高素质创新人才,为全力推进法治中国建设和高等教育改革做出新的贡献!

革故鼎新,继往开来。65周年校庆既是华东政法大学发展史上的重要里程碑,更是迈向新征程开创新辉煌的重要机遇。当前华政正抢抓国家"双一流"建设的战略机遇,深度聚焦学校"十三五"规划目标,紧紧围绕学校综合改革"四梁八柱"整体布局,坚持"开门办学、开放办学、创新办学"发展理念,深化"教学立校、学术兴校、人才强校"发展模式,构建"法科一流、多科融合"发展格局,深入实施"两基地(高端法律及法学相关学科人才培养基地、法学及相关学科的研究基地)、两中心(中外法律文献中心、中国法治战略研究中心)、一平台('互联网+法律'大数据平台)"发展战略,进一步夯实基础、深化特色、提升实力。同时,华政正着力推进"两院两部一市"共建项目,力争能到本世纪中叶,把学校建设成为一所"国际知名、国内领先,法科一流、多科融合,特色鲜明、创新发展,推动法治文明进步的高水平应用研究型大学和令人向往的高雅学府"。

薪火相传,生生不息。65周年校庆既是对辉煌历史的回望、检阅,也是对崭新篇章的伏笔、铺陈。在饱览华政园风姿绰约、恢弘大气景观的同时,我们始终不会忘却风雨兼程、踏实肯干的"帐篷精神"。近些年来,学校的国家社科基金法学类课题立项数持续名列全国第一,国家社科基金重大项目和教育部重大项目取得历史性突破,主要核心期刊发文量多年位居前茅。据中国法学创新网发布的最新法学各学科的十强排名,学校在法理学和国际法学两个领域排名居全国第一。当然我们深知,办学治校犹如逆水行舟,机遇与挑战并存,雄关漫道,吾辈唯有勠力同心。

为迎接65周年校庆,进一步提升华政的学术影响力、贡献力,学校研究决定启动65周年校庆文丛工作,在全校范围内遴选优秀学术成果,集结成书出版。文丛不仅囊括了近年来华政法学、政治学、经济学、管理学、文学等学科的优秀学术成果,也包含了华政知名学者的个人论文集。这样的安排,既是对华政65华诞的贺礼,也是向广大教职员工长期以来为学校发展做出极大贡献的致敬。

65芳华,荣耀秋菊,华茂春松,似惊鸿一瞥,更如流风回雪。衷心祝愿华政铸就更灿烂的辉煌,衷心希望华政人做出更杰出的贡献。

华东政法大学65周年校庆文丛编委会
2017年7月

前　　言

　　经过20多年的发展,中国资本市场从规模和结构,到在金融系统中的地位和对实体经济的贡献,都有了质的飞跃。然而,相较于市场的迅猛发展,监管却显得较为薄弱,内幕交易行为屡禁不止。前中国证监会主席肖钢在《监管执法:资本市场健康发展的基石》一文中指出,目前资本市场的法规、规则超过1200件,问责条款达到200多个,但其中无论是刑事责任还是行政、经济责任,没有启用过的条款超过三分之二。这其中既有立法修法不及时、不具体的问题,也有执法体制不适应,地方保护主义依然存在等问题。

　　高效规制资本市场内幕交易行为,必须根据内幕交易的违法犯罪行为规律构建与完善制度性防控体系,这正是本书的研究价值之所在。首先,通过研究现行刑事司法实践中存在的问题,尤其是最新司法解释通过后新出现的问题,深入挖掘、剖析有关内幕信息、内幕交易行为、内幕人员等重点问题,能够为定性提供理论支持,丰富和完善对本罪的系统性研究,从而准确指导司法实践。其次,通过研究发现立法规定和司法解释中存在的问题,提出针对性的立法建议和司法举措,完善相关刑事立法和司法程序,强化对内幕交易行为的惩治和预防。最后,构建实时监控主动性执法与责任追究被动性执法并重的监督格局。立足于反内幕交易实体规范与程序的双重优化,形成针对内幕交易行刑高效衔接的监管模式。既能够促进我国证券期货市场的快速、健康、持续发展,也将对完善上市公司治理结构、加强证券期货市场监管和上市公司证券犯罪预防具有重要的参考价值。

一、内幕交易罪的研究现状

对内幕交易行为及其犯罪问题的研究是伴随着我国证券、期货市场的逐步发展、壮大而兴起的,并不断延伸、拓展。对此,金融界和法学界都给予了较多关注。金融领域主要对证券期货两大金融市场的经济行为及其界定给予专业评析,同时结合相关规定对一般的证券期货市场违规行为进行研究。而法学界尤其是刑法学界则聚焦于该类行为成立犯罪的刑法认定问题研究。研究现状大致可以归纳为以下几个方面:

一是经过 1997 年《刑法》、刑法修正案以及 2012 年 3 月"两高"出台的最新司法解释等调整,我国打击和惩治内幕交易行为已经有了较为完善的刑事法律规定,有关的研究也取得较为丰硕的成果。对内幕交易罪的研究经历了由"垦荒式"到"精耕式"的转变。但这种"精耕细作"的研究还不够完备,有继续深入探讨的必要。比如,对内幕信息的认定过于模糊,尚未准确区别于与内幕信息有关的或者对证券期货交易价格有重大影响的其他未公开信息,导致司法实践在面对类似问题时依然存在认定困境。再如,内幕交易罪的犯罪主体方面,对于法定知情人员的分析和研究较为充分,但对非法获取型人员尤其是间接获取的人员范围和具体认定则关注不够,研究不足;针对最新出台的司法解释,其他类型的可能交叉涉及内幕信息知情人员或内幕交易主体的边缘人员究竟如何认定其身份和相关交易行为的性质,需进一步研究予以明确。此外,认定"情节严重""情节特别严重"仍存在较大争议,犯罪数额计算囿于刑法学的单一视角而未融通金融学、证券、期货等学科,尚无统一的、清晰的计算标准。"两高"的最新司法解释出台后,对客观方面认定也存在新的问题。如该解释第 4 条规定"依据已被他人披露的信息而交易的"不构成内幕交易罪,这里的已披露的信息是否包括由第一手信息直接受领人故意或者过失披露的信息,是否包括第二手及其后手所获知的尚未公开的信息,不无疑问,而这直接决定了相关信息受领人所获得信息是否仍属于内幕信息,进而是否入罪的问题。还有该解释提出的"内幕信息敏感期"规定看似明确,但在实践中到底如何认定,需要把握的因素或标准也有待进一步细化和完善。上述这些"老问题"和司法解释出台后产生的"新问题"将为我们进一步研究、挖掘、创新乃至突破提供切入点。

二是现有研究重视对该罪犯罪主体和客观行为方面的研究,较少关注其客体和行为人主观方面认定的研究。犯罪构成的四要件齐备,才能最终认定行为人是否成立犯罪,忽视对客体和主观方面的研究,将导致本罪内部研究的不均衡,同时也影响对本罪惩治和预防的整体性和系统性思考与应对。只有对本罪作进一步深入研究,才会对修改立法和提出惩防举措有所裨益,明确本罪刑事与行政责任竞合研究的侧重点。对行为人主观方面的研究,可以对"不作为"方式是否入罪提供更合理的意见或理由。

三是比较法视野下的对比研究已经出现,但仍停留在翻译、介绍和诠释的层面;虽已借鉴金融市场治理完善的国家和地区经验提出立法建议和司法举措,但可行性、合理性与有效性在国内仍缺乏法律依据和实践根基;"两高"最新司法解释吸收了一些先进经验和做法,但仍存在一些缺陷需要完善,如间接获取内幕信息的人员入罪范围划定的具体标准不明确,法律责任的落实仍然缺乏依据等。

二、本书主要研究内容、重点内容及研究思路

(一) 主要内容

本书研究的主要内容包括:一是内幕交易罪立法背景系统梳理和基础问题整体性考察。结合我国证券期货犯罪的产生、发展历程以及入罪化背景,明晰内幕交易罪的立法背景和立法意图,并针对其概念和基本特征等基础问题展开详细分析。二是内幕交易罪犯罪构成要件的系统性分析,如内幕信息范围的具体化、内幕人员的认定、非法获取内幕信息进行交易行为定性与行为人身份定性、内幕交易行为的认定等问题给予充分的理论论证,并结合大量现实案例予以检验和完善。三是内幕交易罪司法应用问题研究,将其与其他罪名进行全面辨析,解决实务中适用法律的疑难问题。

四是内幕交易罪刑事与行政责任竞合研究,明晰行为人实施相应行为所应承担的责任性质和各自范围,并对特殊情况下的责任承担进行研究。五是比较法视域下对各主要国家或地区内幕交易罪立法与司法状况进行介绍和系统分析,借鉴其先进、成熟经验。六是针对我国内幕交易监管乏力的现状,力图打破专业限制,构建内幕交易行刑高效衔接的监管模式。包含建立健全"主动型"立法保障机制、"高效型"行政执法机制、"制约型"查审分离机制和"紧密型"政府部门协同机制等方面。要进一步细化违法行为认定标准,提高处罚标准,丰富执法措施和手段,增强操作性和匹配性,建立行政执法和解制度,研究投资者补偿制度。更多引入刑事司法力量参与监管执法,强化行刑衔接。

（二）研究重点

本书研究重点有二:一是内幕交易罪司法适用疑难问题研究。结合司法实践,对内幕信息的具体范围和限定、内幕人员中的"非法获取型"和"间接获取型"人员定性、情节认定中的犯罪数额计算问题以及内幕交易行为的新形态,如短线交易行为、不作为形式、"交换型"等行为方式的定性等进行实证分析。二是高效行刑衔接监管模式的构建。近年来证监会每年立案调查110件左右,能够顺利作出行政处罚的平均不超过60件。每年平均移送涉刑案件30多件,最终不了了之的超过一半。由此来看,现有的执法模式程序较长、效率较低,还不适应威慑违法行为的需要,不能尽快回应市场和社会的关切。因此,应当在以往研究的基础上,抛却各部门法之间的界限,通过"行"和"刑"的有效衔接,严惩内幕交易行为,净化市场空气,最大限度保护投资者权益。

（三）创新之处

本书研究的创新之处主要有:一是运用理论分析与实证研究相结合的双向互动研究方法。结合实践中的司法认定难题将其转化为刑法上的理论问题进行研究,并为立法提供修改和完善建议,进而指导司法实践。二是研究视角的突破。对内幕交易行为的认定和惩防采用跨学科、全视域的视角，而非仅仅局限于刑法规制。三是对内幕交易行为产生的刑事与行政责任竞合开展系统性研究，从刑民交叉角度构建行刑衔接的模式，更为有效地解决内幕交易认定、处置、执行等诸环节的障碍。

（四）研究思路

本书研究的基本思路是以我国法律规制证券期货市场上存在的内幕交易犯罪行为及其司法认定中的刑法疑难问题为主线，以内幕交易罪的犯罪构成为切入点，以内幕信息、内幕人员、内幕交易行为三大要件的具体化研究及其司法认定为着力点和突破点，将当今我国内幕交易罪法律规定与司法实践结合起来，寻找实践中待解决的理论问题，发现立法中的漏洞和缺陷，按照"理论联系实践，实践促进理论，努力完善内幕交易罪惩防的刑事法律体系，并为刑事司法实践提供强有力理论基础"的基本思路，全面夯实我国内幕交易罪的理论研究根基，并进一步拓展研究视域的宽度、广度和深度，建立和完善我国立法规制和司法认定内幕交易罪的全法域、系统性、整体性思考和切实举措，以促进我国证券期货金融市场的持续、快速、健康发展。

目　录

第一章　内幕交易基础论　　001
　　第一节　内幕交易行为的理论辨析　　001
　　第二节　我国规制内幕交易的立法构架　　006
　　第三节　内幕交易罪的构成要件　　014
　　第四节　内幕交易罪疑难问题综述　　028

第二章　比较法视域下各国或地区规制内幕交易罪的对比分析与域外经验借鉴　　041
　　第一节　各国或地区规制内幕交易罪的立法与司法概况　　041
　　第二节　比较法视域下的中外对比分析与域外经验借鉴　　062

第三章　内幕信息的认定研究　　075
　　第一节　内幕信息的概念与特征　　075
　　第二节　内幕信息认定标准之"未公开性"研究　　083
　　第三节　内幕信息认定标准之"重要性"研究　　098
　　第四节　内幕信息认定相关问题研究　　101

第四章　内幕交易行为认定　　105
　　第一节　内幕交易行为的概念与表现形式　　105
　　第二节　内幕交易基础行为样态分析　　107
　　第三节　内幕交易行为边界研究　　121

第五章　内幕交易行为主体研究　　133
　　第一节　内幕交易主体理论梳理　　134
　　第二节　我国内幕交易主体的法律规制及反思　　154

第六章　内幕交易刑事、行政责任的竞合与衔接　　175
　　第一节　内幕交易行政处罚的现状　　175
　　第二节　内幕交易行刑衔接问题研究　　193

第七章　内幕交易监管模式研究　　210
　　第一节　主要证券市场的监管模式　　210
　　第二节　我国证券市场内幕交易监管的基础考察　　217
　　第三节　金融检察介入金融监管的考察　　223
　　第四节　完善我国内幕交易罪刑法规制的立法建议与司法对策　　233

参考文献　　261

第一章　内幕交易基础论

内幕交易衍生于证券市场，是证券市场产生和发展过程中不可避免的现象。内幕交易行为人利用掌握内幕信息的优势地位进行证券的买入或卖出，以获取巨额利益，从而严重破坏了证券市场公平交易秩序，并对大众投资者、证券发行公司及其他相关企业，甚至国家和社会利益均造成了严重的损害。然而，内幕交易行为所造成的损害既没有像盗窃、抢夺等行为般直观，也没有如贪污、受贿等行为一样会受到强烈的道德谴责，它往往是堂而皇之地在证券市场上非法敛取财富。随着我国证券市场的逐步发展，内幕交易犯罪也呈上升趋势，如果不对其加以有效防治，必将严重破坏以"公开、公平、公正"为原则的信息保密制度，从而影响我国证券、期货市场的进一步发展。对此，我国《禁止证券欺诈行为暂行办法》《股票发行与交易管理暂行条例》《证券法》等法规先后明确禁止内幕交易行为，并不断完善相关的法律规定。《刑法》中亦规定了内幕交易、泄露内幕信息罪的罪名。但是，就内幕交易的专业性和复杂性而言，这些规定相对简单，由此引发了司法实践和理论研究中的诸多争议。

第一节　内幕交易行为的理论辨析

一般认为，内幕交易是指内幕人员在掌握实质性非公开信息的情况下从事买卖证券的行为。① 内幕交易对市场的影响,经济学界多有研究。尽管有观点认为适度的内幕交易可以促使市场更加活跃,但是主张内幕交易具有社会危害性、应当予以严厉制裁的观点一直在理论界占据主流地位,并指导着各国的相关立法。

一、支持内幕交易的观点

对内幕交易监管的反对,是 20 世纪 60 至 70 年代质疑公共利益学派的"修正主义"的一部分。代表人物有经济学家斯蒂格勒(George J. Stigler)和法学家曼尼(Henry Manne)。曼尼在《防止内幕交易》一文和《内幕交易和股票市场》一书中,提出对内幕交易规制的大胆质疑。他认为内幕交易没有任何错误,而且在某些方面具有积极作用。尤其他提出:在内幕交易中,谁是受益者,谁是受害者?内幕交易是一种道德失范,还是道德无涉的经济行为?内幕交易是一种市场内生行为,还是可以有效禁止?内幕交易对市场利大于弊,还是弊大于利?由此引发来自赞成者或反对者的多角度研究。他的论点主要从以下几方面展开:

第一,既然纯粹的利益驱动举措很少,那么需要给经营者建立一种回报激励机制。因此,在证券交易中不断实现利润最大化会使他们认为值得努力去经营企业。同时,建议将从事内幕交易的机会视作对公司创业者的一种回报。经理们有资格获得除了薪金之外的津贴,如豪华汽车或在宜人的地点参加会议。那么,通过内幕交易获取利润也可以作为另一份合法的工作津贴。

第二,内幕交易或有益于市场的整体发展。内幕交易行为能够确保股票价格的波动不像其他股票价格那么剧烈。内幕人的买入股票行为会被其他投资者观察到,那么该股票会吸引其他投资者跟风买入,这将逐渐推动价格上涨,直到这一内幕信息被公布为止。相反,如果没有内幕交易行为,那么消息一经公布,则价格会有突然、真实的变化,这将导致不必要的股价

---

① See Bainbrige, S. M., Insider Trading: An Overview, In Bouckaert, B., Geest, G. D., Encyclopedia of Law and Economics, Cheltenham: Edward Elgar Publishing, 2000, p. 772.

波动,对股票市场是不利的。内幕交易引起的更加温和的股价上涨不会导致不公平交易产生。的确,内幕交易者会因内幕交易行为而获利,但很少有非内幕人因此而遭受损失:从内幕交易开始时到公布业绩这段时间所形成的差价对他们的交易没有什么影响。那么,投资者通过绝无个人过错的行为进行的交易,可能面临金融监管者的调查,甚至受到警察的讯问,难道这就公平吗?[①]

上述观点反映在经济学上主要体现为代理理论和市场理论。代理理论主要在企业层面讨论内幕交易,内容包括内幕交易与管理者激励、内幕交易与企业价值创造、内幕交易与公司股权结构等。争论的焦点是内幕交易成立内部人获得一种对控制权的私有收益时,对外部股东利弊的影响以及程度。新近的研究集中在公司股权结构对内幕交易的影响方面,认为内幕交易可以激励大股东监督管理者的积极性。而相反的观点则认为,"壕沟现象"的存在,使得大股东也存在将自身利益置于外部股东利益之上的问题,乃至于管理者形成共谋,分享内幕交易超额收益,从而损害公司价值。

市场理论则将内幕交易的影响扩展到市场层面,内容包括:内幕交易与信息传递、内幕交易与市场稳定性、内幕交易与市场流动性等。焦点问题在于内幕交易对于市场效率的影响,着眼于内幕交易与股价波动、买卖价差、股票成交量变化等方面的考察。曼尼认为,内幕交易可以作为一种信息传递机制,使得内幕信息快速反映到股价中,从而有利于信息效率的提高。称这种价格效应为"衍生知情交易机制"。一些研究进一步考虑专业投资者和内部人的相互作用对信息效率的影响,发现专业投资者通过对内部信息的挖掘,与内部人在信息使用方面形成一定程度的竞争,导致内幕信息更加及时完整传播,从而支持内幕交易在一定程度可以提升市场效率

---

① 参见〔英〕理查德·亚历山大:《内幕交易与洗钱——欧盟的法律与实践》,范明志、孙芳龙等译,法律出版社2011年版,第2—7页。

的论点。①

二、反对内幕交易的观点

美国证券交易委员会主席阿瑟·利维特（Arthur Levitt）在 1998 年的演讲中论述道：我们的法律要求经济运行在组织上更客观、更不受人情干扰、更具效率，诚实的商务也必须在公正精神的指引下进行。② 与美国不同，在英国内幕交易还没有被视为犯罪的情况下，1974 年英国法学会就开始抵制内幕交易：对于律师来讲，为个人利益、为客户利益、为了那些信任他的合伙人的利益，在执业过程中，利用职业便利或者与任何其他人交流获取内幕信息的行为都是不正当的。③ 巴瑞·瑞德（Barry Rider）教授认为，任何市场的整体有效运营都要在整合其功能中保持投资者的信心。④ 如果一个市场被视作不道德的市场，其对投资者将失去吸引力，投资者信心必须通过明晰的监管行为方可恢复。反对内幕交易的理论主要有以下几种：

第一，主张禁止内幕交易的理论为违反信托义务说。它起源于英格兰和威尔士的典型普通法理论。其重要原则是雇员或者代理方自身利益与委托人的利益，或者两个甚至更多不同客户的利益存在冲突的情况下，不得允许事态进一步升级。赫斯塞尔（Herschel）爵士提出：作为衡平法院中一个固定规则，一个人作为受托者，除非另外明确规定，一般都不得从委托事务中获取利益，也不得将自己置身于义务和利益冲突的境地。在他看来，该规则并不是基于道德原则创立的。应该考虑到一个人在信托位置上可能重利轻义左右摇摆，从人的本性来讲这是很危险的，可能会侵害保护对象

---

① 参见马韫：《中国证券市场内幕交易监管实践研究和案例分析》，中国方正出版社 2014 年版，第 37—40 页。
② See Arthur Levitt, A Question of Investor Integrity: Promoting Investor Confidence by Fighting Insider Trading, SEC conference, 27 Feb. 1998, cited in Small, R. G., Path Dependence and the Law: A Law and Economics Analysis of the Development of the Insider Trading Laws of the US, UK and Japan, PhD thesis, University of London, 2001.
③ See Practice Notes, Council Statement, 1974, 71 Law Society Gazette 395, cited in Rider, B. A. K., The Fiduciary and the Frying Pan, 1978, 42 the Conveyancer 114, 122.
④ See Rider, B. A. K., Abrams, C. and Ashe, T. M., Financial Services Regulation CCH Editions, 1997, p. 101.

的利益。①

内幕交易的行为人占有信息并不是因为自己是利害关系人，而是出于职业岗位的需要。因此不应滥用雇主或者顾客为获利而委托给他获取信息的职权。瑞德教授认为将内幕交易认定为非法的深层原因是，不仅因为内幕交易不道德，也给受托人和其他受益人提供一个可靠的法律依据，从而限制信托中滥用权利。

第二，违反信托义务理论仅适用于直接内幕人，间接内幕人不论通过何种手段获取内幕信息都不会违背信托义务。因此，产生了不正当利用理论。它将信息视为财产的一种类型，由产生信息的公司所有。如果有人未经授权就将信息透露给第三方，就相当于从公司获取并侵占财产。在 U. S. v. O'Hagan 一案中，法院认为公司的保密信息作为公司的财产，公司有排他使用的权利。在违背信托责任的情况下对这些信息的未经披露而侵占，将构成欺骗行为，与侵占盗用一样——某人使用金钱或者财物用于个人目的的侵占挪用行为。②

第三，禁止内幕交易的原因还在于其对市场的影响。内幕交易会导致内部人为获得最佳交易机会，故意推迟信息披露，甚至掩盖真实信息，降低信息效率。与内幕人相比，一般投资者和专业投资者存在更大的信息搜索成本，如果成本大到影响他们参与证券交易的积极性，导致交易的动力不足，就会影响真实股价的形成。

而且，内幕交易会对市场稳定性产生影响。一些研究考察公司在重大信息公开前后，内部人交易情况、超额收益，以及市场股票价格和交易量的异常变化会发现，由于内部人交易引发超额收益和交易量异常，股价波动较大，不利于市场价格的稳定。近来研究发现，基于不对称信息的内幕交易会增加交易成本，或者导致买卖价格价差过大，或者导致价格的不稳定性更高，或者导致外部人在与内部人博弈中减少交易量等，这些都会在一

---

① See Report of the Attorney-General's Committee on Securities Legislation in Ontario("Kimber Report"), 1966, 1.09.
② See (1997)117 S. Ct. p. 2208.

定程度上降低市场流动性。①

综上所述,尽管现有研究难以为禁止内幕交易提供一致认可的理论依据,但内幕交易立法和监管已经对其在规范意义和价值评价上作出了明确的回应。内幕交易已经成为法律禁止的事项,世界上主要的证券交易中心无一例外。各国立法形式基本分为三类:②第一类是将内幕交易置于公司法框架下,主要关注董事的诚信义务。内幕交易行为发生的最主要原因就是董事没有正确履行诚信义务。第二类是将内幕交易置于证券法框架下,主要关注内幕交易对证券市场秩序的损害,是证券交易中的不适当行为。一般而言,所涉主体范围较为宽泛。第三类是刑法规制,考虑到内幕交易严重打击投资者对证券市场的信心,具有严重的社会危害性,因此应当以刑法中的犯罪行为论处。

第二节　我国规制内幕交易的立法构架

从某种意义上说,证券市场就是信息市场,证券市场中各种信息是投资者投资决策的基本依据。法律不能保证每一个投资者在交易中对相同的信息作出同等的判断,也不能保证每个投资者获得同等的利润。但是,法律至少必须从形式上保证证券市场的所有投资者在获得信息方面均应当有平等的机会和信息来源。因此,为保障证券市场的平稳、健康运行,我国必须运用民事、行政、刑事等各种法律手段来规制证券市场中的内幕交易、泄露内幕信息违法犯罪行为。以时间为序,我国内幕交易法律构建经历了以下三个阶段:

一、内幕交易立法的基础规定——前置性规定的初设阶段

我国现代证券交易市场是在改革开放后,特别是发展社会主义市场经

---

① See Ausubel, L. M., Insider Trading in a Rational Expectations Economy, American Economic Review, Vol. 80, 1990.
② 参见井涛:《英国规制内幕交易的新发展》,载《环球法律评论》2007年第1期。

济的条件下形成的,可以说刚刚起步。当时我国的证券法制建设虽然相对落后,但也出台了一些地方性法规或行政法规,在这些法规中都存在禁止内幕交易或泄露内幕信息的规定。

1990年中国人民银行《证券公司管理暂行办法》第17条规定:证券公司不得从事操纵市场价格、内部交易、欺诈和其他以影响市场行情从中渔利的行为和交易。这实际上是中国资本市场首次以部门规章的形式禁止内幕交易行为。但是,该办法禁止的内幕交易主体仅包括证券公司,规制范围极为狭窄。1990年11月27日由上海市人民政府发布的《上海市证券交易管理办法》第39条、第40条规定:在证券交易中,禁止任何单位和个人利用内幕消息,从事证券买卖;内幕交易的主体,包括证券主管机关中管理证券事务的有关人员、证券交易所管理人员、证券经营机构中与证券发行或交易有直接关系的人员、与发行者有直接行政隶属或管理关系的机关人员及其他与股票发行或交易有关的知情人。1991年6月15日施行的《深圳市股票发行与交易管理暂行办法》第41条、第43条分别规定:上市公司的董事、监事、经理及高级管理人员的所有该公司的股票、新股认购权证等有价证券,在任期内不得转让;证券交易活动中(包括集中交易和柜台交易)禁止任何人利用内幕消息从事证券买卖的行为。1992年深圳市人民政府颁布的《深圳市上市公司监管暂行办法》进一步明确了对上市公司中有关人员进行内幕交易行为的规范。从上海市与深圳市就禁止内幕交易问题制定的地方政府规章来看,尽管对内幕交易的主体以及禁止内幕交易行为进行了相对完整的规定,但明显缺少内幕信息的认定标准,并且存在法律效力范围有限的问题。最重要的是,对于内幕交易行为的法律责任问题完全没有进行任何形式的规定,造成内幕交易法律监管在事实上的无效率。

1993年4月22日国务院发布的《股票发行与交易管理暂行条例》第72条与1993年9月2日国务院证券委员会发布的《禁止证券欺诈行为暂行办法》(简称办法)第13条均明确规定禁止内幕交易和泄露内幕信息。这是当时内幕交易立法中位阶最高的两个法律规定文件,在法规的层面上较为详细地规定了内幕交易行为的主体、内幕信息、内幕交易行为的类型以及内幕交易行为的法律责任,为我国内幕交易法律制度的构建奠定了基础。尤其是《禁止证券欺诈行为暂行办法》作为反证券市场欺诈行为的专门性规章,已初步具备了查处内幕交易的可操作性。但该办法的产生,主要是对美国立法的借鉴,内容较为详尽,但移植痕迹较为明显,且由于其立法层次的原因,在监管实践中难以发挥实际功效。2005年《证券法》第二次修改后,吸收了其相关规定,该办法于2008年废止。

1997年3月3日中国证监会发布了《证券市场禁入暂行规定》,其中规定:上市公司的董事、监事、经理及其他高级管理人员,证券经营、证券登记、托管、清算、投资基金管理、投资基金托管机构的高级管理人员及其内设业务部门负责人,从事证券业务的律师、注册会计师以及资产评估人员,以及证券投资咨询机构的高级管理人员及其投资咨询人员等,因进行包括内幕交易在内的证券欺诈活动,或者有其他严重违反证券法律、法规、规章以及中国证监会发布的有关规定的行为,被中国证监会认定为市场禁入者的,将在3至10年内或永久性不得担任上市公司高级管理人员或不得从事证券业务。同年12月16日发布的《上市公司章程指引》以及1999年8月19日发布的《股票发行审核委员会条例》,均对内幕交易有所规定。

二、内幕交易的刑法规制

应当看到,上述规定多属部门规章或地方性法规,不能对内幕交易、泄露内幕信息规定刑事责任,因而难以对内幕交易行为给予应有的打击。最重要的是,1979年《刑法》没有规定任何形式的证券期货犯罪,内幕交易完全不受到刑事法律的控制与制约,从而造成相当数量的严重内幕交易行为无法被刑事追究。1997年案发的"轻骑集团内幕交易案"获利数额如此巨大、对资本市场的冲击如此严重,也仅处以禁止进入市场和罚款的轻微处罚。① 无独有偶,1997年案发的"南方证券与北大车行内幕交易案"也仅处

---

① 参见中国证监会《关于中国轻骑集团有限公司等机构和个人违反证券法规行为的处罚决定》,证监罚字[1999]20号。

以没收违法所得和罚款的轻缓处罚。① 也正由于我国内幕交易法律监管制度一直没有形成相对完整、有效、高规格的法律规制体系,才导致了我国内幕交易监管不力,资本市场逐渐演变为"内幕市场"。为培育和保障证券交易市场的健康发展,惩处发生在证券交易市场中的各种犯罪,采取刑事法律手段进行调整尤为重要。

有鉴于此,1997年新修订的《刑法》第180条中专门设置了惩治内幕交易、泄露内幕信息罪,即"证券交易内幕信息的知情人员或者非法获取证券交易内幕信息的人员,在涉及证券的发行、交易或者其他对证券的价格有重大影响的信息尚未公开前,买入或者卖出该证券,或者泄露该信息,情节严重,处五年以下有期徒刑或者拘役,并处或者单处违法所得一倍以上五倍以下罚金;情节特别严重的,处五年以上十年以下有期徒刑,并处违法所得一倍以上五倍以下罚金。单位犯前款罪的,对单位判处罚金,并对其直接负责的主管人员和其他直接责任人员,处五年以下有期徒刑或者拘役。内幕信息的范围,依照法律、行政法规的规定确定。知情人员的范围,依照法律、行政法规的规定确定。"从而为惩治内幕交易犯罪提供了有力的法律武器。

1997年《刑法》第180条只是针对证券市场上的内幕交易、泄露内幕信息犯罪行为作出规定,而期货市场上同样也存在这种行为。随着中国期货市场的不断发展,各类大宗商品期货、国债期货等交易过程中利用未公开的宏观政策信息、大宗商品供求关系信息从事内线交易的行为逐渐开始显现,而《刑法》缺乏相关条文震慑与规制期货市场中的内幕交易行为,客观上导致了证券、期货市场法律监管的不平衡。为此,1999年12月25日全国人大常委会通过《刑法修正案》,对《刑法》第180条专门作了修订,增加了惩治期货市场上内幕交易、泄露内幕信息犯罪行为的内容。经修正后的《刑法》第180条规定:"证券、期货交易内幕信息的知情人员或者非法获取证券、期货交易内幕信息的人员,在涉及证券、期货的发行、交易或者其他对证券、期货的价格有重大影响的信息尚未公开前,买入或者卖出该证券、

---

① 参见中国证监会《关于南方证券有限公司、北大车行股份有限公司等机构和个人违反证券法规行为的处罚决定》,证监罚字[1999]28号。

期货合约,或者泄露该信息,情节严重的,处五年以下有期徒刑或者拘役,并处或者单处违法所得一倍以上五倍以下罚金;情节特别严重的,处五年以上十年以下有期徒刑,并处违法所得一倍以上五倍以下罚金。"针对单位犯本罪的情况,刑法该条第2款同样规定:"单位犯本罪的,对单位判处罚金,并对其直接负责的主管人员和其他直接责任人员,处五年以下有期徒刑或者拘役。"

2009年2月28日,第十一届全国人民代表大会常务委员会第七次会议通过各界广泛关注的《刑法修正案(七)》。该修正案再次对内幕交易、泄露内幕信息罪的犯罪构成进行了重要的补充与完善。原《刑法》第180条内幕交易罪的行为构成比较单一,主要是指内幕信息知情者或者非法获取者,在涉及证券的发行,证券、期货交易或者其他对证券、期货交易价格有重大影响的信息尚未公开前,买入或者卖出该证券,或者从事与该内幕信息有关的期货交易。《刑法修正案(七)》在内幕交易罪中增加了"明示、暗示他人从事上述交易活动"这种行为模式,完善了内幕交易犯罪行为的刑法规制。经《刑法修正案(七)》完善后的《刑法》第180条内幕交易、泄露内幕信息罪规定:"证券、期货交易内幕信息的知情人员或者非法获取证券、期货交易内幕信息的人员,在涉及证券的发行,证券、期货交易或者其他对证券、期货交易价格有重大影响的信息尚未公开前,买入或者卖出该证券,或者从事与该内幕信息有关的期货交易,或者泄露该信息,或者明示、暗示他人从事上述交易活动,情节严重的,处五年以下有期徒刑或者拘役,并处或者单处违法所得一倍以上五倍以下罚金;情节特别严重的,处五年以上十年以下有期徒刑,并处违法所得一倍以上五倍以下罚金。单位犯前款罪的,对单位判处罚金,并对其直接负责的主管人员和其他直接责任人员,处五年以下有期徒刑或者拘役。内幕信息的范围,依照法律、行政法规的规定确定。知情人员的范围,依照法律、行政法规的规定确定。"

2010年5月7日,最高人民检察院、公安部发布《关于公安机关管辖的刑事案件立案追诉标准的规定(二)》,对《刑法》第180条的立案标准作了明确的规定。2012年3月29日最高人民法院、最高人民检察院发布《关于办理内幕交易、泄露内幕信息刑事案件具体应用法律若干问题的解释》(自2012年6月1日起施行),对内幕信息的知情人员、非法获取内幕信息的人员的范围、如何认定"相关交易行为明显异常""内幕信息敏感期"等作出明确的解释,明确情节严重、情节特别严重的具体情形、规定数额的认定原则等等。自此,我国刑法针对内幕交易、泄露内幕信息犯罪行为建构了相对完整的刑事规范框架。

三、1997年之后前置性规范的完善

1998年12月29日全国人大通过的《证券法》第183条规定,内幕人员利用内幕信息进行证券交易,或泄露内幕信息或建议他人买卖证券的,责令依法处理非法获得的证券,没收违法所得1倍以上5倍以下或者非法买卖证券等值以下的罚款,构成犯罪的,依法追究刑事责任。同时规定,对证券监管机构工作人员进行内幕交易的,从重处罚。2005年10月27日第十届全国人民代表大会常务委员会第十八次会议全面修订《证券法》。2005年《证券法》第202条规定:"证券交易内幕信息的知情人或者非法获取内幕信息的人,在涉及证券的发行、交易或者其他对证券的价格有重大影响的信息公开前,买卖该证券,或者泄露该信息,或者建议他人买卖该证券的,责令依法处理非法持有的证券,没收违法所得,并处以违法所得一倍以上五倍以下的罚款;没有违法所得或者违法所得不足三万元的,处以三万元以上六十万元以下的罚款。单位从事内幕交易的,还应当对直接负责的主管人员和其他直接责任人员给予警告,并处以三万元以上三十万元以下的罚款。证券监督管理机构工作人员进行内幕交易的,从重处罚。"

之后,证监会出台大量部门规章,从多方面加强对证券市场内幕交易行为的规制。如2005年《上市公司与投资者关系工作指引》、2005年《证券公司证券自营业务指引》、2006年《上市公司证券发行管理办法》、2006年《上市公司收购管理办法》、2007年《上市公司信息披露管理办法》、2007年《上市公司董事、监事及高级管理人员所持本公司股份及其变动管理规则》、2007年《关于规范上市公司信息披露及相关各方行为的通知》等。应当看

到,上述规定看似全面,实则零散呈现于各处,且规定相对原则和模糊,操作性不强。为此,2007年3月27日,证监会发布了《中国证券监督管理委员会证券市场内幕交易行为认定指引(试行)》。其中对内幕人员、内幕信息、内幕交易行为、违法所得等关键性概念作了明确界定。但该指引仅仅是证监会内部适用的文件,供执法参照适用,对外则不具有法律效力,不得直接用以认定内幕交易违法犯罪行为。

2010年11月国务院发布《国务院办公厅转发〈证监会等部门关于依法打击和防控资本市场内幕交易意见〉的通知》,就依法打击和防控内幕交易工作进行了统筹规定和全面部署。通知要求证监会会同公安部、监察部、国资委、预防腐败局等部门,根据刑法和证券法等法律法规,按照"齐抓共管、打防结合、综合防治"的原则,切实做好内幕交易防控工作。

2011年7月,最高人民法院会同有关部门在北京召开专题座谈会,对证券行政处罚案件中有关证据审查认定等问题达成共识,印发《关于审理证券行政处罚案件证据若干问题的座谈会纪要》。该纪要加强了内幕交易人员的举证责任:监管机构提供的证据能够证明以下情形之一,且被处罚人不能作出合理说明或者提供证据排除其存在利用内幕信息从事相关证券交易活动的,人民法院可以确认内幕交易行为成立:(1)内幕信息知情人员进行了与该内幕信息有关的证券交易活动;(2)内幕信息知情人的配偶、父母、子女等,其证券交易活动与内幕信息基本吻合;(3)因发行工作职责知悉上述内幕信息并进行了与该信息有关的证券交易活动;(4)非法获取内幕信息,并进行了与该内幕信息有关的证券交易活动;(5)内幕信息公开前与内幕信息知情人员联络、接触,其证券交易活动与内幕信息高度吻合。

证监会于2011年10月25日出台《关于上市公司建立内幕信息知情人登记管理制度的规定》,明确内幕信息、知情人的范围,规定内幕信息登记及流转的流程,规定内幕信息保密的具体要求。该规定为内幕交易的规制提供指导,使内幕交易的前置性规定更加完善、丰富、全面。

此外,还有一些规范中涉及对内幕交易的规制,如2008年颁布的《上市公司重大资产重组管理办法》(2011年修订)、2006年颁布的《上市公司收购管理办法》(2012年修订)、2012年发布的《关于加强与上市公司重大资产重组相关股票异常交易监管的暂行规定》等。上述规定进一步规范上市公司的资产重组行为,针对并购重组中内幕交易多发的问题,从重组的操作流程、审批制度上,压缩内幕信息产生的空间,从而减少内幕交易的发生。

综上,内幕交易的立法规制表现为以《证券法》《刑法》为核心,以其他部门法、行政法规、部门规章以及行业自律规定等为重要补充的法律体系。

内幕交易主要法律规范

序号	颁布时间	规范名称	颁布机构	规范类型
1	1990.10	《证券公司管理暂行办法》	中国人民银行	部门规章
2	1990.11	《上海市证券交易管理办法》	上海市人民政府	地方政府规章
3	1991.06	《深圳市股票发行与交易管理暂行办法》	深圳市人民政府	地方政府规章
4	1993.04	《股票发行与交易管理暂行条例》	国务院	行政法规
5	1993.09	《禁止证券欺诈行为暂行办法》	证监会	部门规章
6	1997.10	《刑法》	全国人大	法律
7	1997.12	《上市公司章程指引》	证监会	部门规章
8	1998.12	《证券法》	全国人大	法律
9	1999.09	《中国证券监督管理委员会股票发行审核委员会条例》	证监会	部门规章
10	1999.12	《刑法修正案》	全国人大常委会	法律
11	2005.10	《证券法》修正	全国人大	法律
12	2006.06	《证券市场禁入规定》	证监会	部门规章
13	2007.01	《上市公司信息披露管理办法》	证监会	部门规章
14	2007.03	《期货交易管理条例》	国务院	行政法规
15	2007.03	《证券市场内幕交易行为认定指引(试行)》	证监会	内部规范
16	2008.04	《上市公司重大资产重组管理办法》	证监会	部门规章
17	2009.02	《刑法修正案(七)》	全国人大常委会	法律
18	2010.05	《关于公安机关管辖的刑事案件立案追诉标准的规定(二)》	最高人民检察院、公安部	司法解释
19	2010.11	《关于依法打击和防控资本市场内幕交易的意见》	证监会、公安部、监察部、国资委、预防腐败局	部门规章

（续表）

序号	颁布时间	规范名称	颁布机构	规范类型
20	2011.07	《关于审理证券行政处罚案件证据若干问题的座谈会纪要》	最高人民法院	司法文件
21	2011.10	《关于上市公司建立内幕信息知情人登记管理制度的规定》	证监会	部门规章
22	2012.03	《关于办理内幕交易、泄露内幕信息刑事案件具体应用法律若干问题的解释》	最高人民法院、最高人民检察院	司法解释
23	2012.11	《关于加强与上市公司重大资产重组相关股票异常交易监管的暂行规定》	证监会	部门规章
24	2012.12	《基金管理公司开展投资、研究活动防控内幕交易指导意见》	证监会	部门规章
25	2014.08	《证券法》修正	全国人大	法律
26	2014.10	《上市公司重大资产重组管理办法》	证监会	部门规章
27	2016.09	《上市公司章程指引》（2016年修订）	证监会	部门规章

第三节　内幕交易罪的构成要件

内幕交易罪，是指证券、期货交易内幕信息的知情人员或者非法获取证券、期货交易内幕信息的人员，在涉及证券、期货的发行、交易或者其他对证券、期货的价格有重大影响的信息尚未公开前，买入或者卖出该证券或期货，情节严重的行为。内幕交易罪的构成特征既直接决定了内幕交易犯罪的成立或构成，也与司法机关追诉内幕交易犯罪行为存在紧密联系。然而，从刑法的角度对其进行准确把握则存在一定的难度，故而有必要对该罪的构成要件进行分析与论证，以期为司法实践提供一个精准的内幕交易罪的法律规则。

一、内幕交易罪的客体

内幕交易罪的客体,是指内幕交易行为所侵害的社会关系。笔者认为,内幕交易罪侵犯的客体应包括证券、期货交易管理秩序和投资者的合法权益两个方面。

首先,内幕交易罪与其他证券期货犯罪一样,其侵犯的主要客体应是证券、期货市场的管理秩序,而其中最主要的是违反了国家证券法律法规关于禁止利用内幕信息进行证券发行交易活动的规定,破坏了证券市场中的信息保密制度,从而扰乱了证券市场中的正常秩序,严重违背了证券、期货市场的公平、公开和公正三大原则。因此,对于那些因职业、地位而优先获悉信息的人员必须要求他们负有保密义务直至该信息公之于众。现代证券业发达国家均有这方面的规定,并形成一整套的证券信息保密制度。其中,以美国最为严密。美国法院认为,上市公司的董事、监事、经理及其他职员与公司之间为受托关系,他们在公司或代表公司与股东发生关系时负有信用义务,不得滥用信息。此外,以上人员在出于个人利益的前提下将信息泄露给第三人,使其基于信息进行交易,该内部人员也违反了对公司的信用义务。可以说,违反信用义务、破坏信息保密制度,是证券、期货内幕交易罪区别于其他证券犯罪的本质特征,因而也是该罪所侵犯的主要客体。①

其次,内幕交易、泄露内幕信息犯罪也必然侵害广大投资者的合法权益,其中主要的是侵害了投资者在证券、期货市场上对有关投资信息享有的平等知情权。《股票发行与交易管理暂行条例》第 19 条第 2 款规定:"在获准公开发行股票前,任何人不得以任何形式泄露招股说明书的内容。在获准公开发行股票后,发行人应当在承销期开始前二个至五个工作日期间公布招股说明书。发行人应当向认购人提供招股说明书……"第 66 条规定:"上市公司除应当向证监会、证券交易场所提交本章规定的报告、公告、

---

① 参见崔磊:《论证券、期货内幕交易罪》,载《中北大学学报(社会科学版)》2008 年第 2 期。

信息及文件外,还应当按照证券交易场所的规定提交有关报告、公告、信息及文件,并向所有股东公开。"可见,法律规定了严格的公司信息披露制度,全体股东和其他投资者对于公司信息应该拥有平等的知悉权,并在此基础上平等、自愿地进行证券交易。此即要求有关发售证券的公司或单位提供给所有投资者以真实的资料信息,用以帮助投资者作出正确的投资决定。由于投资者因获得信息的迟早和多少,其经济利益会受到有利或不利的影响,因而在内幕交易存在的情况下,其他投资者会因获得信息的渠道不畅、消息闭塞而处于十分不利的地位,并往往会作出错误的投资决定或者坐失投资良机,以至于合法利益受到严重侵犯。详言之,对于与内幕交易者进行方向相反交易的投资者来讲,内幕交易就意味着对其合法权益进行侵害,即当内幕人员买进时,投资者不知情而卖出,就会丧失本来应该属于自己的利益;当内幕人员卖出时,投资者不知情而买进,就会因高价承接内幕人员卖出的证券而被高位套牢,遭受本来不应该遭受的损失。对于公司的其他股东以及其他可以从事与内幕交易者方向相同交易的投资者来讲,内幕交易也是对其合法权益的侵害,即当内幕信息属于利空,内幕人员在信息公开前卖出证券时,其他股东因为不知情而没有卖出证券,就会不平等地承担利空信息对股东造成的损失;当内幕信息属于利好,内幕人员在信息公开前买进证券时,其他投资者因为不知情而没有买进,就会不平等地丧失利好信息所可能带来的好处。因此,内幕交易行为直接侵犯了投资者的平等知情权和合法权益。

当然,内幕交易罪所侵犯的证券、期货交易管理秩序和投资者的合法权益这两方面是有着密切联系的,因为投资者一旦丧失了平等的知情权,其在市场所处的地位就必然极为不利,在这种环境下从事证券、期货交易必然产生混乱的局面,从而扰乱证券、期货市场的管理秩序。

二、内幕交易罪的客观要件

根据《刑法》第180条的规定,内幕交易罪在客观行为上表现为在涉及证券的发行,证券、期货交易或者其他对证券、期货交易价格有重大影响的信息尚未公开前,买入或者卖出该证券,或者从事与该内幕信息有关的期货交易。从罪状结构的角度分析,本罪客观要件可以进一步解构为两大部分:一是对象要素,即内幕交易行为的实施对象必须是内幕信息;二是行为要素,具体包括本人或者由本人实际控制的人实施相关证券、期货交易。以下,笔者将分述之。

1. 内幕交易罪的对象

内幕交易罪的犯罪对象是内幕信息。理论上一般认为,内幕人员只有利用内幕信息进行证券、期货交易或者泄露内幕信息,才可能构成内幕交易、泄露内幕信息罪。这是因为,禁止内幕交易并不意味着禁止内幕人员进行任何证券、期货交易,即在没有利用内幕信息的情况下,内幕人员与其他投资者一样也应该具有从事证券、期货交易的权利。正因为如此,如何界定内幕信息就显得十分重要。根据《刑法》第180条内幕交易、泄露内幕信息罪的规定,内幕信息的范围,依照法律、行政法规的规定确定。因此,我国刑法规定的内幕交易、泄露内幕信息罪的犯罪对象也是由相关证券、期货行政法律法规进行具体界定的。

根据《期货交易管理条例》第85条的规定,期货内幕信息,是指可能对期货交易价格产生重大影响的尚未公开的信息,包括:国务院期货监督管理机构以及其他相关部门制定的对期货交易价格可能发生重大影响的政策,期货交易所作出的可能对期货交易价格发生重大影响的决定,期货交易所会员、客户的资金和交易动向以及国务院期货监督管理机构认定的对期货交易价格有显著影响的其他重要信息。可见,期货内幕信息在具体内容上与证券内幕信息存在很大差异,主要表现为期货监管部门以及相关行政部门对于期货及其对应的现货所制定的政策以及与期货供求关系有关的重大交易信息。

根据《证券法》第75条的规定,证券交易活动中,涉及公司的经营、财务或者对该公司证券的市场价格有重大影响的尚未公开的信息为内幕信息。同时,根据《证券法》第67条、第75条的具体规定,笔者认为,我国行政法规所规定的内幕信息主要包括三个方面的内容。一是与上市公司重大事件相关的信息,包括:(1)公司的经营方针和经营范围的重大变化;(2)公司的重大投资行为和重大的购置财产的决定;(3)公司订立重要合同,可能对公司的资产、负债、权益和经营成果产生重要影响;(4)公司发生重大债务和未能清偿到期重大债务的违约情况;(5)公司发生重大亏损或者重大损失;(6)公司生产经营的外部条件发生重大变化;(7)公司的董事、1/3以上监事或者经理发生变动;(8)持有公司百分之五以上股份的股东或者实际控制人,其持有股份或者控制公司的情况发生较大变化;(9)公司减资、合并、分立、解散及申请破产的决定;(10)涉及公司的重大诉讼,股东大会、董事会决议被依法撤销或者宣告无效;(11)公司涉嫌犯罪被司法机关立案调查,公司董事、监事、高级管理人员涉嫌犯罪被司法机关采取强制措施。二是与上市公司重要决策或行为相关的信息。主要包括:(1)有关公司分配股利或者增资的信息;(2)有关公司债务担保、相关资产重大变动的信息;(3)有关公司收购的信息。三是国务院证券监督管理机构认定的对证券交易价格有显著影响的其他重要信息。

对于内幕交易罪的犯罪对象——内幕信息应当具备哪些特征,我国刑法理论上观点基本相同,即认为:第一,内幕信息必须是"尚未公开"的信息,即必须具有秘密性或非公开性;第二,内幕信息必须是重大信息或价格敏感信息,也即具有重要性或价格敏感性,是指该信息公布后证券或期货市场价格会产生非常明显的变化,或者对所涉及证券普通投资者的投资判断和决定产生重大影响,投资者会据此对自己的投资选择作出较大的调整。尽管域外法与我国关于内幕信息的定义有所不同,但对于内幕信息的上述两个最重要的特征是公认的。虽然我国法律所规定的内幕信息的构成特征与其他国家和地区类似,但在判断内幕信息的秘密性或非公开性以及重要性或价格敏感性特征的标准上却不尽相同。

(1)判断秘密性或非公开性应以实质公开为标准

内幕信息是尚未公开披露的信息。信息公开的标准大致有两种:一是实质公开,即以市场消化了该信息为标准;二是形式公开,即以公司召开新闻发布会公开消息,或以公司通过全国性的新闻媒介公布为标准。目前大多数国家和地区采用的是第一种标准,如英国、美国,以及我国台湾地区。信息公开后,处在传播过程中,在没有被普通投资者所实际获悉之前,该信息仍然可看作内幕信息。

关于实质公开,有一种"有效市场理论"。该理论认为,当某项信息对市场能产生有效影响时,该消息才算公开。如美国法律协会草拟的《联邦证券法》有关条款主张,当公司公布某项消息一周以后,该消息视为已被市场充分消化,有关的事先获知该消息者可以放心大胆地入市交易;但如果有关知情人员需要在一周内进行交易,他必须设法证明证券市场已将该消息完全消化,而其买卖行为并无不公平的嫌疑。① 市场的情况是比较复杂的,究竟多长时间才算信息被市场消化很难准确判断,大公司受注意的程度高,信息公布后消化的时间短,小公司的信息公布后市场则需要较长的时间消化,因此美国采用了灵活的"个案审查"的方式来确定市场消化信息时间的长短。在我国台湾地区,根据"证券交易法"的规定,信息公布后 10 个交易日内,内幕人不得入市交易,否则要承担责任。当该消息公布后经过 10 个交易日就认为市场已消化了该信息,内幕人员可在第 11 个交易日开始安全地在市场上买卖相关公司股票。这 10 个交易日即是根据实质公开的判断标准,结合台湾本地信息消化时间的具体情况而确定的。

我国《证券法》对内幕信息的公开标准比较含糊,操作性不强。根据该法第 64 条的规定,认定持续信息公开的标准应该是在国家有关部门规定的报刊上或者在专项出版的公报上刊登。并且,同时将其置备于公司住所、证券交易所,供社会公众查阅。从这一规定中我们可以看到对待持续信息,即证券二级市场的信息,公开标准似乎采取形式的公开标准。但根据《证券法》第 45 条第 2 款的规定,②我们发现我国对证券一级市场的标准,似乎采取的又是实质的公开标准。其实,显而易见,在内幕信息公布后而

---

① 参见顾肖荣主编:《证券违法犯罪》,上海人民出版社 1994 年版,第 41 页。
② 《证券法》第 45 条第 2 款规定:"除前款规定外,为上市公司出具审计报告、资产评估报告或者法律意见书等文件的证券服务机构和人员,自接受上市公司委托之日起至上述文件公开后五日内,不得买卖该种股票。"

未被市场消化前,其他内幕信息知悉人进行交易与为上市公司出具审计报告、资产评估报告或法律意见书等专业机构和人员进行交易基本具有相同的危害性,不应有此法律规定上的差别。这种信息公开标准的不统一,给司法部门在判断行为是否构成内幕交易泄露内幕信息罪时带来诸多麻烦,难以操作和把握。而且,采用形式公开的标准似有不公平之处。因为,证券、期货市场上的内幕信息一旦公布于众,一般的投资者事实上需要一定的时间进行消化和理解,而在此之前,掌握内幕信息的人员可能早已提前消化和理解了信息的内容。如果有关信息一公布就允许知情人员进行证券、期货交易的话,对措手不及的广大投资者而言,同样也是极不公平的。①

综上,笔者认为对内幕信息公开的标准我国立法应当规定统一的标准,使司法操作更为方便、有效。参照世界各国的规定,根据我国规制内幕交易行为的立法目的,以及现行法律法规的规定,我国对内幕信息公开的标准应采用实质公开的标准,规定信息公布后一段时间才允许内幕人员和知悉内幕信息的人员进行证券交易,以使知情人员在参加交易前让广大投资者有一定的时间对信息加以消化和理解。这样至少可以在形式上保证证券、期货交易中对信息利用的公平,更有利于对广大投资者的保护。因此,笔者建议将《证券法》第64条修改为:"依照法律、行政法规作出的公告,应当在国家有关部门规定的报刊上或者在专项出版的公报上刊登,同时将其置备于公司住所、证券交易所,供社会公众查阅。内幕信息知情人须自公告刊登之日起五日后才能入市交易。"另外,对期货内幕信息公开的标准也应在立法中明确规定,可以参照证券内幕信息实质公开的标准,时间也以5日为信息消化时限。

(2)判断重大性或价格敏感性应以"可能性"为标准

内幕信息必须是可能对证券、期货价格有重大影响的信息。大多数国家反内幕交易法都明确规定,内幕信息必须是对价格有重大影响的信息,那么何谓"重大影响"?"重大影响"的标准又是什么?或者说"重大影响"

---

① 参见刘宪权:《金融犯罪刑法学专论》,北京大学出版社2010年版,第346页。

是可能性影响还是实质上的影响？

美国法院在判断信息是否具有重大性时，采用的是联邦最高法院于1976年在 TSC Industries v. Northway. Inc 案中所确立的理性投资人标准。在该案中，联邦最高法院认为："如果一个理性的投资者，在他作出投资决定时，可能认为某信息是重要的，或者认为该信息可以在很大程度上改变自己所掌握的信息的性质"，那么该信息是重要的。即如果投资人知道这些消息，"非常可能"会认为该消息对他们的投资决定有重要影响。它不要求证明投资人在得知消息后一定会作出不同的决定，只要求具备这种可能性即可。美国法院经常以这种"可能性"为标准来判断某项消息是否属于"重要信息"。[1] 无独有偶，欧盟《反市场滥用指令》也以"可能性"为标准来判断某项消息是否属于"重要信息"。该指令对于内幕信息的重要性使用的是"price sensitivity"一词，译为"价格敏感性"。其含义是："信息一旦公开，将对证券市价或者交易行情造成重大影响。"其实际判断标准应依据理性投资者的投资决定的组成要素来决定。该"价格敏感性"在影响对象上关注的是信息对证券市价与交易行情的影响，在影响程度上则倾向于行为的危险性，而非结果的实现。[2]

我国《刑法》规定了内幕信息重要性的要件，该法第180条将其表述为"对证券、期货价格有重大影响的信息"。对此，有学者认为，对证券、期货价格有重大影响的信息必定是重大信息，而重大信息由于其他因素的作用并不都会对证券、期货产生重大影响。《刑法》之所以规定内幕信息必须以对证券、期货市场价格有重大影响为构成要件，正是为了强调内幕交易违法行为与内幕交易犯罪行为的区别。也即对于内幕交易违法行为只要利用了《证券法》第75条所列的内幕信息买卖证券、期货即可构成违法；而对于内幕交易犯罪行为则要求较高，必须以对证券、期货价格有重大影响为必要要件，如果行为人只是利用了内幕信息进行证券、期货交易，但并未

---

[1] 参见顾肖荣、张国炎：《证券期货犯罪比较研究》，法律出版社2003年版，第280页。
[2] 参见张小宁：《论内幕交易罪中"内幕信息"的界定》，载《昆明理工大学学报（社会科学版）》2009年第3期。

对证券、期货价格产生重大影响,就不能构成犯罪而只能作为违法处理。对于违法行为与犯罪行为的构成要件作出不同的要求,且构成犯罪的要求严于构成违法的要求,是完全必要的。特别是对于证券、期货犯罪的规定更应该如此,如果不强调一些较严格的构成要件要素,实践中就很可能扩大打击面,这样当然不利于市场经济的发展。①

还有的学者认为,内幕信息不能以对证券、期货市场价格有重大影响为构成要件,因为对价格是否产生影响取决于证券市场而不取决于这种信息的本身。利用某一尚未公开的重大信息进行证券交易时,该信息是否会对证券价格产生重大影响,除了该消息本身外,还取决于其他许多因素,而且其影响往往要经过一段时间才能显示出来。如果将"对证券、期货市场价格有重大影响"作为认定内幕信息并进而作为认定内幕交易的前提条件或必要条件,那么内幕信息只有在内幕交易行为发生一段时间以后才能认定,并且还会出现某一重大信息在这项交易中可认定为内幕信息,而在另一项交易中则不能被认定为内幕信息的情况。这样,利用尚未公开的重大信息,只要价格未发生重大变化,就不构成内幕交易。②

然而,上述观点都没有准确理解内幕信息重要性的含义,因而要么认为内幕交易犯罪行为必须以对证券、期货价格有重大影响为必要要件,要么认为内幕信息不能以对证券、期货市场价格有重大影响为构成要件。其实,通过考察域外法的相关规定以及我国的相关司法解释,就不难发现,我国《刑法》正是借鉴了美国和欧盟的做法,采用行为无价值论来认定某个内幕交易行为是否构成本罪,即是以"可能性"为标准来判断某项消息是否属于内幕信息,其侧重的是行为的危险性而非结果的实现。也就是说,只要行为人利用的是《证券法》第75条所列的内幕信息进行交易,并符合最高人民检察院、公安部2010年5月7日颁布的《关于公安机关管辖的刑事案

---

① 参见刘宪权:《金融犯罪刑法学专论》,北京大学出版社2010年版,第350页。
② 参见穆津:《我国禁止证券内幕交易立法与执法的若干问题》,载《深圳大学学报(人文社会科学版)》1997年第3期。

件立案追诉标准的规定（二）》第 35 条对"情节严重"的规定的,①即可构成内幕交易罪。因此,只要行为人实施的内幕交易行为符合上述追诉标准,即使内幕信息最终并没有对证券或期货价格产生重大影响,也可以对行为人以内幕交易罪定罪处罚,而并不会出现某些学者所担心的"利用尚未公开的重大信息,只要价格未发生重大变化,将不构成内幕交易"的情况。由此可见,本罪并不以实际对证券、期货价格有重大影响为必要要件,判断内幕信息的重大性或价格敏感性应以"可能性"为标准,即内幕信息应当是《证券法》第 75 条所列的可能影响证券、期货价格的信息。

2. 内幕交易罪的客观行为

内幕交易罪的实行行为是指本人或者由本人实际控制的人直接利用该信息从事相关证券、期货交易活动,或者明示、暗示他人买卖证券、期货的行为。内幕交易行为方式早在 1993 年由国务院批复、原国务院证券委员会发布的《禁止证券欺诈行为暂行办法》第 4 条中就已经有所表明。② 虽然该办法于 2008 年 1 月 15 日被国务院废止,但相关规定被现行《刑法》所吸收。结合以上法律法规的规定,证券内幕交易构成犯罪的客观行为主要包含以下两种方式：

第一,内幕人员或者非法获取证券内幕信息的人员利用内幕信息买卖证券。证券内幕信息的知情人员或者非法获取证券内幕信息的人员利用内幕信息进行证券买卖是最常见的内幕交易行为类型。"在内幕信息公开披露前直接大量买卖证券,以获取高额利润,既可以自己的名义进行操作,也

---

① 这里的"情节严重",一般包括内幕交易的数额较大,或给有关人员造成的损失较大或引起其他严重后果,或给社会秩序造成一定程度的混乱等。对此,最高人民检察院、公安部 2010 年 5 月 7 日颁布的《关于公安机关管辖的刑事案件立案追诉标准的规定（二）》第 35 条对"情节严重"规定："……涉嫌下列情形之一的,应予立案追诉:（一）证券交易成交额累计在五十万元以上的;（二）期货交易占用保证金数额累计在三十万元以上的;（三）获利或者避免损失数额累计在十五万元以上的;（四）多次进行内幕交易、泄露内幕信息的;（五）其他情节严重的情形。"

② 《禁止证券欺诈行为暂行办法》第 4 条规定："本办法所称内幕交易包括下列行为:（一）内幕人员利用内幕信息买卖证券或者根据内幕信息建议他人买卖证券;（二）内幕人员向他人泄露内幕信息,使他人利用该信息进行内幕交易;（三）非内幕人员通过不正当的手段或者其他途径获得内幕信息,并根据该信息买卖证券或者建议他人买卖证券;（四）其他内幕交易行为。"

可以其配偶、子女的名义进行操作。"①具体买卖方式主要有两种。一是行为人使用本人证券账户,以自己的名义买卖,也就是直接买卖。如果是内幕信息的知情人员利用内幕信息进行内幕交易,则其行为容易被发现,所以该类主体采用这种方式进行内幕交易的情形越来越少。非法获取证券内幕信息的人员利用内幕信息进行内幕交易则多采取本人直接买卖的操作手法。二是行为人借用他人证券账户,以他人名义买卖,也就是间接买卖,多数是以自己的亲朋好友的名义进行操作。此种买卖行为操作手法隐蔽,故而需要一定的专业技术方能进行识别。

第二,内幕人员或者非法获取证券内幕信息的人员明示、暗示他人买卖证券。如果内幕人员或者非法获取证券内幕信息的人员在知悉内幕信息后,并未泄露内幕信息,而只是明示、暗示他人买入或卖出相关证券,使他人按照被建议的交易时机、价位、交易量等进行操作,也构成内幕交易。该行为方式是《刑法修正案(七)》新增加的,也就是《证券法》第76条规定的"建议他人买卖该证券"。此种内幕交易行为的隐蔽性更加升级,识别难度加大。

当然,从具体交易行为方式来看,内幕交易罪的具体行为方式还可以分为这样两种:一是在内幕信息尚未公开前,买入或者明示、暗示他人买入该种证券或期货,以获取非法利益;二是在内幕信息尚未公开前,卖出或者明示、暗示他人卖出该种证券或期货,以减少利益损失。

另外,需要指出的是,内幕交易罪的行为一般是作为的行为,不作为行为不能作为犯罪来处理。因为内幕交易的目的大多是为了营利或者是为了减少损失,行为人只有通过交易行为才能实现这一目的。同时泄露内幕信息的行为也只能通过作为才能实现。别人根据种种迹象猜出内幕信息,而内幕的知情人员不予否认的话,也不能追究其不作为的刑事责任。

三、内幕交易罪的主体特征

立法上禁止内幕交易行为的实质,在于禁止内幕人员利用基于其身份

---

① 王安全:《试论内幕交易犯罪的特点和侦查方法》,载《犯罪研究》1999年第4期。

所取得的信息便利谋取不正当利益或减少自己的损失。因此,对于内幕交易罪主体特征的判断无疑是认定内幕交易罪的关键所在。实际上,我国《刑法》第180条和《证券法》第76条对内幕交易主体的规定是一致的,即证券交易内幕信息的知情人和非法获取内幕信息的人员。根据我国《刑法》第180条的规定,内幕人主要包括两类,即内幕信息的知情人员(也称"法定的内幕人")和非法获取内幕信息的人员(也称"法定的非内幕人")。

1. 内幕信息的知情人员

内幕信息的知情人员,是指具有一定地位和身份或者与公司之间存在特定关系的人通过合法途径获得内幕信息的人员。这是以传统内部人和临时内部人理论为基础,结合我国证券市场发展的实际情况加以定义的。对于法定的内幕人员,我国《刑法》第180条第3款规定,证券、期货交易内幕信息、知情人员的范围,依照法律、行政法规的规定确定。根据《证券法》第74条规定,知悉证券交易内幕信息的知情人员包括:第一,发行人的董事、监事、高级管理人员;第二,持有公司5%以上股份的股东及其董事、监事、高级管理人员,公司的实际控制人及其董事、监事、高级管理人员;第三,发行人控股的公司及其董事、监事、高级管理人员;第四,由于所任公司职务可以获取公司有关内幕信息的人员;第五,证券监督管理机构工作人员以及由于法定职责对证券的发行、交易进行管理的其他人员;第六,保荐人、承销的证券公司、证券交易所、证券登记结算机构、证券服务机构的有关人员;第七,国务院证券监督管理机构规定的其他人。同时,根据《期货交易管理条例》第85条的规定,期货内幕信息的知情人员,是指由于其管理地位、监督地位或者职业地位,或者作为雇员、专业顾问履行职务,能够接触或者获得内幕信息的人员,包括:期货交易所的管理人员以及其他由于任职可获取内幕信息的从业人员,国务院期货监督管理机构和其他有关部门的工作人员以及国务院期货监督管理机构规定的其他人员。从这些规定中,我们不难发现,我国法律规定的内幕人是按照行为人的特定身份或者与公司的特定联系来划分的。

2. 非法获取内幕信息的人员

非法获取内幕信息的人员,是指除上述内幕人员外,通过非法方法或途径从内幕人员处获取内幕信息的人员。非法获取内幕信息的人员也可以作为内幕交易主体,是不违背权利义务一致性原则的。因为非法获取内幕信息的人员,虽然没有知情人的特定身份,但是他们一旦获得了内幕信息,行为人可以因为特定的先行行为而具有特定身份,进而成为内幕交易的主体。我国通说认为非法获取内幕信息的人员,是指不是基于职务或者业务,而是通过窃取、窃听、骗取、刺探、收买、私下交易等非法手段获取内幕信息的人员。

四、内幕交易罪的主观特征

内幕交易的行为人在主观上是出于故意,并且具有使自己或者他人谋取利益或减少损失的目的。这在世界各个国家和地区的证券立法中是一致的。而泄露内幕信息的行为人在主观上是出于故意,但不要求具有某种特定的犯罪目的。至于过失一般不能构成本罪。例如,行为人在无意中泄露证券交易内幕信息的,不构成本罪。但有些国家规定因重大过失泄露内幕信息的则可以构成泄露内幕信息罪。例如《芬兰刑法典》第51章"证券市场犯罪"第1条"滥用内幕信息"规定:"凡为本人或他人牟取经济利益,故意或重大过失地利用了与上市证券相关的内部信息……"[①]笔者认为,这种规定值得我国刑法加以借鉴。

目前,我国理论界很多人认为泄露内幕信息有的主观方面可以是过失。笔者认为,按照我国现行《刑法》规定,过失是不能构成本罪的。我国《刑法》规定的犯罪,如果是过失可以构成的,立法上有两种表示法。其一,特别注明"过失"或者类似含义。如《刑法》第235条对过失致人重伤罪明文规定了"过失伤害致人重伤的……"其二,过失犯罪要求有客观结果。如《刑法》第129条规定:"依法配备用枪的人员,丢失枪支,不及时报告,造成

---

① 《芬兰刑法典》,肖怡译,卢建平审校,北京大学出版社2005年版,第141—142页。

严重后果。"第132条规定:"违反交通运输管理法规,因而发生重大事故,致人重伤,或者公私财产遭受重大损失。"以上这些规定虽然没有冠以"过失"或类似含义,但是从刑事立法的原意上去理解,这些犯罪的主观要件要求过失,并且要求造成严重后果。而《刑法》第180条规定的内幕交易、泄露内幕信息罪既没有冠以"过失"或类似含义,又未规定要求客观结果,显然过失不能构成本罪。但是,笔者认为,在《刑法》以后的修订中,应将少部分重大过失泄露内幕信息且情节特别严重的行为规定为犯罪,理由主要有以下三点:

第一,从现实情况看,虽泄露内幕信息的行为大量表现为故意,但也有部分着实出于过失,且社会危害性有过之而无不及。有的过失泄露内幕信息行为的危害结果较之于故意泄露内幕信息行为是同样的,有时可能更为严重。因为故意泄露内幕信息的泄露对象一般是特定的,仅限于泄露者的亲戚、朋友等,数量相对较少,且鉴于被泄露者与泄露者之间的信用关系,被泄露者会相对保守内幕信息的秘密。但过失泄露内幕信息泄露对象的数量是无法估计的,如某上市公司的董事将该公司收购另一上市公司的协议遗失在公共场合,该协议被多人拾得,并广为流传,大量人员知悉这一内幕信息,并进行了交易,最后造成被收购公司股票股价大升,收购无法进行。可见过失泄露内幕信息的行为后果有时是相当严重的。

第二,将少部分重大过失泄露内幕信息且情节特别严重的行为规定为犯罪符合过失犯罪的构成特征。过失犯罪是指应当预见自己的行为可能发生危害社会的结果,因为疏忽大意或过于自信而没有履行注意义务,以致危害结果发生的行为。由《证券法》第183条第1至6项的规定可知,内幕信息知情人员都属于专业人员,他们应该比一般人员对内幕信息的保密负有更多、更高的注意义务。况且,既然内幕信息对于证券市场具有重要影响,那么作为内幕信息的知情者就应该负有保守内幕信息,防止其泄露并破坏资本市场的正常运行的义务。那么,由于他们过失泄露内幕信息的行为从根本上违背了其所应承担的注意义务,因而当行为造成特别严重后果时承担相应的刑事责任也符合过失犯罪的构成特征。

第三，此种规定也与《刑法》规定过失泄露国家秘密罪相一致。按现行《刑法》第 389 条的规定，"国家机关工作人员违反保守国家秘密法的规定，故意或过失泄露国家秘密，情节严重的"行为属泄露国家秘密罪。可见，过失泄露国家秘密构成犯罪。我国《保密法》第 8 条第 4 项规定，国家秘密包括"国民经济和社会发展中的秘密事项"。据此规定，如果内幕信息是有关含有国有资产上市公司的发行、交易等方面的内容，则该信息既属于国家秘密，又属于内幕信息。若行为人过失泄露属于国家秘密的内幕信息且情节严重，按《刑法》第 389 条属于犯罪，而按第 180 条则不构成犯罪。因此，规定过失泄露内幕信息罪，有助于刑法规定上的统一性。而且，若不规定过失泄露内幕信息罪，按《刑法》规定，非国家工作人员泄露含有国家秘密的内幕信息，情节严重，构成泄露国家秘密犯罪，而过失泄露虽然极其重要但非国家秘密的内幕信息，后果特别严重的行为，却不构成犯罪，这就从立法上人为地制造了不公平。但应注意的是，若《刑法》将来规定了过失泄露内幕信息罪，则前述行为构成想象竞合犯，应从一重罪论处。

第四节　内幕交易罪疑难问题综述

内幕交易罪在司法实务中存在着一系列的疑难问题。尤其是在近几年司法实践中出现的内幕交易犯罪案件中，对于如何认定内幕信息的形成时间，如何判断内幕交易犯罪的行为主体，如何认定内幕信息知情人员建议他人实施相关证券、期货交易行为，如何把握本罪的主观故意等众多难点问题，刑法理论与实践中存在相当大的争议与分歧。这些疑难问题的存在，使得司法实践中在认定内幕交易罪时产生了诸多困惑，并由此导致司法统一性和准确性的欠缺。以下，笔者将根据本罪的构成要件，分别对本罪在其构成要件中所存在的疑难问题进行阐述。

一、关于本罪客体认定的疑难问题

关于本罪客体认定的疑难问题，主要体现在对本罪客体是单一客体还是复杂客体的认定上。有学者认为本罪侵犯的是单一客体,即只侵害了正常的证券管理秩序,认为证券市场管理秩序是证券犯罪的唯一客体,其他的诸如证券投资者的合法权益、交易信用制度等都可以包括在此客体中。①也有学者认为,内幕交易行为侵犯的客体是复杂客体,即同时侵犯了国家对证券市场的管理秩序和投资者的公平交易权利。证券内幕交易犯罪首先侵犯了证券市场的正常秩序;证券内幕交易行为同时侵犯了投资者的合法权益。证券管理秩序作为犯罪客体是从保护国家利益的角度出发确立的,其强调的是国家对证券市场的监管,这与证券市场自由开放的运行特点不相符,而且在证券市场上,利益并非只有国家一个主体,还有投资人、整个证券市场的公众信任制度等。这些众多的利益与国家利益并不总是保持一致。如果将上述利益关系合并为一个国家利益的客体,容易导致立法和司法保护过多倾向于国家的公的立场,从而忽视了投资者和证券市场私的立场。②虽然存在上述争议,但这种争议对于内幕交易罪的认定实际上影响不大,因为内幕交易罪所侵犯的证券、期货交易管理秩序和投资者的合法权益这两方面是有着密切联系的,投资者一旦丧失了平等的知情权,其在市场所处的地位就必然极为不利,在这种环境下从事证券、期货交易必然产生混乱的局面,从而扰乱证券、期货市场的管理秩序。

二、关于本罪客观方面认定的疑难问题

法谚有云:"犯罪是行为,无行为即无犯罪。"行为是刑法犯罪概念的核心要素,行为也决定了对某个具体犯罪的认定。本罪也不例外,本罪在客观方面的认定集中了大量关于本罪的司法认定疑难问题。

第一,在内幕交易罪客观行为特征的实践把握上,最突出的疑难问题体现在如何理解行为条件要素,即证明行为人实施内幕交易犯罪行为,控方是否必须证明行为人"利用"内幕信息。这里所谓的"利用",就是指行为人在涉及证券、期货的发行、交易或者其他对证券、期货交易价格有重大影响

---

① 参见魏智彬:《证券及相关犯罪认定处理》,中国方正出版社1999年版,第7页。
② 参见马克昌主编:《犯罪通论》,武汉大学出版社1999年版,第113页。

的信息尚未正式公开前,利用自己所知道的内幕信息,掌握有利的条件和时机,进行证券、期货的买入或者卖出。"知悉"内幕信息是进行买卖行为的前提,那么是否要求行为人的买卖行为还要"利用"内幕信息作出?在取证过程中,很难证明行为人"利用"内幕信息这一要件,而《证券法》对是否"利用"内幕信息的规定又比较模糊。我国《证券法》第73条规定,禁止证券交易内幕信息的知情人和非法获取内幕信息的人利用内幕信息从事证券交易活动。从这一规定看出,必须"利用"内幕信息才能构成内幕交易。而《证券法》第76条又规定,证券交易内幕信息的知情人和非法获取内幕信息的人,在内幕信息公开前,不得买卖该公司的证券。似乎又是只要掌握内幕信息,无须"利用"。由此可见,法律对于"利用"问题的规定上本身就比较模糊。

对此,"利用"要件肯定论认为,从刑法规范的表面文义进行分析,只要内幕信息知情人员或者非法获取者在内幕信息公开之前进行了与该信息相关的证券、期货交易,就已经符合了内幕交易罪的构成要件,不需要实际利用内幕信息的证明。例如,有学者认为,利用内幕信息并不是构成内幕交易、泄露内幕信息罪的必要条件。[1]"利用"要件否定论认为,行为人必须实际利用内幕信息从事相关交易活动,才属于内幕交易罪的实行行为。利用内幕信息进行证券、期货交易是成立内幕交易并构成犯罪的必要条件之一。[2]是否利用内幕信息进行证券交易是划分罪与非罪的标准之一。因此,在认定某一行为是否构成内幕交易、泄露内幕信息罪时,应首先确定其是否利用或依据内幕信息。即使是内幕人员,如果没有利用内幕信息或依据内幕信息所作的买卖或建议行为,均不构成该罪。在实践中应摒弃法定内幕人员中心论,即只要是内幕人员实施的诸如买卖、建议等行为,均认为是内幕交易的片面做法。[3]

---

[1] 参见庞良程:《证券内幕交易罪的构成及认定》,载《中央检察官管理学院学报》1998年第1期。
[2] 参见周道鸾等主编:《刑法的修改与适用》,人民法院出版社1997年版,第396页;孙际中主编:《新刑法与金融犯罪》,西苑出版社1998年版,第145页。
[3] 参见薛瑞麟主编:《金融犯罪研究》,中国政法大学出版社2000年版,第268页。

第二,对于本罪的犯罪对象——内幕信息的界定存在较大的争议。由于内幕交易在客观行为上表现为在涉及证券的发行,证券、期货交易或者其他对证券、期货交易价格有重大影响的信息尚未公开前,买入或者卖出该证券,或者从事与该内幕信息有关的期货交易,或者明示、暗示他人从事上述交易活动,因而内幕信息的判断对于内幕交易行为的界定是极为重要的。判断哪些信息属于内幕信息,其涉及内幕交易行为开始的时间,这就需要明确内幕信息的界定标准,目前的研究中界定内幕信息有很多标准,如未公开性、重大性、确切性、价格敏感性、秘密性、真实性和准确性等。对此,有学者认为,内幕信息具有两个特征:一是秘密性,二是重要性。[1] 也有学者认为,内幕信息的特征,一是未公开性,二是敏感性。[2] 还有学者认为,内幕信息有三个基本要素:一是应为内幕人员所知悉;二是应为未公开的信息,即公众尚未获取或经合法渠道无法获取的信息;三是应具有价格敏感性,即有可能引起公司证券价格的波动。[3] 另有学者认为,内幕信息具有以下特征:一是相关性。即该信息与证券发行及证券、期货交易等活动相联系。二是未公开性。即有关的重要信息和资料尚未通过法定的方式向社会公众和投资者公开,该信息尚处于保密状态。三是重要性。即该信息公开后能对证券、期货市场价格产生下跌或上扬的实质性影响,从而能使证券、期货市场合约的持有人获利或遭受损失。[4] 更有学者认为,内幕信息应该具备四个条件:一必须是尚未公开的信息;二必须是真实、准确的信息,这样就将内幕交易与利用谣传的证券、期货操纵行为或虚假陈述的欺诈行为区分开来;三必须是与可转让证券发行人或可转让证券有关的信息;四

---

[1] 参见赵秉志主编:《破坏金融管理秩序犯罪疑难问题司法对策》,吉林人民出版社2000年版,第186页;胡启忠等:《金融犯罪论》,西南财经大学出版社2001年版,第268页。
[2] 参见薛瑞麟主编:《金融犯罪研究》,中国政法大学出版社2000年版,第262页。
[3] 参见郭立新、杨迎泽主编:《刑法分则适用疑难问题解》,中国检察出版社2000年版,第86页。
[4] 参见马长生、张惠芳:《论内幕交易、泄露内幕信息罪》,载赵秉志主编:《新千年刑法热点问题研究与适用》,中国检察出版社2001年版,第825—826页。

必须是影响证券、期货市场价格波动的信息。① 在确定了内幕信息的特征之后,对于如何认定和判断这些特征又会存在诸多争议,例如,对于何谓内幕信息的未公开性、何谓内幕信息的重要性等,理论和实践中仍然争议较大。

第三,对于"不作为"的内幕交易是否属于本罪客观行为的一种表现形式也存在较大争议。理论上和实践中存在这种情况:行为人原先准备买入某一证券或期货合约,或者准备卖出手中的某一证券或期货合约,但是,在获知有关内幕信息后即停止了原来准备实施的买入或卖出行为,从而获取了利益或者避免了可能遭受的损失。对于这种行为应如何认定?从形式上分析,这种情况中的行为人在事实上利用了自己所获知的内幕信息获取了利益或者避免了可能遭受的损失,与行为人利用内幕信息实施积极交易行为的实际效果是一样的。因此,有学者认为,应当存在不作为型内幕交易罪,因为内幕交易中的不作为行为和作为行为的危害后果一样,同样可以破坏证券市场的交易秩序,同样可以损害其他投资人的利益,情节越严重,损害结果越大。这与行为人利用内幕信息实施积极行为的性质是一样的,完全可以构成内幕交易罪。内幕信息的知情人员负有一个法律的义务,即不利用内幕信息谋取利益或转移风险。而且,这一证券法上的义务已经被刑法通过规定内幕交易罪所承认,应当能成为不作为犯罪中的作为义务。不过,与一般的不作为犯罪相比,不作为型内幕交易罪存在一个鲜明的特色,即在应当交易时(亦即若不利用内幕信息,则行为人必定会进行的交易),却利用内幕信息所带来的信息优势,不进行有关交易。这种利用内幕信息不交易或延迟交易的行为与传统的内幕交易行为所造成的危害结果相比,前者除了比后者更隐性化或者说因果关系没那么显而易见外,本质上没有什么差别。② 也有学者认为,这种所谓"不作为"的行为不能构成内幕

---

① 参见孙昌军、易建华:《关于内幕交易罪几个问题的研究》,载赵秉志主编:《新千年刑法热点问题研究与适用》,中国检察出版社2001年版,第842—844页。
② 参见陈柱钊:《不作为型内幕交易罪》,载《长春工程学院学报(社会科学版)》2007年第2期;喻福东:《证券内幕交易罪概念的重新界定》,载《求索》2006年第2期。

交易罪,虽然行为人利用内幕信息实施消极交易的"不作为"行为与行为人利用内幕信息实施积极交易行为的实际效果相当,但两者具有本质的差异。前者并不是刑法中的"不作为",也即不属于刑法意义上的行为,不构成犯罪,因而由其产生的实际效果也就不作刑法评价了,而后者则是刑法意义上的客观行为,该行为可能构成内幕交易罪,由其产生的实际效果则是犯罪严重程度的考量依据。①

第四,关于明示、暗示他人从事相关证券、期货交易行为的定性。《刑法修正案(七)》对《刑法》第180条增加了一种行为模式——"明示、暗示他人从事上述交易活动"。刑法理论上一般将这种内幕信息知情人员、内幕信息非法获取人员明示、暗示他人从事相关证券、期货交易的行为简称为"建议行为",即行为人在其获知内幕信息的基础上,通过明示或暗示的方式建议他人进行证券、期货交易。例如,提出交易时机、交易证券、期货合约的种类、交易证券、期货的价位、交易量的大小等。由于内幕信息知情人员或非法获取内幕信息人员明示、暗示他人从事相关交易的行为本身具有特殊性,在刑法适用与司法认定过程中具有较大的疑难性,因而司法实务部门对于该要件的认定容易产生困难与混乱。

首先,对于明示、暗示他人从事相关证券、期货交易活动的具体犯罪性质是否应当结合被建议者实际是否从事相关交易、建议者是否泄露内幕信息等要素进行判断,理论界和实务界均存在较大争议。有学者认为,如果被建议者没有实施内幕交易,建议者不构成内幕交易犯罪。② 也有学者认为,被建议者没有实际从事相关证券、期货交易的,建议者不能基于"明示、暗示他人从事相关交易活动"而构成内幕交易罪。因为他人没有依据内幕信息知情人员或者非法获取人员的明示或者暗示从事相关交易的,已经缺失了内幕交易罪语境下行为的"交易性"。其次,对于明示与暗示的区分标准,学界存在较大争议。有观点认为,"明示"和"暗示"本质上都是指行为

---

① 参见刘宪权、谢杰:《证券期货犯罪刑法理论与实务》,上海人民出版社2012年版,第169页。
② 参见刘衍明:《内幕交易罪的理解与适用》,载《中国检察官》2009年第6期。

人提示或者建议他人从事证券、期货交易活动,具体是指提示或建议他人买入或者卖出该证券,或者从事与该内幕信息有关的期货交易。① 按照这一观点,"明示"和"暗示"实际上都是向他人作出提示或建议,"明示"和"暗示"的行为其实就是对不同表现形式的"建议"行为的表述,两者并无本质区别。也有学者认为,明示与暗示本质上都是一种"示",即对从事相关证券、期货交易的提示,但"示"的具体路径有所差别。所谓"明示",就是清楚明白的指示,即通过书面或口头的方式明确告知他人内幕信息内容的方式,提示他人买入或者卖出与该内幕信息有关的证券或者期货合约;所谓"暗示",就是不明确告知内幕信息的内容,而用含蓄的言语或示意的举动提示他人从事特定的证券或者期货交易。所以,内幕信息知情人员或者非法获取人员构成建议他人从事相关证券、期货交易的犯罪行为,不以其实际告知被建议者内幕信息内容为必要。②

第五,内幕交易罪"情节严重"认定的问题。内幕信息知情人员、非法获取内幕信息人员从事内幕交易行为,符合"情节严重"标准的,才构成犯罪;只有达到"情节特别严重"的程度,才能适用第二档法定刑。因此,犯罪情节对内幕交易犯罪的定罪量刑实践具有重要意义。然而,由于长期以来内幕交易犯罪"情节严重"标准设置不甚合理与"情节特别严重"标准持续缺位,也没有突出从宽情节对于惩治疑难证券期货犯罪案件的重要性,更没有对作为犯罪情节评价核心指标的内幕交易犯罪数额认定规则进行深入分析与论证,导致内幕交易犯罪情节司法认定存在很大的障碍。也因此,"情节严重"标准过低长期以来颇为各界诟病。③ 尽管 2012 年 5 月 22 日最高人民法院、最高人民检察院《关于办理内幕交易、泄露内幕信息刑事案件具体应用法律若干问题的解释》对内幕交易犯罪情节特别严重的具体情形作了规定,但仍无法实现刑法规范对资本市场金融产品交易秩序的保障,内幕交易犯罪"情节严重"标准仍旧处于虚置状态,从而容易产生弱化司法权

---

① 参见谢望原:《简评〈刑法修正案(七)〉》,载《法学杂志》2009 年第 6 期。
② 参见刘宪权:《论内幕交易犯罪最新司法解释及法律适用》,载《法学家》2012 年第 5 期。
③ 参见顾肖荣、张国炎:《证券期货犯罪比较研究》,法律出版社 2003 年版,第 416 页。

威的负面效果。实践中,中国证监会查处的内幕交易行政处罚案件数额远远超过内幕交易犯罪情节严重标准,但大多都没有进入刑事追诉程序。① 可见,内幕交易犯罪"情节严重"标准如何判定已经成为司法实践中亟待解决的疑难问题。

第六,"获利或者避免损失数额"的判定规则。内幕交易犯罪数额集中表现了行为人的主观恶性与犯罪行为对资本市场秩序的危害性,故而准确计算内幕交易犯罪数额是内幕交易犯罪定罪量刑中的核心问题。根据《关于办理内幕交易、泄露内幕信息刑事案件具体应用法律若干问题的解释》第6条与第7条的规定,内幕交易犯罪数额表现为证券交易成交额、期货交易占用保证金数额、获利或者避免损失数额等三种类型。《关于办理内幕交易、泄露内幕信息刑事案件具体应用法律若干问题的解释》第8条与第9条第1款分别规定:二次以上实施内幕交易行为,未经行政处理或者刑事处理的,应当对相关交易数额依法累计计算;同一案件中,成交额、占用保证金额、获利或者避免损失额分别构成情节严重、情节特别严重的,按照处罚较重的数额定罪处罚。其中,证券交易成交额与期货交易占用保证金数额可以直接根据从事内幕交易犯罪行为的账户交易数据予以计算,在司法实践中并不存在疑难。而获利或者避免损失数额不仅涉及内幕交易犯罪刑法适用与金融实务中的不少疑难问题,而且对于内幕交易犯罪罚金数额裁量具有直接影响,加之《关于办理内幕交易、泄露内幕信息刑事案件具体应用法律若干问题的解释》第6条至第9条有关犯罪数额认定的规定并没有设定比较细致的计算规则,因而有可能导致在实践过程中出现诸多争议与分歧。②

第七,内幕交易与证券欺诈的关系。探讨内幕交易与证券欺诈的关系实际上要解决的是禁止内幕交易的理论基础的问题,如果把内幕交易视为证券欺诈,则禁止内幕交易的理论基础就是禁止欺诈原则或诚实信用原则,这样在探讨内幕交易的有关问题时,就必须以禁止欺诈的原则作为指

---

① 参见刘宪权:《论内幕交易犯罪最新司法解释及法律适用》,载《法学家》2012年第5期。
② 参见同上。

导。关于内幕交易与证券欺诈行为的关系,许多学者认为内幕交易是证券欺诈行为的一种,而且我国立法上也是把内幕交易视为证券欺诈行为,如《禁止证券欺诈行为暂行办法》就是如此。也有学者认为,内幕交易与证券欺诈存在本质区别,不宜把内幕交易归入证券欺诈的范围。因为,在私法领域,所有的欺诈都要求具备故意这一主观要件,欺诈包括两种方式:一是故意陈述虚假信息,致使他人作出错误的意思表示;二是故意隐瞒真实情况,致使他人作出错误的意思表示。内幕交易既可以由故意构成,也可以由过失构成,因此,如果把内幕交易归入证券欺诈的范围,就与内幕交易的主观方面产生了矛盾。

其实,内幕交易本质上是一种利用自己所掌握的信息资源的优势所进行的一种不公平的交易,这种行为虽有欺诈的意味,但其本质并不是一种欺诈行为。内幕交易者并没有对其交易相对方故意隐瞒什么,也没有故意作出什么虚假的陈述,因此,不能构成对其交易相对方的欺诈。法律之所以禁止内幕交易,主要也并不是因为这种行为构成了对证券交易相对方的欺诈,而是因为这种行为违反了证券法的公平、公开和公正的基本原则,违反了信息披露制度的精神实质。因此,不宜把内幕交易归入证券欺诈的范围,从我国《证券法》第 5 条的规定(证券发行、交易活动,必须遵守法律、行政法规;禁止欺诈、内幕交易和操纵证券交易市场的行为)来看,也可以认为,内幕交易不属于证券欺诈。[①]

三、关于本罪主体认定的疑难问题

本罪在主体认定方面也集中了很多疑难问题:

第一,非法获取内幕信息人员的认定问题。刑法理论上对于获取内幕信息的手段本身是消极的且并不具有违法性(例如,获取的内幕信息系内幕人员主动告知的,或者行为人无意中听见的,或者行为人拾得他人遗失的内幕信息资料等)是否属于"非法获取"的问题颇有争议。有的学者认

---

① 参见翟继光:《试论证券内幕交易的构成要件》,资料来源:http://vip.chinalawinfo.com/NewLaw,2013 年 6 月 4 日访问。

为,通过消极且不违法的行为获取内幕信息,既不属于内幕信息的知情人员,也不属于非法获取内幕信息的人员,将其称为"中性人员",即通过既不违法也不合法的中性方式获取了内幕信息并利用该内幕信息获利的人。① 换言之,非法获取内幕信息人员只能是利用骗取、套取、偷听、监听或者私下交易等非法手段或者通过非法途径获取证券内幕信息的人员。也有学者认为,非法获取内幕信息的人员仅指"直接接受或接触第一手情报的人",法律要求这些人负有保密义务,而那些从"直接接受或接触第一手情报的人员"处得到的"第二手""第三手"传来信息的人,他们没有保密义务,不能成为内幕交易罪的主体。② 还有学者认为,"非法获取内幕信息的人员"不仅仅是指行为人故意地采取非法的手段获得内幕信息,其主要是指一种客观上的不法,即除了法律规定的内幕信息的知情人员以外的任何人只要知悉该内幕信息就是"非法"。

从理论上来看,刑法理论中向来有主观的不法与客观的不法之争,现在刑法学界一致同意客观的不法说,即不法行为纵非出于故意或过失,或仅系无责任能力人之所为,在客观上亦不免于违法之评价,足以影响行为人之法律地位。如果将这里的"非法"限定为"故意地非法",将大大增加指控非内幕人员犯本罪的难度,因为"故意地偷听"和"偶尔地听到"在实践中根本无法区分,司法机关难以取得相应的证据区分两者之间的界限。③ 另外,《关于办理内幕交易、泄露内幕信息刑事案件具体应用法律若干问题的解释》第2条第2项的规定中使用了"近亲属"和"关系密切的人员"这两个非常重要的概念,④由于刑法上的近亲属概念并不明确,首创于利用影响力受

---

① 参见喻福东:《证券内幕交易罪概念的重新界定》,载《求索》2006年第2期。
② 参见章惠萍、徐安住:《论内幕交易罪》,载《河北法学》2002年第1期。
③ 参见王政勋:《证券、期货内幕交易、泄露内幕信息罪问题研究》,载《中国刑事法杂志》2003年第4期。
④ 《关于办理内幕交易、泄露内幕信息刑事案件具体应用法律若干问题的解释》第2条第2项规定,内幕信息知情人员的近亲属或者其他与内幕信息知情人员关系密切的人员,在内幕信息敏感期内,从事或者明示、暗示他人从事,或者泄露内幕信息导致他人从事与该内幕信息有关的证券、期货交易,相关交易行为明显异常,且无正当理由或者正当信息来源的,构成《刑法》第180条第1款规定的"非法获取证券、期货内幕信息的人员"。

贿罪的"关系密切的人"的内涵与外延在刑法理论与实务中存在较大的认识分歧,因而内幕信息知情人员的"近亲属"和"关系密切的人员"的认定问题显然受制于这样的现状而容易在内幕交易犯罪司法实践中产生争议。所以,亟须在理论上准确界定内幕信息知情人员"近亲属""关系密切的人员"的范围,否则该司法解释条款将难以在实践中得到有效执行。

第二,对于内幕交易罪的主体是一般主体还是特殊主体这一基本理论问题,我国刑法学术界也存有争议。有观点认为,本罪的主体应是特殊主体。因为本罪并非任何自然人或者单位都可能构成,只有具备法定条件的个人或者单位才能构成本罪。① 但也有意见认为,本罪的主体应是一般主体。尽管内幕交易大多是内幕人员实施,但现实中也有不少非内幕人员通过某种途径获得内幕信息,并根据该信息进行内幕交易行为。凡是知悉内幕信息的人,不论是否内幕人员,不论是合法还是非法知悉内幕信息,在该信息公开前,都应当被禁止从事相关的交易。就此而言,内幕交易罪的主体归根到底仍是一般主体。② 还有人认为,本罪的主体既有一般主体,又有特殊主体。也即对于本罪的主体应区别情况而定。对于本罪中的证券交易的知情人员即内幕人员理应视为特殊主体,而对于本罪中的非法获取证券交易内幕信息的人员则为一般主体。③ 还有学者认为,某个犯罪的主体是一般主体,还是特殊主体,关键是看刑法对这一犯罪的主体有无专门的规定,如果刑法分则中有专门规定,则这一犯罪的主体就应属于特殊主体,反之,则属于一般主体。由于我国《刑法》第 180 条对内幕交易、泄露内幕信息罪的主体作了专门的规定,即本罪应由"证券、期货交易内幕信息的知情人员或者非法获取证券、期货交易内幕信息的人员"构成,因而本罪的主体

---

① 参见魏东:《关于内幕交易、泄露内幕信息罪司法认定的若干问题再研究》,载赵秉志主编:《新千年刑法热点问题研究与适用》,中国检察出版社 2001 年版,第 854 页;马克昌:《论内幕交易、泄露内幕信息罪》,载《中国刑事法杂志》1998 第 1 期;郭立新、杨迎泽主编:《刑法分则适用疑难问题解》,中国检察出版社 2000 年版,第 88 页;李宇先、贺小电:《证券犯罪的定罪与量刑》,人民法院出版社 2000 年版,第 93 页。

② 参见郑顺炎、陈洁:《证券内幕交易犯罪构成要件刍议》,载《人民司法》1998 年第 2 期。

③ 参见郦毓贝:《内幕交易、泄露内幕信息罪主体特征研析》,载赵秉志主编:《新千年刑法热点问题研究与适用》,中国检察出版社 2001 年版,第 820—821 页。

理应理解为是特殊主体。①

四、关于本罪主观方面认定的疑难问题

本罪主观方面认定的疑难问题主要有以下两个方面：

第一，"获利或避免损失的目的"是否属于本罪的开放构成要件。对此，理论上存在肯定说和否定说两种意见。此处"获利或避免损失的目的"仅指金钱收益。否定说认为，"获利或避免损失的目的"并不是本罪的必要条件。因为内幕交易罪在多数情况下是出于直接故意，但也不能排除在少数情况下可以出于间接故意，并非所有的内幕交易行为都是为了牟利或减少损失，例如以提供内幕消息为筹码收受贿赂等。在本罪的主观方面中，犯罪目的并不重要，重要的在于这种内幕交易行为侵害了广大投资者的利益，破坏了证券、期货市场秩序。② 肯定说则认为，犯罪目的是内幕交易罪的主观要件，即构成本罪的行为人是以获取利益或者减少损失为目的。③ 肯定说中还有学者将本罪的犯罪目的进一步扩大，认为若要求具备"获利或避免损失的目的"就不能排除行为人基于其他目的，如为了帮助朋友和亲属、碍于情面等而明示或暗示他人买卖证券的情形。

第二，过失是否可以成为内幕交易罪的主观方面的内容。对于内幕交易罪行为人主观罪过形式问题，目前在学界还存在较大争议。第一种意见认为，本罪只能由故意构成，并且由于行为人实施内幕交易的行为均是以获取非法利益或者减少损失为目的，因而本罪理应由直接故意才能构成。因为，对于内幕交易罪的主观方面是故意还是过失构成，关键还是要分析刑法规定和理解刑事立法的原意。由于证券犯罪是一种新型的刑事犯罪，只有达到严重的程度才可能构成犯罪。从这一立法原意上分析，我国刑法中惩罚的内幕交易罪只应该是故意而不应该包括过失。另外，我国《刑法》

---

① 参见刘宪权、谢杰：《证券期货犯罪刑法理论与实务》，上海人民出版社2012年版，第178页。
② 参见魏东：《关于内幕交易、泄露内幕信息罪司法认定的若干问题再研究》，载赵秉志主编：《新千年刑法热点问题研究与适用》，中国检察出版社2001年版，第857页。
③ 参见王新：《金融刑法导论》，北京大学出版社1998年版，第201页。

明确规定,"过失犯罪,法律有规定的才负刑事责任",根据罪刑法定的原则,由于《刑法》第180条并未规定过失可以构成本罪,因而本罪的主观方面当然不应该包括过失。① 第二种意见认为,本罪的主观上可以是故意,也可以是过失。② 其主要理由在于:将内幕交易罪的主观方面限于直接故意或间接故意会使得相当一部分社会危害程度已经达到犯罪的内幕交易的行为,不能以犯罪论处,从而放纵了犯罪分子,不利于对证券、期货市场正常秩序的维护。第三种意见认为,本罪的主观方面只能是故意,不包括过失,但未涉及犯罪目的问题。本罪的主观方面是直接故意,即明知是内幕信息而故意利用该信息进行证券、期货交易或故意将该信息泄露给他人进行证券、期货交易。过失不构成本罪。③ 第四种意见认为,本罪的主观方面只能是故意,不包括过失,而且犯罪目的是获利或减少损失。④ 第五种意见认为,犯罪目的是内幕交易罪的主观要件。即本罪只能由故意构成,且行为人是以获取利益或者减少损失为目的。过失不构成本罪。⑤ 第六种意见认为,内幕交易罪在主观上只能由故意构成,这种故意既包括直接故意,也包括间接故意。⑥

---

① 参见刘宪权、谢杰:《证券期货犯罪刑法理论与实务》,上海人民出版社2012年版,第187—188页。
② 参见张军主编:《破坏金融管理秩序罪》,中国人民公安大学出版社1999年版,第289—290页。
③ 参见邓又天主编:《中华人民共和国刑法释义与司法适用》,中国人民公安大学出版社1997年版,第300页。
④ 参见孙际中主编:《新刑法与金融犯罪》,西苑出版社1998年版,第149页;薛瑞麟主编:《金融犯罪研究》,中国政法大学出版社2000年版,第272页。
⑤ 参见王新:《金融刑法导论》,北京大学出版社1998年版,第201页;周道鸾等主编:《刑法的修改与适用》,人民法院出版社1997年版,第397页;马克昌主编:《经济犯罪新论》,武汉大学出版社1998年版,第295—296页。
⑥ 参见魏东:《关于内幕交易、泄露内幕信息罪司法认定的若干问题再研究》,载赵秉志主编:《新千年刑法热点问题研究与适用》,中国检察出版社2001年版,第857页。

第二章 比较法视域下各国或地区规制内幕交易罪的对比分析与域外经验借鉴

第一节 各国或地区规制内幕交易罪的立法与司法概况

一、美国内幕交易规制体系的基本架构

美国是一个普通法国家,不过在证券法领域,成文法与判例法并行发展、相互促进。作为证券市场最成熟的国家之一,美国的立法成为其他国家构建本国的证券法律体系时必须参考的文本,禁止内幕交易的规则也发轫于此。

(一) 成文法

1. "蓝天法"与《邮政欺诈法》

最初,美国并未对内部人员交易、操纵证券交易价格等行为作出明确的区分,而是概括地规定于证券欺诈条款之中。在1930年之前,美国还没有专门的联邦证券立法对证券欺诈进行规制。历史上第一部"蓝天法"(Blue

Sky Law)①——堪萨斯州证券法于1911年诞生,之后美国各州陆续以堪萨斯州证券法为蓝本相继制定了本州的证券法。然而,"蓝天法"只能适用于州内交易,对于州际交易的法律冲突问题,"蓝天法"就无能为力了。在联邦证券法尚未出台之际,联邦政府用以规制证券欺诈的法律是《邮政欺诈法》(Mail Fraud Statute)②。至今《邮政欺诈法》依然在代理人违反诚信义务获取秘密收益的案件中,发挥着重要作用。即使在《1933年证券法》和《1934年证券交易法》出台后,在1987年的Carpenter案③中,联邦最高法院的法官一致认为某些内幕交易的被告违反了《邮政欺诈法》,在1997年的O'Hagan案④中,联邦最高法院又一次判定被告违反规则10b-5和《邮政欺诈法》,可见该法生命力之持久。

2. 《1933年证券法》与《1934年证券交易法》及SEC制定之规则

1929—1932年纽约证券交易所的股票猛跌,广大投资者遭受严重损失,1932—1934年参议院银行与货币委员会针对证券交易所的调查报告认为,为建立公平诚信的交易秩序,政府不应采行放任的经济政策,以联邦立法管理证券市场,诚为当务之急。⑤ 而且由于各州立法宽严不一、认定标准不同、执行范围有限,人们深感仅仅依靠州法无法遏制内幕交易、操纵证券交易价格等证券欺诈行为,以联邦立法规制证券交易的时机已经出现,1932年美国总统大选中民主党候选人罗斯福的竞选纲领之一也是推动证券法的制定。1933年罗斯福就任总统后,证券法的起草工作立即开始,起

---

① 关于"蓝天法"一词的由来,说法不一。有说法认为,之所以使用这一名称,是因为州法的立法目的在于遏止那些把蓝天当作建筑用地出售的投机商人(legislation aimed at promoters who "would sell building lots in the blue sky in fee simple"),see L. Loss and J. Seligman, Securities Regulation, Third Edition, Volume I, p. 34 (1991). 参见杨亮:《内幕交易论》,北京大学出版社2001年版,第83页。也有说法认为该名称出自于联邦最高法院1917年Hall v. Geiger-Jones Co.案(242 U. S. 539)的判决,McKenna法官形容某些出售证券的行为是"投机的伎俩,其交易的基础不过是几英尺的蓝天(speculative schemes which have no more basis than so many feet of blue sky)",see http://en.wikipedia.org/wiki/Blue_sky_law,2013年7月19日访问。

② 18 U.S.C. § 1341.

③ Carpenter v. United States, 484 U. S. 19 (1987).

④ United States v. James Herman O'Hagan, 521 U. S. 642 (1997).

⑤ 参见赖英照:《股市游戏规则——最新证券交易法解析》,中国政法大学出版社2006年版,第4页。

草小组以汤普逊法案和英国 1929 年公司法为基础,完成了证券法草案。①同年 5 月 27 日,参众两院以压倒性多数通过证券法(Securities Act of 1933),自同年 7 月 7 日起生效。

《1933 年证券法》的 Section17(a)是规制包括内幕交易在内的证券欺诈犯罪的"祖父条款"(Grandfather Clause),其内容如下:

> 任何人在要约销售或销售任何证券时,通过使用任何州际商业运输工具或方法,或通过使用邮政,直接或间接从事下列行为,均为非法——①使用任何手段、计划或诡计进行欺诈,②通过错误陈述实质性事实或遗漏陈述根据行为时的情况避免产生误导的实质性事实,来获取金钱或财产,③从事导致或将要导致欺诈或欺骗购买者的任何交易、做法或商业活动。

与《邮政欺诈法》相比,该条款的进步之处在于,专门打击证券领域的欺诈行为,针对性强;与"蓝天法"相比,适用地域明显扩大。但是,由于该条款的适用范围只限于"要约销售或销售任何证券时",按照对"销售"的一般理解,该条款的规制对象仅限于卖方,而无法规制买方的行为。另外,《1933 年证券法》着眼于证券发行市场的监管,对证券交易市场的规范阙如。因此,美国国会之后便推出了《1934 年证券交易法》(Securities Exchange Act of 1934),并根据该法成立了美国证券交易委员会(US Securities and Exchange Commission,SEC)。

《1934 年证券交易法》规制内幕交易的条款是 Section10(b):

> 任何人直接或间接利用州际商业工具或方法或邮政,或利用任何全国性证券交易所的任何设施,从事下列行为皆为非法:在购买或销售已在证券交易所注册或未如此注册的任何证券时,违反证券交易委员会制定的为公共利益或保护投资者所必要或适当的规则和条例,利用或使用任何操纵性、欺骗性手段或计谋。

---

① 参见〔美〕莱瑞·D.索德奎斯特:《美国证券法解读》,胡轩之、张云辉译,法律出版社 2004 年版,第 2—3 页。

本条虽为禁止内幕交易之条款,但只是空白授权条款,无法自动实施,任何人买卖证券须违反 SEC 制定的规则和条例,才构成违法。

为了填补规范上的漏洞,1942 年 5 月,SEC 根据 Section10(b) 的授权,将《1933 年证券法》的 Section17(a) 略作改动,制订了规则 10b-5(Rule 10b-5),以适用于任何与证券买卖有关的欺诈行为:

> 任何人员直接或间接利用任何方式,或者州际商业工具,或者邮政,或者全国性证券交易所的任何设施从事下列行为,均为非法——① 使用任何手段、计划或诡计进行欺诈;② 进行实质性事实错误陈述或遗漏陈述根据行为时的情况避免产生误导的实质性事实,来获取金钱或财产;③ 从事与证券买卖有关的、导致或将要导致欺诈或欺骗任何人的任何行为、做法或商业活动。

其中对内幕信息的"实质性""与证券买卖有关"的界定,以高度概括又准确的语言为 SEC 和联邦法院追究内幕交易罪提供了充分的法律支持,给法官造法留下了极大空间,使之获得了打击内部人利用内幕信息购买本公司股票的有力武器。规则 10b-5 在司法实践中的广泛应用使其解释体系愈加庞杂,美国最高法院伦奎斯特(William H. Rehnquist)大法官曾将其比喻为"从一粒立法橡子上长出的司法橡树"①。

1980 年,Chiarella 案之后,SEC 依据 Section14(e) 的授权,制订了规则 14e-3(Rule 14e-3)用以禁止公开收购案件中内部人和接受信息者的内幕交易行为。

3.《1984 年内幕交易制裁法》《1988 年内幕交易与证券欺诈执行法》与《2002 年萨班斯—奥克斯利法案》

80 年代以来,美国证券市场上的内幕交易案件逐渐增多,数额越来越大,手段愈发隐蔽,SEC 在查处案件的过程中切实感受到,原有的制裁措施

---

① 原文为:When we deal with private actions under Rule10b-5, we deal with a judicial oak which has grown from little more than a legislative acorn. See Blue Chip Stamps v. Manor Drug Stores, 421 U. S. 723, 737(1975).

不足以有效地遏止和惩罚内幕交易者。首先，虽然可以追究内幕交易者的刑事责任，但是法院对此作出判决的极为鲜见，而且，面对巨额收益，区区几年监禁实在无法起到威慑作用。其次，较为常用的行政处罚如要求违法者吐出违法所得（disgorgement of profits）和请求法院发布禁止令（injunction），也难以杜绝内幕交易行为。仅仅要求吐出违法所得对于违法者来说毫无损失，变相鼓励了其铤而走险从事内幕交易；而禁止令只能要求违法者在 5 至 10 年内不得从事证券交易，对其资金流动却没有限制，禁止令失效后行为人完全可以卷土重来。再次，尽管可以通过私人民事诉讼来请求民事赔偿，但是第二巡回上诉法院在 Elkind 案[1]中将集团诉讼中原告所能得到的赔偿额限定在内幕交易的非法所得额度内，极大损伤了原告起诉的积极性。[2]

面对这一困境，美国法律协会（ALT）拟定了《联邦证券法典》，规定法院可对违法者处以违法所得 150% 的罚款。虽然《联邦证券法典》只是美国法律协会的学术成果，并无强制力，但 SEC 以此为契机，于 1982 年开始向国会建议修订法律，建议草案于 1983 年 9 月获众议院通过，于 1984 年 6 月以无一票反对的结果在参议院获得通过。8 月 10 日，由里根总统签署，《1984 年内幕交易制裁法》（Insider Trading Sanction Act of 1984）得以生效。

《1984 年内幕交易制裁法》并未对内幕交易进行定义，因为 SEC 认为如果在成文法中对内幕交易进行定义，那么无论宽泛定义或严格定义，都可能无法应对将来出现的新问题。对于内幕交易的界定，还是留待法官在司法实践中予以发展和完善，这也符合美国的判例法传统。另外，该法授权 SEC 可以向法院诉请被告给付不超过非法所得利润或避免损失额 3 倍的民事罚款；对主动参与或没有采取有效措施阻止内幕交易的证券公司，SEC 有权给予其暂停营业一年、撤销注册登记的处罚；对雇员从事内幕交易的，

---

[1] Elkind v. Liggett & Myers, Inc., 635 F.2d 156 (1980).
[2] 参见杨亮：《内幕交易论》，北京大学出版社 2001 年版，第 115—116 页。

没有尽到谨慎勤勉防止义务的雇主或控制人也须承担连带责任等。①

只是,《1984 年内幕交易制裁法》仍然无法抑制人们的贪婪,内幕交易的热潮并未退去,尤其是 Dennis Levine 案、Ivan Boesky 案的相继曝光,使国会意识到必须进一步加大对内幕交易的处罚力度。1987 年参议院下属的证券小组委员会建议给内幕交易作出广泛的界定,并将盗用理论法定化。但是众议院考虑到最高法院在 Carpenter 案中并没有明确肯定盗用理论,②给内幕交易作出定义和将盗用理论纳入成文法都不尽妥当,于是其下属的电信和金融小组委员会于 1988 年 9 月 13 日通过了自己的法律修订草案。随着第 100 届国会任期届满之日的临近,为使修订法案获得通过,参议院不得不作出让步,于 10 月 21 日通过了以众议院草案为基础的修订法案,《1988 年内幕交易与证券欺诈执行法》(Insider Trading and Securities Fraud Enforcement Act of 1988)在总统签署之后于 11 月 19 日正式生效。③ 该法共有 8 个条款,关于内幕交易的内容主要有:① 要求证券公司、投资顾问等公司或机构建立预防内幕交易的有关制度,违反者要承担连带责任;② 泄露信息者要对接受信息者的违法所得承担连带责任;③ 对举报、提供线索以查处内幕交易案件者,SEC 可给予高达民事罚款 10% 的奖励;④ 扩大私人诉权,允许同时交易者提起损害赔偿之诉;⑤ 提高故意违法者的刑事责任,对个人罚款从 10 万提高到 100 万美元,对机构从 50 万提高到 250 万美元,对违法者的监禁从 5 年延长到 10 年;⑥ 授权 SEC 协助外国证券监管机构调查、查处跨境内幕交易案件。④

2001 年至 2002 年的安然公司和世界通信公司的会计丑闻,彻底打击

---

① 参见成涛、鲍瑞坚主编:《证券法通论》,中国大百科全书出版社上海分社 1994 年版,第 216—217 页。

② Carpenter 从《华尔街日报》的记者 Winans 处获取次日登载的证券类文章,传递给 Fellis,Fellis 根据文章买卖证券,获利后三人共享。事发后,Carpenter 被第二巡回法院判决有罪,被告上诉至联邦最高法院。本案的关键在于是否可以利用"盗用理论"作出裁决,但是 1987 年 11 月 16 日判决时,Powell 法官已于 6 月 26 日退休,而继任的 Kennedy 法官尚未就任,最高法院只有八名法官,表决的结果是四比四,所以"盗用理论"是否可以适用在此案悬而未决。

③ 参见杨亮:《内幕交易论》,北京大学出版社 2001 年版,第 117—118 页。

④ 参见成涛、鲍瑞坚主编:《证券法通论》,中国大百科全书出版社上海分社 1994 年版,第 217—218 页。

了美国投资者对资本市场的信心,美国股市剧烈动荡,投资人纷纷抽逃资金。为了打破这一困境,防止上市公司丑闻和保护投资者,由参议员Sarbanes和众议员Oxley联合提出了一项法案,该法案即以他们的名字命名(Sarbanes-Oxley Act),法案的另一个名字是《公众公司会计改革与投资者保护法案》。法案对《1933年证券法》和《1934年证券交易法》进行了大规模修改,涉及内幕交易的主要有:由SEC制定规则,强化公众公司的财务披露义务;加重了对证券欺诈行为的处罚力度,将故意进行证券欺诈的犯罪监禁刑提高至25年,对犯有欺诈罪的个人和公司的罚金分别提高至500万美元和2500万美元。

纵观美国的成文立法,对内幕交易罪的刑事处罚力度不断加强,尤其是罚金刑和监禁刑提高到了令人望而生畏的程度,这不仅体现了美国政府严惩内幕交易的态度和决心,同时也使刑事立法发挥了良好的威慑作用。另外,通过行政处罚、民事赔偿以及社会监督的配合,构建起事前预防和事后惩治的整体规制模式,有效地打击了内幕交易行为。

(二) 判例法上的归责理论发展

1. 信息平等理论

在面对面交易(face-to-face transaction)中,董事、高级管理人员、控股股东因其在公司的地位而获悉影响股价的重要未公开信息,在未将信息告知交易相对人之前,不得进行股票买卖。① 至于在集中市场的交易,SEC于1961年处理的美国第一起内幕交易案件——Cady, Roberts & Co.案中,宣示了"披露或戒绝交易规则"(Disclose or Abstain Rule)。Cowdin是Curtiss-Wright公司(CW)的董事,同时也是Cady, Roberts证券公司的合伙人,他在CW公司董事会上知悉了公司将降低股利分派的消息,在董事会休会期间即消息公开前,告知Cady, Roberts证券公司的另一合伙人Gintel,Gintel随即为客户售出CW公司的股票,两笔卖单中,一笔是为10个账户卖出

---

① See Speed v. Transamerica Corp., 71 F. Supp. 457 (D. Del. 1947); Kardon v. National Gypsum Co., 73 F. Supp. 798(E. D. Pa. 1947).

2000 股，另一笔是为 11 个账户卖空 5000 股，这 5000 股中有 400 股是为 Cowdin 的三个客户卖出的。①

SEC 认为，传统公司内部人如董事、高级管理人员、控股股东必须披露凭借其地位获得的、而其交易对象并不知晓、如果知晓将影响其投资决策的重要信息。如果不披露重要信息而进行交易，对于交易相对人而言，即为欺诈，因而违反 Section10(b) 和规则 10b-5，要避免违法，只有两个选择，披露信息然后进行交易，或不披露信息也不进行交易。这就是"披露或戒绝交易规则"。此外，负有披露或戒绝交易义务者并不限于传统公司内部人，符合下列情形的人员，也同样适用：① 因特定关系得以直接或间接获得为公司目的而非个人利益的重要信息；② 一方知悉重要信息，与无法获知相同信息的另一方进行买卖，形成内在不公平的交易。此案中，证券公司合伙人 Gintel 从 CW 公司董事 Cowdin 处获得未公开信息，并利用该信息为全权委托账户卖出公司股票，已经符合上述情形，应该承担法律责任。

1968 年，联邦第二巡回法院在 SEC v. Texas Gulf Sulphur Co. 案②中重申了"披露或戒绝交易规则"，并对"内部人"作了相当广义的解释。Texas Gulf Sulphur 公司（TGS）在加拿大东部地区勘探矿藏，1963 年 10 月至 11 月间，发现丰富矿产，公司总经理 Stephens 下令保密，也没有通知董事会，同时增购邻近土地，并继续发现丰富矿藏。1964 年 4 月 11 日，有媒体报道 TGS 可能已勘探发现丰富矿藏的消息后，TGS 立即发布新闻表示媒体言过其实，公司勘探工作正常，只发现小量矿产。4 月 13 日媒体普遍报道后，TGS 才于 4 月 16 日宣布真实勘探结果。在此期间，TGS 知悉消息的人，包括董事兼副总经理 Fogarty、负责勘探工作的 4 名地质专家及工程师、TGS 的经理和律师等多人，以及从内部人获悉消息的其他人，陆续买进 TGS 股票。

法院判决，泄露信息者和接受信息者均违反 Section10(b) 和规则 10b-5。任何人获悉公司重大且未公开信息时，应遵守"披露或戒绝交易规则"，使市场投资人均有公平获取信息的机会，这就是"信息平等理论"（The

---

① 案情参见杨亮：《内幕交易论》，北京大学出版社 2001 年版，第 91—92 页。
② SEC v. Texas Gulf Sulphur Co., 401 F.2d 833(1968).

Equal Access Theory)。因此,任何人,若有途径获取公司重大机密信息,皆有可能成为内幕交易规范的对象。本案判决确立了接受信息者的法律责任,但未对其范围进行限制。

2. 信义关系理论

1980 年,联邦最高法院在 Chiarella v. United States 案①中否决了第二巡回法院的"信息平等理论",而以"信义关系理论"来适用"披露或戒绝交易规则",对内部人的范围作了相当程度的限制。

Pandick Press 印刷厂接受某公司委托,印刷有关公司并购的文件,这些文件采用空白或匿名的方式掩盖了收购公司和目标公司的身份,但是印刷厂员工 Chiarella 从文件的其他信息中猜到了并购案的目标公司,随后买入了目标公司的股票,并在收购要约公开后立即抛出,获利 3 万余美元。第二巡回法院认为,印刷工人担任排字工作,经常有机会接触内部文件,按照"信息平等理论",Chiarella 属于内部人,如果他在信息公开前交易证券,即违反 Section10(b)和规则 10b-5。但是联邦最高法院撤销了原判,并指出,证券交易中的沉默固然可以构成 Section10(b)的欺诈,但是,这种法律责任的基础是交易双方因存在信托或信赖关系(fiduciary or other similar relation of trust and confidence)而负有披露义务。本案被告与股东之间没有信托关系,也并非从目标公司获取重要信息,所以其没有披露信息的义务,也就没有违反 Section10(b)。

首席法官 Burger 提出不同意见,他认为,盗用非公开信息的任何人都有绝对的义务来披露信息或戒绝交易。信赖关系理论的适用应有所限制,尤其是当信息优势的获得不是通过超人的阅历、远见或勤奋,而是采用非法方式时。所以 Chiarella 的行为违反了 Section10(b)和规则 10b-5,应维持原判。这就是盗用理论的缘起。

1983 年,在 Dirks v. SEC 案②中,最高法院延续了 Chiarella 案的理论,并对接受信息者的认定作了修正。Dirks 是纽约一家证券经营机构的高级

---

① Chiarella v. United States,445 U. S. 222(1980).
② Dirks v. SEC,463 U. S. 646(1983).

管理人员，也是证券分析专家。某日 Equity Funding of America(EFA)的前高级管理人员 Secrist 告诉 Dirks，EFA 的资产被严重虚估，希望他能协助调查并将真相公布于众。Dirks 遂开始调查，在调查过程中，他曾向一些投资者和客户透露此事，并交换意见，其中部分人于获知信息后卖出了 EFA 的股票。其后证实 EFA 确有作假和高估资产之事，股价暴跌。Dirks 则被指控违反 Section10(b)和规则 10b-5。

最高法院认为，内部人对公司和公司的股东承担诚信义务，但是一般的信息接受者若要继承从内部人衍生的诚信义务，须满足以下要件：① 内部人违反其诚信义务将信息泄露给接受信息者；② 接受者知道或应当知道内部人违反其诚信义务；③ 内部人为了从泄露信息中获得直接或间接的个人利益而违反其诚信义务。这是通过此案确立的信息泄露理论。Dirks 与 EFA 之间并无任何信赖关系，Secrist 也没有期待 Dirks 对他所提供的信息保密，Secrist 告知 Dirks 信息并非是为了个人利益，也没有违反对公司的诚信义务，所以也不存在 Dirks 的衍生义务，因此，最高法院认为，Dirks 并不负担披露或戒绝交易义务，也没有违反 Section10(b)和规则 10b-5，撤销下级法院的有罪判决。

另外，本案判决书中有一个影响深远的脚注 14：在某些情况下，如公司信息是合法地透露给为公司工作的承销商、会计师、律师或顾问，这些外部人则成为股东的受信人。产生诚信义务的基础并不仅仅由于这些人获得非公开的信息，而是因为他们在开展业务的过程中，已经参与这种特殊的诚信关系，能接触仅为公司目的的信息。要施加这种义务，公司必须期望外部人对其所知的非公开信息保密，至少他们之间的关系必须隐含着这种责任。也就是说，上述人员获悉非公开信息时，是作为临时内部人，而非接受信息者。

3. 盗用理论

在 1997 年的 United States v. O'Hagan 案[①]中，金斯伯格(Ruth Bader

---

① United States v. O'Hagan, 521 U.S. 642 (1997).

Ginsburg)法官代表多数意见肯定了盗用理论(Misappropriation Theory)的有效性,对内部人的范围进行了扩大。

1988年7月,一家英国公司Grand Metropolitan PLC打算收购总部位于Minneapolis的Pillsbury Company,聘请设在Minneapolis的Dorsey&Whitney律师事务所为法律顾问。英国公司和律师事务所都采取必要措施来保证该收购要约计划的秘密性。被告O'Hagan是Dorsey&Whitney律师事务所的一名律师,但未承办该收购计划的业务。在1988年9月9日英国公司终止与律所的顾问关系之前,O'Hagan陆续买进Pillsbury Company的股票和买入期权。同年10月4日英国公司公布了其收购要约,股票大涨,被告乘机卖出股票和期权,获利达430万美元。

最高法院认为,依据Section10(b)和规则10b-5的规定,证券交易中,欺诈行为的对象并不仅限于证券的买方或卖方。获得重要消息的公司外部人,虽然与交易相对人之间没有信赖关系,但如果其违背对信息来源的信赖义务,将从信息来源处获得的信息据为己有,通过不披露该信息,用以谋取个人利益,即构成欺诈。这一欺诈行为,于买卖证券时(而非获得信息时)成立。盗用理论旨在防止那些对公司股东并不承担诚信义务或其他义务的公司外部人,滥用其有机会获得的披露后将影响公司证券价格的机密信息,以维护证券市场的健全。

从信息平等理论对内部人的宽泛解释,到信义关系理论对内部人的有效限缩以及对接受信息者的准确界定,再到盗用理论对公司外部人的规制,美国法院通过一系列判例发展着内幕交易罪的归责理论,同时也为日后可能出现的新问题留下了解释的空间。

二、欧盟禁止内幕交易的法律体系

欧盟于1988年和2003年先后颁布了两个规制市场滥用行为的法律文件,即《反内幕交易规制协调指令》(简称《反内幕交易指令》,英文缩写IDD)和《反内幕交易和市场操纵的指令》(简称《反市场滥用指令》,Market Abuse Directive)。指令确立了欧盟打击内幕交易行为的最低标准,通过各成员国将其转化为国内法予以具体化并实施，欧盟建立起了一个以行政规制为主要手段，以协调各成员国立场和完善证券市场功能为目标的、全欧范围内的反市场滥用法律制度。

关于内幕交易规制的理论基础，相对于美国采取的相关性理论（relationship-based），欧盟采取的是市场基础理论（market-based），其着眼于宏观的广阔市场，要求相关法律制度起到保护证券市场整体效率、保护投资者信心的作用，尤其关注二级市场上信息的传播问题，强调从整个证券市场的完整性出发规制内幕交易行为。正是由于内幕交易规制的立法基础不同，欧盟指令与美国证券法相比，在很多具体制度和概念含义上均广泛得多，打破了美国规制内幕交易行为的立法局限，开创了世界反内幕交易体制的新模式和新理念。[1]

（一）《反内幕交易指令》

在20世纪80年代以前，似乎只有美国的SEC注意到反内幕交易的重要性，欧洲许多国家并未采取实质的立法措施来限制或禁止内幕交易行为，仅有法国于1970年、瑞典于1971年在各自的证券交易法中确立了相关的反内幕交易制度。但80年代后期，欧洲的资本市场被一系列内幕交易丑闻所困扰，再加上英国（1980）、挪威（1985）、瑞典（1985）、丹麦（1986）等国相继制定或修订了反内幕交易的法律制度，在此背景下，欧共体于1989年正式出台了《反内幕交易指令》，为各成员国颁布或修订反内幕交易法律确定了最低标准。

关于反内幕交易规则的四个构成要素：内幕信息、内部人、牟利、明知，《反内幕交易指令》作了如下具体规定：

《反内幕交易指令》第1.1条描述了内幕信息的要件，即准确性（precision）、非公开性（non-public）、市场信息（market information）和价格敏感性（price sensitivity）。指令对内幕信息作了一个全新的定义，但同时也存在缺

---

[1] 参见盛学军主编：《欧盟证券法研究》，法律出版社2005年版，第161—164页。

陷：一方面，指令仅仅重视了内幕信息的公开过程，但是对内幕信息公开后戒绝交易的时间缺乏规定，容易造成内部人利用内幕信息公开后与公众消化理解信息之间的时间差进行投机行为；另一方面，指令对内幕信息的宽泛定义可能会在一定程度上影响证券市场的活跃性。

指令将内部人分为直接内部人和间接内部人，但评论多认为这种区分没有必要，因为指令采取的是市场基础理论，对直接内部人的界定就已经相当宽泛，依其相关规定，凡持有内幕信息的人都是管制的对象，均有戒绝交易的义务。依第2(1)条规定，可以看到直接内部人根据内幕信息的取得方式分为三类：(1) 发行人行政管理部门、董事会、监事会的组成人员；(2) 持有发行人股本的人——股东(不论持股多少)；(3) 因履行雇佣、职业、职责而有途径获取内幕信息的人员。依指令第4条规定，间接内部人是指对自己拥有内幕信息有全面了解，并且该内幕信息是直接或间接来源于直接内部人的人员。

关于"牟利"的具体标准，各成员国有自由选择的权利，既可以规定为交易的现实获利，也可以扩大解释为交易的理由。

"明知"是指"对事实有全面了解"(full knowledge of the facts)，这一对主观要件的要求并不包括欺诈或诡计的故意，仅仅是指内部人明知进行交易所依赖的信息是内幕信息。[1] 从指令主要采取行政手段规制内幕交易来说，最大的优点就在于行政制裁不需要执法人员证明行为的主观意图，但指令却对内幕交易规定了主观要素，不免多此一举。

除了对内幕交易各要素界定上的不足，实际上，《反内幕交易指令》被诟病最多的是其执行和处罚制度。指令第13条授权各成员国应当采取切实的惩罚性措施来保证《反内幕交易指令》的顺利实施，并且这种惩罚应当起到鼓励行为人遵守《反内幕交易指令》相关制度的效果。这一规定几乎没有任何实质性内容，既缺乏民事赔偿的规定，也没有明确将内幕交易作为一种刑事犯罪加以打击。各成员国恐怕过于严厉的制裁措施损害本国市场

---

[1] 参见盛学军主编：《欧盟证券法研究》，法律出版社2005年版，第188页。

对投资者的吸引力，同时迫于国内金融集团的强大压力，而普遍采取了较为温和的制裁措施，对内幕交易的威慑力大打折扣。

(二)《反市场滥用指令》

随着欧洲资本市场一体化逐渐成形，市场滥用行为呈现出与以往不同的特点，如跨境性、复杂性、危险性等，特别是在安然公司利用会计体系的内在缺陷操纵市场之事曝光后，欧洲统一资本市场对规制市场滥用行为提出了更高要求，而现行制度并不能满足这种需求。于是，欧盟于2003年颁布了《反市场滥用指令》，并废止了1988年的《反内幕交易指令》。

与《反内幕交易指令》相比，《反市场滥用指令》扩大了对市场滥用行为的规制范围，将市场操纵行为也纳入规制视野中。在具体制度方面，第一，《反市场滥用指令》新规定了四级立法模式，这一模式是在2001年的《智者委员会欧洲证券市场监管最终报告》中提出的，包括反市场滥用的框架性原则、实施措施、合作、执法四个方面的立法程序。第二，对于内幕交易的构成要素的界定也略有不同，如对内幕信息的要件作了更为明确的界定，使规制范围有所缩小；增加了一类直接内部人即利用犯罪活动获悉内幕信息的内部人——犯罪性内部人，删除了对间接内部人信息来源的限制，但仍保留对其主观状态的规定即知道或应当知道该信息属于内幕信息。第三，《反市场滥用指令》设置了反市场滥用的预防机制，包括及时披露规则、推迟披露规则、内部人名单制度、内部人交易报告制度、可疑交易报告制度等。第四，《反市场滥用指令》第14条对市场滥用行为采取行政惩罚的方式，排除采取统一刑事处罚的可能性，规定在无损于成员国施加刑事处罚的权力的情况下，成员国应保证按照国内法对责任人采取恰当的行政措施或施加行政处罚。[①]

《反市场滥用指令》在很大程度上弥补了《反内幕交易指令》的缺陷，其首创的四级立法模式以及以行政手段为主规制内幕交易的思路，为他国禁

[①] 参见盛学军主编：《欧盟证券法研究》，法律出版社2005年版，第200、203—209、219—230、242—243页。

止内幕交易的立法和制度设计提供了新的路径选择。

三、日本禁止内幕交易法律规定概述

二战前,日本股票和公司债券的发行管制规定于股份公司法中。二战后,日本政府出于维持经济秩序的需要,出台了一系列经济法规,其中,《证券交易法》于1948年4月13日公布,同年5月6日开始施行。① 但是在此后相当长的一段时期内,虽该法历经数次修订,内幕交易并没有成为刑事处罚的对象,证券业者之间对内幕交易的罪恶感也相当薄弱,甚至认为是工作中理应附带的外快收入。② 立法和监管的漏洞使日本证券市场上内幕交易横行,从20世纪80年代起,国际社会开始对此现象严加指责,并评价日本证券市场为"内幕交易者的天堂"。1987年,发生了震惊日本社会的"塔泰豪化学工业"(タテホ化学工業)事件,③令人痛感完善内幕交易规定的必要性。在这种环境下,日本终于在1988年修改《证券交易法》,设定了内幕交易罪,规定内幕交易者将被处以最高6个月有期徒刑,并可处以50万日元以下的罚金。1997年12月对《证券交易法》的修改加强了罚则,对个人违法者可以处以3年以下有期徒刑,或300万日元以下的罚金,或者两者并罚;对法人违法者可以处以3亿日元以下的罚金。且内幕交易获得的不法利益予以没收及追缴。

作为内幕交易罪被处罚的首例是日新汽船股票案件,之后有马库劳斯案件、铃丹案件、日本商事案件、日本纺织品加工股份公司案件等,大多以罚金和有期徒刑缓刑的判决结案。截至1999年11月,日本共起诉了11起

---

① 参见〔日〕河本一郎、大武泰南:《证券交易法概论(第四版)》,侯水平译,法律出版社2001年版,第8页。
② 参见〔日〕芝原邦尔:《经济刑法》,金光旭译,法律出版社2002年版,第60页。
③ 塔泰豪化学工业股份公司因债券期货投资经营不善而出现了280多亿日元的亏损,在信息公布前,该公司的3名董事、2名大股东以及与公司有业务往来的阪神相互银行抛售了相关股票,大阪证券交易所对事件进行了调查,但因证据不足,加上证券交易法中欠缺内幕交易的规定而未提起诉讼。

内幕交易案件,但进入 1999 年,才出现了实际服刑的判决。① 自 2002 年起,查处的内幕交易案件有所增加,2002 年 5 件,2003 年 6 件,2004 年 6 件,2005 年 5 件,2006 年 9 件,不过增加的原因并非是证券监管机构的职能得到充分发挥,而是 2001 年证券法修订后对于取得自己股票的问题采取了原则上允许、例外时禁止的态度。立法上的变化立即导致了内幕交易案的泛滥,其中影响较大的有 2005 年的西武铁道事件、2006 年的"村上基金"事件以及日本经济新闻社社员的内幕交易案。②

2006 年 6 月,日本国会大幅度修改了施行近 60 年的《证券交易法》,并易名为《金融商品交易法》,于 2007 年 9 月 30 日开始实施。新法的特点可以用"总括·横断化""灵活化""公正化·透明化""严格化"来概括。③ "横断化"是指本法的规制对象,由以往的股票、债券扩展至范围宽广的金融商品,"严格化"即对内幕交易等犯罪行为的惩罚加重。

就内幕交易罪的构成规定上看,《金融商品交易法》与《证券交易法》并无太大出入。该法将内部人员分为公司关系人等与公开收购人等两类。根据该法第 166 条的规定,公司关系人等分为如下三类:作为公司关系人的内部人员、作为公司关系人的准内部人员、公司关系人以外的第一情报领受人。根据该法第 27 条之二第 1 项第 1 号与第 167 条第 1 项的规定,在公开收购人及与其有特殊关系的人员(以本人或他人名义而由本人)持有的股份占被收购公司已发行股票总数的 5% 以上时,上述人员即被视为对被收购公司拥有了控制权而应将有关公开收购的情报向广大股东披露。④ 关于内幕信息的范围,该法在贯彻了"影响投资者的投资判断"的前提下,将

---

① 参见〔日〕射手矢好雄:《关于日本证券内幕交易实务上的诸问题》,1999 年 11 月中日证券法律研讨会论文。转引自郑顺炎:《证券内幕交易规制的本土化研究》,北京大学出版社 2002 年版,第 33 页。

② 参见张小宁:《证券内幕交易罪研究》,中国人民公安大学出版社 2011 年版,第 253 页,注 1。

③ 参见〔日〕松尾直彦:《证券取引法等の一部を改正する法律等について》,载《ジュリスト》No.1321:126—133。转引自庄玉友:《日本金融商品交易法述评》,载《证券市场导报》2008 年第 5 期。

④ 参见张小宁、刘勇:《中日证券法关于内幕人员范围的比较研究》,载《山东警察学院学报》2010 年第 6 期。

内幕信息分为四类：(1) 决定事实（该类事实一旦发生，必然对证券价格造成影响）；(2) 发生事实（除去影响显著轻微的情形外，该类事实的发生一般会对证券价格造成影响）；(3) 决算情报（该类事实中的重大事实才会对证券价格造成影响）；(4) 补充条款（该类事实中的最重要事实才被视为影响证券价格的事实）。[1] 另外，惩罚力度的加大体现在，对个人违法者的刑罚提高至5年以下有期徒刑或500万日元以下罚金或两项并罚，对法人的刑罚提高至5亿日元以下罚金。

四、我国香港特别行政区规制内幕交易的法律框架

香港地区对于内幕交易的规制，最早可以追溯至1974年的《证券条例》，该条例第140条规定了内幕交易的刑事责任和民事责任，但是这条规定还未在实践中得到执行就被删改，当时香港财政司对立法局陈述删改的理由是：虽然内幕交易属于诈骗行为，但是以刑事的"排除合理怀疑"标准证明该罪行将十分困难，刑事制裁并非行之有效的方法。之后在1978年，港英政府修订《证券条例》，对内幕交易行为作了系统的规范。1987年的股灾对香港地区的证券监管造成很大影响，1988年香港地区便制定了《证券（利益披露）条例》，目的在于公开内部人的持股及其变动情况，防止内部人利用内幕信息从事证券交易。1990年香港地区又制定了《证券（内幕交易）条例》，该条例与《证券（利益披露）条例》于1991年9月1日同时生效，内幕交易审裁处就是根据《证券（内幕交易）条例》而成立的。之后在1991年、1992年、1994年、1995年、1997年、1998年该条例多次修订，以适应证券市场的发展和惩治内幕交易的需要。[2]

2000年底，为了建立香港证券、期货及投资产品的整体监管架构，香港财政司合并及更新了香港过去10个规范证券期货市场的条例，合并后的新

---

[1] 参见〔日〕神山敏雄：《日本の証券犯罪——証券取引犯罪の実態と対策》，日本評論社1999年版，第64页。转引自张小宁：《证券内幕交易罪研究》，中国人民公安大学出版社2011年版，第51页。

[2] 参见郑顺炎：《证券内幕交易规制的本土化研究》，北京大学出版社2002年版，第34—35页。

条例为《证券及期货条例》,于2003年4月1日生效。该条例的主要更新之处在于:(1)实行"双重存档规定"。上市或申请上市的公司所有向港交所呈报的资料,都必须同时呈报证监会。(2)股东权益披露更透明。(3)新成立市场失当行为审裁处。该机构将以民事途径处理包括内幕交易在内的市场失当行为。可指令违规者交出所赚取的利润,也可对涉及失当行为的人士提出刑事检控,最高刑罚是入狱10年或罚款1000万港元。(4)引入个人民事诉讼权。当投资者因市场失当行为或因误信虚假信息而蒙受损失时,将有权向作出有关失当行为或发出有关信息的人士提出诉讼。(5)加强对中介人的监管。(6)新的投资者赔偿安排。(7)采取适当制衡措施。①

2012年4月25日,香港立法会通过《2012年证券及期货条例》的修订草案,《2012年证券及期货(修订)条例》于2012年5月4日公布,并于同年8月2日生效。关于内幕交易的规定位于该条例的第XIII部第四分部,即第270—273条。第270条规定了内幕交易的具体行为方式,主要有:(1)与某上市法团有关联的人,掌握该法团的有关消息,及正意图或曾意图提出收购该法团的要约的人,在知道该项收购意图的消息或已打消该意图的消息是关于该法团的有关消息的情况下,自己进行该法团的上市证券或其衍生工具的交易,或怂使或促致另一人进行该等交易,或直接或间接向另一人披露该消息;(2)消息接受者自己进行该法团的上市证券或其衍生工具的交易,或怂使或促致另一人进行该等交易;(3)于香港以外地方在认可证券市场以外的证券市场进行该法团的上市证券或其衍生工具的交易,或怂使或促致另一人进行该等交易,或将有关消息披露予另一人。第271—273条则规定了诸多不构成内幕交易的情形,包括:(1)进行交易的唯一目的是取得作为某法团的董事或未来董事的资格所需的股份;(2)在真诚履行有关的上市证券或衍生工具的包销协议;(3)在真诚履行其清盘人、接管人或破产管理人的职能;(4)受托人或遗产代理人真诚地依另一人的意见行事;(5)在知悉关于该法团的有关消息之前,已获授予权利认购或取得证券或

---

① 参见《香港证监会主席沈联涛阐释新证券条例七大特点》,http://www.china.com.cn/chinese/ChineseCommunity/303658.htm,2013年7月22日访问。

衍生工具,并依该权利进行交易等。这众多的例外规定,不仅使禁止内幕交易条款的威慑力大大降低,还增加了投机者逃脱法律制裁的机会。

香港地区的内幕交易案件最初由内幕交易审裁处进行审理,2007年由市场失当行为审裁处继承其功能。如前文所述,市场失当行为审裁处于2003年根据《证券及期货条例》的条文成立。根据《证券及期货条例》第252条,财政司司长在考虑证券及期货事务监察委员会作出的报告或律政司司长作出的通知之后或在其他情况下,如觉得曾发生或可能曾发生市场失当行为(包括内幕交易),则可就该事宜提起在审裁处席前进行的研讯程序。审裁处有司法管辖权聆听及裁定与《证券及期货条例》所指的市场失当行为有关的研讯程序所引起或与该程序有关联的任何问题或争议点。审裁处可向被裁定为曾从事市场失当行为的人士判令,命令该人向香港特别行政区政府缴付一笔款项,唯金额不得超逾该人借从事市场失当行为获取利润或避免损失的数目。此外,审裁处亦可命令该人,未经原讼法庭许可,不得担任法团的董事、清盘人或法团的财产或业务的接管人或经理人或取得、处置或以任何其他方式处理任何证券等。审裁处的主席由行政长官根据终审法院首席法官的建议委任。在研讯时,审裁处主席由两名成员协助,他们均为香港商界或专业团体的杰出人士,并由财政司司长在行政长官转授的权力下委任。除非审裁处为维护司法公正起见,认为研讯(或其中一部分)应闭门进行,否则所有研讯均应公开进行。[1]

五、我国台湾地区禁止内幕交易的相关规定

台湾地区关于内幕交易的现有规定设置于"证券交易法"之中。其诞生,一方面是为了抑制投机操纵与解决买卖纠纷,将证券交易纳入正轨,另一方面是由于美籍顾问弗里斯(George M. Ferris)的建议。"行政院"接受

---

[1] 参见资料来源:http://www.mmt.gov.hk/chi/aboutus/aboutus.htm,2013年7月23日访问。

其建议,台湾证券管理委员会乃于 1960 年 9 月 1 日成立,①台湾证券交易所于 1962 年 2 月 9 日开业,以美国《1933 年证券法》《1934 年证券交易法》以及日本 1948 年《证券交易法》为蓝本的"证券交易法"于 1968 年 4 月 30 日公布实施。②

"证券交易法"原来并没有禁止内幕交易的规定,1983 年第二次修订时增加了规制短线交易的第 157 条,1988 年 1 月第三次修订时才增加了第 157 条之 1,对内幕交易明文予以禁止,经过 2002 年 2 月和 2006 年 1 月两次修订后,现行规定如下:

下列各款之人,获悉发行股票公司有重大影响其股票价格之消息时,在该消息未公开或公开后 12 小时内,不得对该公司之上市或在证券商营业处所买卖之股票或其他具有股权性质之有价证券,买入或卖出:

一、该公司之董事、监察人、经理人及依"公司法"第 27 条第 1 项规定受指定代表行使职务之自然人。

二、持有该公司之股份超过 10% 之股东。

三、基于职业或控制关系获悉消息之人。

四、丧失前三款身份后,未满 6 个月者。

五、从前四款所列之人获悉消息之人。

违反前项规定者,对于当日善意从事相反买卖之人买入或卖出该证券之价格,与消息公开后 10 个营业日收盘平均价格之差额,负损害赔偿责任;其情节重大者,法院得依善意从事相反买卖之人之请求,将赔偿额提高至 3 倍;其情节轻微者,法院得减轻赔偿金额。

第 1 项第 5 款之人,对于前项损害赔偿,应与第 1 项第 1 款至第 4 款提供消息之人,负连带赔偿责任。但第 1 项第 1 款至第 4 款提供消

---

① 为实现金融监理一元化的政策,根据《"行政院"金融监督管理委员会组织法》第 2 条规定,"行政院"金融监督管理委员会于 2004 年 7 月 1 日成立,成为"证券交易法"的主管机关。

② 参见赖英照:《股市游戏规则——最新证券交易法解析》,中国政法大学出版社 2004 年版,第 4—5 页。

息之人有正当理由相信消息已公开者,不负赔偿责任。

第1项所称有重大影响其股票价格之消息,指涉及公司之财务、业务或该证券之市场供求、公开收购,对其股票价格有重大影响,或对正当投资人之投资决定有重要影响之消息;其范围及公开方式等相关事项之办法,由主管机关定之。

第22条之2第3项规定,于第1项第1款、第2款准用之;其于身份丧失后未满6个月者,亦同。第20条第4款规定,于第2项从事相反买卖之人,准用之。①

现行内幕交易的刑事责任规定于"证券交易法"第171条,其刑事责任的构成有四个要件:具有内部人或消息接受者的身份;获悉内幕消息;在消息未公开前买卖本公司上市、上柜股票,或其他具有股权性质的有价证券;行为人须有为内幕交易的故意。

内幕交易的刑罚力度,在每次修订后都有所提高。1988年1月初增内幕交易禁止规定时,刑度为2年以下有期徒刑、拘役或科或并科15万元(新台币45万元)以下罚金(第175条);2000年7月19日修订时,提高为7年以下有期徒刑,得并科新台币300万元以下罚金,不但提高了徒刑,还删除了单科罚金的规定(第171条);2004年4月28日修法时提高为3年以上10年以下有期徒刑,得并科1000万元以上5亿元以下罚金。犯罪所得利益超过罚金最高额时,得于所得利益范围内加重罚金;如损及证券市场稳定者,加重其刑至1/2(第171条第1项、第2项及第5项)。②

实务上,自1988年1月至2004年止,在41件内幕交易案件中,6件不起诉,35件起诉,地院判决有罪者16件,无罪者19件,经高院维持有罪判决或经检察官上诉后改判有罪而确定者10件,刑度从单科罚金到有期徒刑

---

① 2010年5月4日,台"立法院"三读通过"证券交易法"部分条文修正案,157条之一修正条文规定,"下列各款之人,实际知悉(现行条文文字为'获悉')发行股票公司有重大影响其股票价格之消息时,在该消息明确后('明确后'为新增文字),未公开前或公开后18小时内(现行法为'12小时内'),不得对该公司之上市或在证券商营业处所买卖之股票或其他具有股权性质之有价证券,自行或以他人名义买入或卖出"。参见《台"证交法"修法 内线交易案检方起诉条件趋严格》,http://news.ifeng.com/taiwan/1/detail_2010_05/05/1485311_0.shtml,2013年7月22日访问。

② 参见赖英照:《股市游戏规则——最新证券交易法解析》,中国政法大学出版社2004年版,第310—311页。

3个月、4个月、5个月、6个月、7个月及1年。可见,禁止内幕交易的规定实施以来,有罪判决的案件不多,刑罚亦不重。①

第二节 比较法视域下的中外对比分析与域外经验借鉴

一、立法模式的比较研究

(一)日本实用主义的立法模式

日本受实用主义哲学影响深远,体现在立法上,就是注重法律的实效性和灵活性。为了及时调整本国的金融立法以适应国际和国内金融资本市场的发展趋势和动向,自证券交易法制定以来,已经修改了20余次,可以说达到了不厌其烦的程度。而正是由于日本立法机关对证券交易法的及时修改,使证券市场参与者的行为有法可依,不必担心因实施了某一符合国际标准的行为却触犯了国内法,也使证券市场监管者面对市场上新出现的违法行为时能够做到执法有据。②

对于内幕交易的构成要件,为了保障交易的法安定性与规制的实效性,日本立法作了尽可能明确的规定,具体表现在:(1)明确列举两类主体的范围;(2)明确规定重要事实的范围,列举三类重要事实并有概括条款;(3)对行为形态的描述中不使用"利用"或"基于情报"等难以证明的字眼,而是在作出除外事由的规定后,对不法内幕交易行为作概括限制;(4)"实施的公开标准"不采用多数投资者"已知悉"的表述,而是使用发行公司实施了"政令所规定的多数投资者可得知悉的措施"的判断标准,即一种形式化、客观化的标准。③

但是这一做法恐怕并不适合于我国。我国立法注重法律的稳定性和可预测性,学界和实务界大多不支持过于频繁地修订法律,从我国证券法的

---

① 参见赖英照:《股市游戏规则——最新证券交易法解析》,中国政法大学出版社2004年版,第314页。
② 参见庄玉友:《日本金融商品交易法述评》,载《证券市场导报》2008年第5期。
③ 参见张小宁:《证券内幕交易罪研究》,中国人民公安大学出版社2011年版,第53页。

修订也可看出这一特点。《证券法》自1998年制定后,中间仅在2004年为了与《行政许可法》协调而作了一次修改,以及2005年一次较大的修改。尽管现实中已经出现许多超越《证券法》底线的证券违规行为,但是因为无法可依监管机构无法制裁行为人,使证券市场的秩序和投资人信心都受到不良影响。虽然像日本那样频繁修改法律在我国并不可取,但是日本在司法实践中对规范要素的实质解释值得借鉴。

如对"重要事实"的认定,日本司法实践中常常无法适用规定极为明确的第166条第2款前三项(决定事实、发生事实、决算情报),而只能适用作为"口袋条款"的第四项。在日本商事事件中就出现了这种情况。主营医药品销售的日本商事,在1993年9月3日公布新药,使上市后低到1000日元的股价恢复到3000日元并保持上升趋势。但很快,在9月20日公司收到最早因该药的副作用而死亡的报告。知道这一事实的日本商事的部分高级职员、员工(175人),为避免损失,从9月20日起至厚生省发表死亡报告的10月12日间,陆续卖掉了持有的股票。案件争议的焦点在于,药物副作用引起死亡的发生这一信息符合第166条第2款中的哪一项?第一审大阪地方法院认为,药物副作用病例的发生可能给日本商事带来的损失,是对受害人的损害赔偿、药品退货或销售额下降的损失等,这些损失处于大藏省令所规定的"轻微标准"以下,不符合第166条第2款第二项的"发生事实"的标准,所以只能适用第四项。抗诉审大阪高等法院反对适用第四项,认为第四项是针对第一至三项所列举的重要事实以外的事实所作的规定,即使第一至三项规定的事实同时符合第四项,也不能由此认定其为第四项规定的重要事实。最高法院则否定了抗诉审的结论,认为应当使用"口袋规定"。在本案中,药物副作用病例的发生,不仅会使日本商事期待成为畅销产品的新药因受到怀疑而给今后的销售带来影响,还会使日本商事作为药品公司的信用下降,该公司今后的经营和财产状况都将受到重大影响,这些影响毫无疑问会显著影响投资者的判断,且这一层面的损失是第二项"发生事实"所无法涵盖的,所以应适用第四项将药物副作用病例的发生认定为重要事实。也就是说,即使是符合第一至三项的事实,如果从另一角度看也符合第四项所说的"显著影响投资者投资判断的、与该上市公司的运营、业务或财产相关的事实"时,就可以适用第四项的规定。① 这一判决通过法律解释扩大了作为概括规定的第四项的使用可能性,使内幕交易的处罚规定的适用更加灵活,同时也使通过司法实践有效限制内幕交易具备更强的可操作性。我国对于"内幕信息"的界定规定于《证券法》第67条第2款、第75条和《期货交易管理条例》第82条,上述条文对内幕信息作了比日本法更为细致和明确的列举以及兜底条款"国务院证券监督管理机构认定的对证券交易价格有显著影响的其他重要信息"。当现实中出现无法被列举项所涵盖的重要信息时,可以通过法律解释将其纳入兜底条款的范畴,从而既不放纵违法行为,又可以在坚持法律稳定性的前提下葆有条文的生命力和灵活性。

(二)欧盟四级立法模式

欧盟的《反市场滥用指令》创造性地提出了一种四级立法模式,这一模式包括了反市场滥用的框架性原则、实施措施、合作、执法四个方面的立法程序。第一级是正式的立法程序。欧盟委员会完整地履行咨询程序、参考所有利益方的意见后,将相关立法草案提交给欧洲部长理事会和欧洲议会进行表决,后者就草案的框架性原则和实施权限达成一致后,以正式指令的形式颁布,各成员国必须遵守。第二级是针对指令的具体实施程序的立法。目的在于采取相应的法律技术手段来细化框架性法律原则的要求,以此保证监管机构能够及时了解最新的市场信息和监管的发展。第三级立法程序要求通过协调,保证将前两级制定的指令一致地转化为国内法,推动前两级指令在各成员国内统一的适用。欧洲证券监管者委员会(简称CESR)对各成员国的实施状况进行审查。第四级立法程序是由欧洲委员会对成员国遵守《反市场滥用指令》的情况进行检查。如果成员国没有在期限内纠正违法行为,欧洲委员会将向欧洲法院起诉,要求其强制实施。② 这

---

① 参见〔日〕芝原邦尔:《经济刑法》,金光旭译,法律出版社2002年版,第64—65页。
② 参见盛学军主编:《欧盟证券法研究》,法律出版社2005年版,第200—202页。

种立法模式在宏观指导与成员国实际操作之间找到了合适的平衡点,实现了共同体督导与成员国主权之间的协调和配合。

根据内地与香港、澳门特别行政区签订的 CEPA 及其补充协议,近年来中国证监会推出了一系列促进内地证券市场向港澳地区开放的政策,不断加强与港澳地区的合作与联系。2009 年 11 月,在 ECFA 框架下,中国证监会与台湾金融监管机构代表签署了《海峡两岸证券及期货监督管理合作谅解备忘录》,建立了两岸监管合作机制。[①] 尽管目前签订的都是双边协议,还缺乏宏观上的整体立法,但是随着我国金融市场逐渐走向一体化,欧盟的四级立法模式会为我国将来的立法提供一个可资借鉴的思路。

二、司法制度的比较研究

(一) 美国辩诉交易制度在内幕交易案件中的适用

辩诉交易是美国司法领域的一大特色,在证券执法领域,这一现象更为常见。如美国 SEC 历时 4 年(1995 年 6 月至 1999 年 5 月)才查清的发生在 IBM 公司收购莲花软件公司期间的内幕交易案——SEC v. Lorraine Cassano 案。Lorraine Cassano 是 IBM 公司的女秘书,她将 IBM 公司收购莲花公司的内幕消息告知其丈夫,丈夫又告诉朋友,朋友又告诉朋友,共有 6 个层次 25 人根据 Lorraine Cassano 的内幕消息购买了莲花公司的股票和期权。1999 年 5 月 26 日,这些人都被 SEC 以内幕交易罪起诉。起诉当天,Cassano 夫妇、格林和斯皮罗就与 SEC 达成和解,Cassano 夫妇同意退回获利的 7500 美元并支付罚金 15000 美元。之后陆续有被告提出和解。2000 年 12 月 7 日,陪审团对余下 7 名被告作出裁决,4 名被告罪名成立,其他 3 名无罪。也就是说,25 名被告中有 18 名通过辩诉交易达至和解而了结诉讼。[②] 这种做法的优势在于,对公诉人和被指控者均有利,就公诉人而言,

---

① 参见《中国证券监督管理委员会年报 2012》,第 42—44 页。
② 参见郑顺炎:《证券内幕交易规制的本土化研究》,北京大学出版社 2002 年版,第 172—177 页。

辩诉交易使定罪无须给有限的公诉资源增加负担,就被告而言,危险被一定程度的控制和确定性所代替。①

然而辩诉交易能否适用于我国呢？值得商榷。虽然我国并没有成文的关于辩诉交易制度的规定,但是刑事司法实践中,却存在着符合辩诉交易制度特征的做法,如"坦白从宽、抗拒从严""舍卒保车"与从犯进行交易等。但是这些做法与美国的辩诉交易存在着诸如交易目的不同、交易法律后果不同、交易的规范化与明确性不同、交易内容不同等区别。② 所以,如果要在我国实行辩诉交易,制度化和规范化是前提。那么,即使实现了制度化和规范化,将辩诉交易适用于内幕交易案件是否合适呢？就目前国内关于内幕交易的规制和惩处情况来看,笔者持否定意见。首先,虽说内幕交易行为有其复杂性,不仅发现难,而且查处难、举证难,因此处理一起内幕交易案件的成本极大,而辩诉交易可以在一定程度上解决这一问题。然而,自内幕交易罪被规定于我国刑法中以来,提起的内幕交易诉讼数量并不多,从 2007 年至 2011 年这 5 年间全国法院共审结内幕交易、泄露内幕信息犯罪案件 22 件,③这与美国 SEC 每年提起 50 余起内幕交易诉讼的工作量不可同日而语。其次,尽管证监会每年通过行政处罚已经处理了较大数量的内幕交易行为,但是由于监管的漏洞或其他原因,仍有相当多的内幕交易行为处于黑暗之中,未被发现和处理。预防和威慑应当是证监会处理内幕交易案件的核心目标。如果草率地引入辩诉交易制度,将在一定程度上增加证券市场的投机因素,不利于维护证券市场的公开、公平、公正,不利于保护投资者权利和信心。所以,辩诉交易在美国的存在和适用有其合理性,但暂时不适用于我国。

---

① 参见〔美〕彼得·G.伦斯特洛姆编：《美国法律辞典》,贺卫方等译,中国政法大学出版社 1998 年版,第 189—191 页。
② 参见龙宗智、潘君贵：《我国实行辩诉交易的依据和限度》,载《四川大学学报(哲学社会科学版)》2003 年第 1 期。
③ 参见《内幕交易犯罪司法解释 6 月起施行(全文)》,http://business.sohu.com/20120522/n3438180-22.shtml,2013 年 7 月 27 日访问。

(二) 美国过错推定原则

我国于2012年6月1日起施行的《关于办理内幕交易、泄露内幕信息刑事案件具体应用法律若干问题的解释》(以下简称《解释》)第2条规定了三类"非法获取证券、期货交易内幕信息的人员":(1)利用窃取、骗取、套取、窃听、利诱、刺探或者私下交易等手段获取内幕信息的人员;(2)内幕信息知情人员的近亲属或者其他与内幕信息知情人员关系密切的人员;(3)在内幕信息敏感期内,与内幕交易知情人员联络、接触的人员。对于后两类人员,只要从事或者明示、暗示他人从事,或者泄露内幕信息导致他人从事与该内幕信息有关的证券、期货交易,相关交易行为明显异常,且无正当理由或者正当信息来源的,就应当被认定为非法获取内幕信息人员。也就是说,对于后两类人员,只要其从事了明显异常的相关交易行为,那么无须证明其确实非法获取或者利用内幕信息,即可推定其主观故意并认定其主体资格。

在美国,通过判例构建起的信息泄露理论和盗用理论中也运用了推定原则。如前文所述,信息泄露理论起源于Dirks v. SEC案,适用于追究接受信息者的内幕交易责任,如内幕人员的配偶、直系亲属等,需证明的要件有:(1)内部人违反其诚信义务将信息泄露给接受信息者;(2)接受者知道或应当知道内部人违反其诚信义务;(3)内部人为了从泄露信息中获得直接或间接的个人利益而违反其诚信义务。关于内部人的故意,采用推定的方式,通过证明泄露信息者与接受信息者之间存在特殊的密切关系如配偶关系、直系血亲关系,并结合接受信息者的交易行为以推定故意的存在。而接受信息者的"明知",几乎是无法直接举证证明的,因而判例多采用推定的方式。如在1984年的SEC v. Musella案[①]中,法院就通过接受信息者的交易行为等六项事实,以推定被告"知道或应当知道"。这种推定方法也可适用于我国《解释》第2条中的第二类人员,通过举证证明获取信息者与

---

① SEC v. Musella, 578 F. Supp. 425 (S.D.N.Y. 1984).

内幕人员的密切关系和获取信息者的异常交易情况,来推定获取信息者的"明知"。

盗用理论旨在防止对公司股东并不承担诚信义务或其他义务的公司外部人非法获取内幕信息后,利用该信息进行证券交易,违背对信息来源的信赖义务。对于非法获取内幕信息者,无论是否与内部人有特殊关系,只要证明其明知自己获取的是内幕信息,且利用该信息进行证券交易,则可追究其内幕交易责任。此处的"明知"通过证明获取信息者手段的"盗用性"来进行推定。反观我国《解释》第 2 条中的第三类人员,即可通过证明获取信息者与内部人在信息敏感期内接触和异常交易情况,来推定获取信息者的"明知"。

在举证证明获取信息者"知道或应当知道"自己利用了内幕信息存在极大困难的情况下,借鉴美国的过错推定方法,以客观事实推定主观要素的存在来追究法律责任,有利于弥补监管漏洞,防止非法获取内幕信息者逍遥法外。

(三) 英国抗辩事由

《解释》第 4 条规定了四种不属于内幕交易的情形:(1) 持有或者通过协议、其他安排与他人共同持有上市公司 5% 以上股份的自然人、法人或者其他组织收购该上市公司股份的;(2) 按照事先订立的书面合同、指令、计划从事相关证券、期货交易的;(3) 依据已被他人披露的信息交易的;(4) 交易具有其他正当理由或正当信息来源的。以上可视为内幕交易罪之抗辩事由。这一规定有益于保障内幕交易案件被告人的权利、完善举证制度、明确内幕交易的构成要件,相比于以往的规定已经是一个长足的进步,但仍有可以改进之处。英国关于内幕交易抗辩事由的规定,能够给我们一些启发。

英国在 1993 年的《刑事审判法》中规定了内幕交易的三个抗辩事由。第一个是从事交易的人没有预料到内幕信息会使他从中获益或避免损失。判断的标准不是他实际上是否获得了收益,而是主观意图上是否相信自己不会因为内幕信息获益。举例来说就是,一个人得知某证券的市场价格比它的实际价格低,但是他还是按照市场价格出售了自己的证券。第二个抗辩事由是,交易人有合理的理由相信,内幕信息已经充分地广泛传播,不会损害交易的任何一方。这个抗辩事由被援引的多数情况是,被告不知道这项信息是内幕信息,他相信这是已经公开的信息。这点是从被告人的主观出发,根据被告举出的理由是否"合理"来判断其是否相信内幕信息已广泛传播。而按照《解释》第 4 条第 3 项的字面理解,是从客观层面来判断信息是否已被披露,如果已被披露且交易相对人也已获悉,则交易双方信息平等。笔者以为,英国的规定更为合理,如果交易人并没有利用内幕信息或利用"信息不平等"来进行交易,则其主观上不具有可谴责性,不应当被认定为内幕交易罪。第三个抗辩事由是,一个人尽管知悉内幕信息而且从事了相关证券的交易,但他在任何情况下都会从事这种交易。① 也就是说,只有那些利用内幕信息的人才应该受到惩罚,这与欧盟的指令精神相一致。

另外,股票市场交易人还有自己的抗辩事由。其一是,如果能够证明他们的交易是在他们受雇用期间或者自营期间基于诚信原则进行的,作为经纪人,他们不构成犯罪。② 这点我国《解释》第 4 条第 2 项的实质内容已经涵盖。另外两个抗辩事由与市场信息的利用有关。③ 其二是,尽管被告当时掌握内幕信息,但是任何一个正常人在同样情况下也会采取同样的合理做法。其三是,如果被告能够证明下列事实,"市场信息抗辩"将被适用:他的行为与某项正在考虑或正在谈判的收购或者处置有关,或者正在一系列的收购或者处置的过程之中,而且,其目的是为收购或者处置扫清障碍,而且,他作为内幕人员掌握的信息是直接起因于他参与的收购或者处置的市场信息。此项规定是为了便利收购,但需要注意的是,该项抗辩只适用于为促进收购而进行的交易本身,不包括为收购作准备的交易。这点与《解释》第 4 条第 1 项的内容相似,不过二者对主体的要求不同:我国对主体的

---

① 参见 1993 年英国《刑事审判法》第 53 章(1)。
② 参见 1993 年英国《刑事审判法》第 1 节第 1 段。
③ 参见 1993 年英国《刑事审判法》附件一第 4 段。

要求是持股比例达上市公司 5% 以上，而英国则要求主体是因为参与收购而直接获悉内幕信息。按照我国的规定，如果上市公司股东的持股比例未达 5%，则不能援引此项抗辩事由，这与我国证券立法关于内幕交易的主体之规定是一致的，从法律的整体性来看，倒是合理。而此项无法涵盖的其他主体可以援引第 2 项即"按照事先订立的书面合同、指令、计划从事相关证券、期货交易的"来进行抗辩。

最后，根据英国 2000 年《金融服务和市场法》第 144 节的规定，还有一项抗辩赋予为了稳定价格而进行的交易。鉴于我国的做市商制度还未成型，此项抗辩可留待日后再行加入。

对于英国已有规定而我国尚未明确的抗辩事由，如 1993 年《刑事审判法》的第一和第三个抗辩事由等，或许可以在日后的司法实践中通过对《解释》第 4 条第 4 项的解释来将它们纳入其中。

三、整体规制模式的评析

从上述内幕交易监管理念、规制模式以及监管制度的发展历程来看，内幕交易监管理念呈现出"维私"与"护公"立场的逐渐融合之势，这一点能从美国内幕交易监管理论的演化历程得到完美诠释。美国内幕监管的信义义务理论立足于对"私"的保护，以行为主体对上市公司存在信义义务为据，划定内幕交易的归责范围，而非绝对禁止内幕交易。然而随着交易形式的丰富、发展，原有信义义务范围无法涵盖所有应受规制主体。为弥补内幕交易认定和处罚的漏洞，在理论上逐渐扩大信义义务的内涵和外延，进而发展出盗用理论，从而在实践中放松对具体信义义务的认定，与欧盟维护市场秩序、增强市场信心的"护公"立场逐渐趋同。将内幕交易保护的范围从上市公司扩大至交易相对方，乃至整个证券市场的交易秩序。

从具体规制措施角度而言，除了我国已有的威慑力较强的刑事规制手段和行政责任以外，结合域外的证券中介机构和发行人的自我监督、社会监督以及事后的民事责任，构建起一个立体的内幕交易规制模式，将更有利于控制内幕交易行为，净化证券市场。

（一）事前预防

1. 发行人和证券中介机构的自我监督

欧洲委员会要求，为了保证相关信息的机密性，"发行人应当建立有效的隔离措施保证类似内幕信息不被与执行发行人相关职能无关的人员获悉"，它还要求发行人建立相应的惩罚性措施，"保证有途径知悉类似内幕信息的人员负有相应的法律和管理责任，对滥用或不恰当传播内幕信息的人员进行相应的处罚"，如果发行人不能保证相关内幕信息的机密性，"就应当及时地向公众披露"。①

美国《内幕交易与证券欺诈执行法》中规定，对于没有采取充分措施防止内幕交易发生的"控制人"，要提高民事罚款的数额，同时要求证券公司和投资顾问强制性地建立、保持和执行一系列旨在合理地防止内幕交易的措施和程序。防止信息泄露的一个有效方法是建立"中国墙"制度（Chinese Wall），即在提供多种金融服务的金融机构中，为了防止机构的某个部门或分支机构拥有的信息传给该机构的其他部门或其他分支机构，而建立的旨在控制重要的非公开信息流动的一种内部规则和程序。② SEC 认为"中国墙"制度还需配合"限制清单"（restricted lists）和"监视清单"（watch lists）等具体执行措施。

2. 内部人名单与内部人交易报告制度

关于内部人名单与内部人交易报告制度，欧盟、美国、我国台湾地区和香港地区均有类似规定。以欧盟为例，《反市场滥用指令》要求发行人或为其利益活动的第三人，应拟定并定期更新一份因履行合同或其他原因而有途径接触内幕信息人员的名单，报主管机关备案。③ 名单上的人员，不仅包括有直接途径获悉内幕信息的人员，也包括任何有间接途径获悉内幕信息的人员，还包括偶然获悉内幕信息的人员，总之，范围极广。与美国的自律

---

① 参见《反市场滥用指令》第6(3)条。
② 参见杨亮：《内幕交易论》，北京大学出版社2001年版，第263—264页。
③ 参见《反市场滥用指令》第6(3)条。

性制度不同,设置内部人名单的原因,是为了强化主管机关对于内部人的监管,便于主管机关了解情况,有针对性地对具体的内部人采取预防性措施。内部人名单包括三个方面的内容:任何有途径获悉内幕信息人员的身份的相关信息;名单所列人员上单的原因;该名单制作的日期和更新的日期。①

《反市场滥用指令》还规定了内部人交易报告制度,要求在金融产品发行人中负责管理责任的人员和与其关系密切的人员,应至少就与发行人相关的股票、金融产品衍生品或与发行人有一定联系的金融产品,以上述人员自身名义进行交易的情况予以报告。② 报告的主体是在发行人中负管理责任的人员和与其关系密切的人员。在发行人中负管理责任的人员包括两种:发行人行政部门、经营部门、监督部门的成员;除前者外,有规范途径接触到与发行人有直接或间接关系的内幕信息,并有权作出影响发行人未来发展和商业前景的经营性决定的高级行政人员。与管理人员关系密切的人员有两种:依泄露理论确定的家庭成员;具有事实控制基础的人员。另外,欧洲委员会对于每年交易总额在 5000 欧元以下的交易给予一定程度的豁免,可以不予通知或推迟至下一年的 1 月 30 日前通知主管机关。③

3. 奖励检举

美国《内幕交易与证券欺诈执行法》为 1934 年《证券交易法》增加了 Section21A(e)规定:SEC 或司法部(Department of Justice),可以在被告所科民事罚款金额 10% 的范围内,颁给检举人奖金。SEC 或司法部对金额、颁给对象有充分裁量权,不受司法审查。但是 SEC、司法部、证交所及其他负有查核内幕交易任务的机构,其员工不得获取奖金。

美国 SEC 是世界上规模最大、人员最多的证券监督管理机构,美国的证券欺诈立法、司法体系也相当成熟,监管系统也十分完善,为何还要设立奖励检举制度呢?实际上,奖金制度并未发挥明显功能,领取奖金者亦不

---

① 参见《预防措施指令》第 5(2)条。
② 参见《反市场滥用指令》第 6(4)条。
③ 参见《预防措施指令》第 6(2)条。

多见。1988年立法后,2003年才颁发第一笔奖金29000美元。① 笔者认为这一制度所起的作用除了获得内幕交易线索外,更大的作用恐怕在于提醒那些有意进行但尚未进行内幕交易的人们,不仅有SEC,还有他们身边的任何公民都在对内部人进行监督,从而促使其打消内幕交易的念头。但是我国的情况不同,监管漏洞多,立法、司法体系也不完善,奖励检举制度将很可能在我国发挥良好作用,尤其是遭受损失的投资人会有更大的动力检举内部人的内幕交易行为。

（二）民事责任

我国《证券法》第76条第3款规定:"内幕交易行为给投资者造成损失的,行为人应当依法承担赔偿责任。"但是实践中提起的针对内幕交易的民事赔偿诉讼寥寥无几,而获得民事赔偿的当事人还未出现。

股民陈宁丰诉陈建良买卖天山股份证券内幕交易民事赔偿案是国内第一起证券内幕交易民事赔偿案件,被告陈建良系新疆天山水泥股份有限公司原副总经理。在任职期间,其利用内幕消息和其控制的资金账户、下挂证券账户,合计买入天山股份股票164.6757万股,卖出19.5193万股。故被中国证监会认定为存在内幕交易行为,于2007年4月28日对其作出行政处罚,并禁入证券市场5年。原告陈宁丰,2004年6月21—29日前后曾在被告陈建良内幕交易期间买卖天山股份股票,导致了相应的投资损失9383.68元。2008年9月4日,股民陈宁丰诉陈建良买卖天山股份证券内幕交易民事赔偿案在南京中院开庭。但令人遗憾的是,原告陈宁丰突然提出撤诉申请,9月25日,南京中院下达民事裁定书,准予陈宁丰撤诉。

2009年7月,福建厦门投资者起诉大唐电信董事潘海深内幕交易民事赔偿案在北京市第一中级人民法院开庭,这是国内第二起内幕交易民事赔偿诉讼案。该投资者在购买大唐电信股票后发生亏损,并发现权益受损的原因分别受到虚假陈述、内幕交易两方面的影响后,其委托律师向大唐电

---

① 参见赖英照:《股市游戏规则——最新证券交易法解析》,中国政法大学出版社2004年版,第311页,注1。

信提起虚假陈述民事赔偿诉讼,同时向潘海深提起内幕交易民事赔偿诉讼。2009年7月22日,该投资者诉潘海深内幕交易民事赔偿案在北京一中院开庭。法院认定,投资者损失与内幕交易行为之间没有因果关系,判决驳回起诉。①

所以,关于内幕交易民事赔偿的国内首案和次案的结果都不尽如人意。究其原因,是因为立法中缺乏对民事赔偿义务人、请求权人、赔偿金额计算方法等的具体规定,而实践中也没有先例,法院无法可依,所以无法进行审理或作出判决。在民事责任方面,美国、我国台湾地区的立法可以提供借鉴,以台湾地区为例,其"证券交易法"第157条就对民事责任的各个要件作了明确的规定,赔偿义务人为获悉未公开的内线消息后,买入或卖出股票之人,及为其提供内线消息之人;请求权人为内线交易"当日善意从事相反买卖之人";解释上原告无须证明交易因果关系及损失因果关系;赔偿金额的计算为内线交易当日,投资人"买入或卖出该证券之价格",与内线消息"公开后10个营业日收盘平均价格"的差额,情节重大者,原告可请求3倍的赔偿。② 此处"3倍赔偿"的目的本应是惩罚内幕交易者,但却变成了使原告获得额外收入,似乎不大妥当,而美国的规定更为合理,即以被告所得利益或避免的损失为赔偿上限,且不能超过原告实际损失的金额。另外,SEC可以向法院诉请被告缴付所获利益或避免损失3倍以内的民事罚款,③这一罚款并非给予原告,而是行政处罚的一种。

内幕交易民事赔偿机制对于打击内幕交易行为、保护投资者权益、提高投资者对证券市场的信心等都有正面作用,在域外已有成熟制度予以借鉴的情况下,我国应尽快着手完善内幕交易民事责任的相关规定。

---

① 参见《历史判例》,http://finance.sina.com.cn/stock/t/20110910/015010463696.shtml,2013年7月28日访问。
② 参见赖英照:《股市游戏规则——最新证券交易法解析》,中国政法大学出版社2004年版,第454—458页。
③ 参见美国1934年《证券交易法》Section20A(b)(1)、Section28(a)、Section21A(a)(2)。

第三章 内幕信息的认定研究

内幕交易罪的客观方面即是行为人在获知内幕信息的基础上,自己或者通过他人实施相应的内幕交易行为,进而获取巨额利润或者避免损失,由此给广大投资者和公开、公平、公正的证券、期货两大金融市场的正常、有序发展带来难以弥补的严重损害。因此,成立内幕交易罪的一个关键要素即是,行为人通过使用各种手段,包括合法的和非法的手段获取内幕信息并加以利用。故而,认定行为人获取的信息是否属于刑法规定的或曰刑法意义上的"内幕信息"可谓至关重要,这将直接决定行为人相应交易行为的定性——内幕交易犯罪成立与否。

第一节 内幕信息的概念与特征

一、内幕信息的概念

究竟何为内幕信息,世界各国规定不一。美国作为英美法系典型的判例法国家之一,作为世界上金融市场法律规制最严密、最完善的发达国家之一,针对内幕交易行为和相关的违法犯罪制定了相当精密、复杂、庞大的法律制度和监管、制裁措施规定,主要包括 1933 年《证券法》、1934 年《证券交易法》、1973 年《非商业影响与腐败组织法》(Racketeer Influenced and Corrupt Organizations Act)、1984 年《内幕交易制裁法》(Insider Trading Sanctions Act)、1988 年《内幕交易与证券欺诈执行法》(Insider Trading and Securities Fraud Enforcement Act)、1990 年《证券法律执行救济法》(Securities Law Enforcement Remedies Act)、《证券执行救济与低价股票改革法》（Securities Enforcement Remedies and Penny Stock Reform Act)、2002 年《公众公司会计改革与投资者保护法》和 1936 年施行、历经多次修改的《商品交易法》。系统考察美国针对内幕交易和内幕信息的规定可知，其并没有在法律上明确规定内幕信息的概念和具体范围，内幕信息的定义是从判例法中由包括美国联邦最高法院在内的各级各地法院基于审判实践逐步建立、发展和完善起来的：内幕信息是指任何可能对某一（或某些）上市公司的证券价格产生实质性影响的、尚未公开的信息。它包括两个核心要素：实质性（materiality）和秘密性（confidentiality）。

欧盟在《反市场滥用指令》中，对内幕信息作了相对明确的规定：内幕信息是指那些尚未公开披露的、与一个或几个可转让证券的发行人，或与一种或几种可转让证券的准确情况有关的信息。如果该信息被公开披露的话，可能会对该证券的价格产生影响。①

日本在《金融商品取引法》中对内幕信息作了如下规定：所谓内幕信息，是指与上市公司业务或者其他问题有关的重要事实，具体包括上市公司业务执行决策机关决定的重要事实，有关上市公司销售额、经常性利润以及纯利润变动的重要事实，以及有关上市公司运营、业务、财产且对投资者判断有显著影响的重要事实等。②

总的来看，不管是大陆法系国家还是英美法系国家几乎都对内幕交易行为作了较为完备的立法规定，但是在这些立法规定中，对内幕信息作出明确规定的却为数不多。大体而言，国外立法对于"内幕信息"的界定，以美国、欧盟、日本等金融发达国家为模式，基本采用具有广阔外延的概括式名词短语，如美国的"实质性的未公开信息"、英国的"未公开的股价敏感信息"等，不少国家是通过司法实践形成和完善这些基本定义的具体内容和

---

① Directive 2003/6/EC of The European Parliament and of The Council of 28 January 2003 on Insider Dealing and Market Manipulation (Market Abuse).
② 转引自刘宪权、谢杰：《证券期货犯罪刑法理论与实务》，上海人民出版社 2012 年版，第 165 页。

操作规则的。

反观我国有关内幕交易的刑事立法,仅见于《刑法》第180条的规定。考察该条规定可知,《刑法》并没有明确规定究竟何为内幕信息,即内幕信息的概念并没有为《刑法》法条所直接反映。该条第3款仅规定:"内幕信息、知情人员的范围,依照法律、行政法规的规定确定。"这表明内幕交易罪作为典型的法定犯、行政犯,必须借助行政法中的证券、期货等相关法律法规有关内幕信息的规定,才能确定成立该罪客观要素之一的内幕信息的含义和范围。

综合考察我国有关内幕信息的立法规定,主要包括《股票发行与交易管理暂行条例》《禁止证券欺诈行为暂行办法》《证券法》《期货交易管理条例》等行政法律法规。其中有关内幕信息的规定,主要有如下法条明文规定:

一是1993年4月22日国务院颁布的《股票发行与交易管理暂行条例》。该条例第81条第15项规定,内幕信息是指有关发行人、证券经营机构、有收购意图的法人、证券监督管理机构、证券业自律性管理组织以及与其有密切联系的人员所知悉的、尚未公开的可能影响股票市场价格的重大信息。该条例第60条规定了13种构成内幕信息的重大事件:(1)公司订立重要合同,该合同可能对公司的资产、负债、权益和经营成果中的一项或者多项产生显著影响;(2)公司的经营政策或者经营项目发生重大变化;(3)公司发生重大的投资行为或者购置金额较大的长期资产的行为;(4)公司发生重大债务;(5)公司未能归还到期重大债务的违约情况;(6)公司发生重大经营性或者非经营性亏损;(7)公司资产遭受重大损失;(8)公司生产经营环境发生重要变化;(9)新颁布的法律、法规、政策、规章等,可能对公司的经营有显著影响;(10)董事长、30%以上的董事或者总经理发生变动;(11)持有公司5%以上的发行在外的普通股的股东,其持有该种股票的增减变化每达到该种股票发行在外总额的2%以上的事实;(12)涉及公司的重大诉讼事项;(13)公司进入清算、破产状态。

二是1993年9月2日国务院证券管理委员会颁布实施的《禁止证券欺诈行为暂行办法》。该办法第5条规定,内幕信息是指为内幕人员所知悉的、尚未公开的和可能影响证券市场价格的重大信息。同条第 2 款列举了 26 种构成内幕信息的重大信息:(1) 证券发行人(以下简称"发行人")订立重要合同,该合同可能对公司的资产、负债、权益和经营成果中的一项或者多项产生显著影响;(2) 发行人的经营政策或者经营范围发生重大变化;(3) 发行人发生重大的投资行为或者购置金额较大的长期资产的行为;(4) 发行人发生重大债务;(5) 发行人未能归还到期重大债务的违约情况;(6) 发行人发生重大经营性或者非经营性亏损;(7) 发行人资产遭受重大损失;(8) 发行人的生产经营环境发生重大变化;(9) 可能对证券市场价格有显著影响的国家政策变化;(10) 发行人的董事长、1/3 以上的董事或者总经理发生变动;(11) 持有发行人 5% 以上的发行在外的普通股的股东,其持有该种股票的增减变化每达到该种股票发行在外总额的 2% 以上的事实;(12) 发行人的分红派息、增资扩股计划;(13) 涉及发行人的重大诉讼事项;(14) 发行人进入破产、清算状态;(15) 发行人章程、注册资本和注册地址的变更;(16) 因发行人无支付能力而发生相当于被退票人流动资金的 5% 以上的大额银行退票;(17) 发行人更换为其审计的会计师事务所;(18) 发行人债务担保的重大变更;(19) 股票的二次发行;(20) 发行人营业用主要资产的抵押、出售或者报废一次超过该资产的 30%;(21) 发行人的董事、监事或者高级管理人员的行为可能依法负有重大损害赔偿责任;(22) 发行人的股东大会、董事会或者监事会的决定被依法撤销;(23) 证券监管部门作出禁止发行人有控股权的大股东转让其股份的决定;(24) 发行人的收购或者兼并;(25) 发行人的合并或者分立;(26) 其他重大信息。同条第 3 款规定:内幕信息不包括运用公开的信息和资料,对证券市场作出的预测和分析。

三是 2005 年 10 月 27 日全国人大常委会通过的《证券法》。该法第 75 条规定:"证券交易活动中,涉及公司的经营、财务或者对该公司证券的市场价格有重大影响的尚未公开的信息,为内幕信息。下列信息皆属内幕信息:(一) 本法第六十七条第二款所列重大事件;(二) 公司分配股利或者增资的计划;(三) 公司股权结构的重大变化;(四) 公司债务担保的重大变更；（五）公司营业用主要资产的抵押、出售或者报废一次超过该资产的百分之三十；（六）公司的董事、监事、高级管理人员的行为可能依法承担重大损害赔偿责任；（七）上市公司收购的有关方案；（八）国务院证券监督管理机构认定的对证券交易价格有显著影响的其他重要信息。"

《证券法》第67条规定："发生可能对上市公司股票交易价格产生较大影响的重大事件，投资者尚未得知时，上市公司应当立即将有关该重大事件的情况向国务院证券监督管理机构和证券交易所报送临时报告，并予公告，说明事件的起因、目前的状态和可能产生的法律后果。下列情况为前款所称重大事件：（一）公司的经营方针和经营范围的重大变化；（二）公司的重大投资行为和重大的购置财产的决定；（三）公司订立重要合同，可能对公司的资产、负债、权益和经营成果产生重要影响；（四）公司发生重大债务和未能清偿到期重大债务的违约情况；（五）公司发生重大亏损或者重大损失；（六）公司生产经营的外部条件发生的重大变化；（七）公司的董事、三分之一以上监事或者经理发生变动；（八）持有公司百分之五以上股份的股东或者实际控制人，其持有股份或者控制公司的情况发生较大变化；（九）公司减资、合并、分立、解散及申请破产的决定；（十）涉及公司的重大诉讼，股东大会、董事会决议被依法撤销或者宣告无效；（十一）公司涉嫌犯罪被司法机关立案调查，公司董事、监事、高级管理人员涉嫌犯罪被司法机关采取强制措施；（十二）国务院证券监督管理机构规定的其他事项。"

《证券法》颁布施行后，此前的《股票发行与交易管理暂行条例》《禁止证券欺诈行为暂行办法》继续有效。上述规定主要是针对证券交易而言的，适用对象主要是上市公司。概括起来，证券交易活动中包括的内幕信息主要有三大类：一是与上市公司重大事件相关的信息，如《证券法》第67条第2款中的第1至11项。二是与上市公司重要决策或行为相关的信息，如《证券法》第75条第2款第2至7项。三是国务院证券监督管理机构认定的对证券交易价格有显著影响的其他重要信息，如《证券法》第67条第2款第12项和第75条第2款第8项。这两项规定作为兜底性条款，实际上赋予了证监会根据有关内幕交易和内幕信息的行政法律、法规、规章等行政法律规范，认定某一信息是否属于内幕信息的行政立法权、解释权和执法权，其中主要的是行政立法权和行政解释权。

四是 2007 年 2 月 7 日国务院通过的《期货交易管理条例》。该条例第 85 条第 11 项规定："内幕信息，是指可能对期货交易价格产生重大影响的尚未公开的信息，包括：国务院期货监督管理机构以及其他相关部门制定的对期货交易价格可能发生重大影响的政策，期货交易所做出的可能对期货交易价格发生重大影响的决定，期货交易所会员、客户的资金和交易动向以及国务院期货监督管理机构认定的对期货交易价格有显著影响的其他重要信息。"

比较有关期货内幕信息和证券内幕信息的法律规定可知，在具体内容上，二者存在较大差异：前者具有概括性，远没有后者规定的那么详细、明确；前者主要表现为期货监管部门以及相关行政部门对于期货及其对应的现货所指定的政策以及与期货供求关系有关的重大交易信息。[①]

综合考察上述刑事法律和行政法律、法规的规定，可以将内幕信息界定为：对证券、期货交易活动具有重大影响且尚未公开的信息。其中，"证券期货交易活动"包括证券的发行、证券的买入或卖出等证券交易活动和期货交易活动；"有重大影响"主要指对上述证券期货交易活动中证券期货交易价格的影响；"尚未公开"则指明该信息的性质——不公开性和存在状态——处于秘密状态，这主要是针对不特定的对象——证券期货市场上的广大投资者和秘密期限——内幕信息形成后尚未公开前的时间段而言的。

二、内幕信息的特征

内幕信息作为内幕交易罪的犯罪对象应当具备哪些特征，理论界和实务界争议不断，分歧较大，国内外相关理论研究和司法实践中的认定标准也不尽一致。考察国内外有关该问题的研究现状，主要观点和内容如下：

美国法律规定和司法实践认定内幕信息的成立必须具备两大要素：一

---

① 参见刘宪权、谢杰：《证券期货犯罪刑法理论与实务》，上海人民出版社 2012 年版，第 165 页。

是实质性;二是秘密性。所谓秘密性是指该信息尚未被普通投资者所知悉,它是相对于有效公开的信息而言。有效公开是指向证券监管机关或证券交易所报告,或在公共媒体上公布。① 所谓实质性是指该信息公开后,会影响到投资者是否愿意以当前的价格购买或出售该证券。也就是说判断某个信息是否具有"实质性",应当以该信息能否影响包括"投机"和"保守"投资者的合理的投资判断为标准。② 美国联邦最高法院在 TSC v. Northway 案与 Basic v. Levinson 案的法院意见中指出:一项未经公开的信息是否属于内幕信息,关键在于判断,作为一位理性的投资人,在知道该项信息之后,是否非常有可能认为此项信息对其投资决定产生重要影响;机械且缺乏弹性的内幕信息认定标准无法根据实际需要作出判断;从整体上判断,内幕信息的认定应当结合事情发生的概率与在上市公司整体活动中的影响程度两项因素综合分析。③ 这实际上意味着美国司法实践认定的内幕信息特征是两个,而且在具体认定标准上更倾向于采用主观标准,即以包括"投机"和"保守"投资者的合理的投资判断为主要判断标准。

欧盟制定的《反市场滥用指令》则认为内幕信息应当包括以下四个特征:一是信息尚未公开披露;二是信息真实、准确;三是信息必须与可转让证券发行人或可转让证券的情况有关;四是信息必须影响到证券市场的价格波动。④

针对内幕信息的特征问题,我国刑法学界和司法实务界的观点莫衷一是,表述不一。主要有以下三种观点:

第一种观点为"两特征说"。该说认为内幕信息的特征是秘密性和重要

---

① 参见刘宪权、谢杰:《证券期货犯罪刑法理论与实务》,上海人民出版社2012年版,第164页。
② 参见顾肖荣、张国炎:《证券期货犯罪比较研究》,法律出版社2003年版,第277页。
③ 参见刘宪权、谢杰:《证券期货犯罪刑法理论与实务》,上海人民出版社2012年版,第165页。
④ 参见张军主编:《破坏金融管理秩序罪》,中国人民公安大学出版社1999年版,第264—266页。

性。① 有论者又称之为未公开性和敏感性。②

第二种观点为"三特征说"。持该说观点的论者有的认为内幕信息的特征是内幕人员知悉性、未公开性、价格敏感性。③ 有的认为是相关性、未公开性、重要性。④ 还有的认为是未公开性、重大性和确切性。⑤

第三种观点为"四特征说"。持该说观点的论者有的认为内幕信息必须具备四个条件：一是尚未公开；二是真实、准确；三是与可转让证券、期货发行人或证券、期货有关；四是对证券、期货市场价格波动有影响。⑥ 有的认为内幕信息应当具备重要性、未公开性、相关性与准确性。⑦ 还有的认为内幕信息应具备秘密性、重要性、真实性、关联性。⑧

针对这一问题，结合我国刑法和行政法律法规等有关内幕信息的规定，并严格把握内幕信息的定义，笔者认为内幕信息的特征应当是两个：未公开性和重要性。未公开性是针对内幕信息的存在状态而言的，本质上表明其是不为社会公众所知的，在未公开前属于保密状态，且未公开前的人员知晓范围只限定于法定内幕信息知悉人员。重要性则是指内幕信息自身所具有的重大价值和意义，即有可能对证券期货交易活动中的证券期货价格有显著的或曰重大的影响。从理论上看，对重要性的判断应当是客观的，但实际上这种判断得出的结论只能是可能发生的，而非必然发生，因此，在司法实践中还必须结合行为人的内幕交易行为对证券期货市场上的广大投

---

① 参见赵秉志主编：《破坏金融管理秩序罪疑难问题司法对策》，吉林人民出版社 2000 年版，第 186 页；胡启忠等：《金融犯罪论》，西南财经大学出版社 2001 年版，第 268 页。
② 参见薛瑞麟主编：《金融犯罪研究》，中国政法大学出版社 2000 年版，第 262 页。
③ 参见郭立新、杨迎泽主编：《刑法分则适用疑难问题解》，中国检察出版社 2000 年版，第 86 页。
④ 参见马长生、张惠芳：《论内幕交易、泄露内幕信息罪》，载赵秉志主编：《新千年刑法热点问题研究与适用》，中国检察出版社 2001 年版，第 825—826 页。
⑤ 参见胡光志：《论证券内幕信息的构成要素》，载《云南大学学报（法学版）》2002 年第 4 期。
⑥ 参见孙昌平、易建华：《关于内幕交易罪几个问题的研究》，载赵秉志主编：《新千年刑法热点问题研究与适用》，中国检察出版社 2001 年版，第 842—844 页。
⑦ 参见张小宁：《论内幕交易罪中"内幕信息"的界定》，载《昆明理工大学学报（社会科学版）》2009 年第 3 期。
⑧ 参见李宇先、贺小电：《证券犯罪的定罪与量刑》，人民法院出版社 2009 年版，第 169—170 页。

资者的投资判断的影响,综合考虑和认定某一信息是否实质上具备了重要性特征,进而需要刑法加以保护而成为刑法意义上的内幕信息。至于不少学者提出的内幕信息必须具备明确性或曰确定性、关联性或曰相关性等特征,笔者认为这些仅能作为学理上的探讨和研究结论,对于司法实践和金融市场交易要求的简洁、快捷而言,并不具有实际意义,它们或多或少地包含在未公开性和重要性两个特征之中,尤其是和重要性的判断休戚相关,具体阐述和分析将在下文内幕信息的认定标准研究中展开。

第二节 内幕信息认定标准之"未公开性"研究

内幕信息具备两大特征:未公开性和重要性,但在司法实践中究竟如何认定呢?具体判断的依据和标准又是什么呢?如何将理论上的研究成果转化为并实际运用到司法实践中以解决实际问题,是我们必须高度重视和深入研究的。对此,笔者认为如下几个问题值得关注和研究,以真正确立认定内幕信息的具体判断标准:内幕信息公开和未公开的界限何在?有关内幕交易罪的最新司法解释提出的"内幕信息敏感期"究竟如何判断?内幕信息公开的具体时间和具体方式如何认定?内幕信息的重要性集中体现在对证券期货交易价格的影响上,那么这种影响究竟是必须发生的,还是可能发生的?司法实践中如何具体把握和认定重要性的内涵?内幕信息是否必须达到明确无误才能认定?行为人获取的内容不确定、对证券期货交易价格影响不能明确判断的未公开信息究竟能否被认定为"内幕信息"?

一、内幕信息的"未公开性"认定——形式公开模式与实质公开模式

内幕信息的未公开性(nonpublic),又称秘密性(confidentiality),是指该信息尚未公开,尚没有被证券期货市场上的广大投资者所知悉,在公开前仅限法定知悉人员获知的秘密状态。正是由于内幕信息的未公开性,使得知悉内幕信息的人员拥有了他人不具备的信息优势,并能够利用该优势获得不正当的利益。因此,世界主要资本市场禁止内幕交易的法律均将未公

开性视作内幕信息的核心要素之一。

根据《刑法》第 180 条的规定,内幕信息知情人员和非法获取内幕信息的人员只有在内幕信息公开前,实施相应的证券期货交易活动才能构成内幕交易罪。内幕信息一旦经过合法程序予以披露,则上述行为人实施相应的证券期货交易活动便成为法律容许的行为,是合法的。因此,内幕信息公开与否,即内幕信息公开的时间和方式就成为行为人出入罪的关键区分点,也成为认定某一信息是否符合内幕信息未公开性特征的判断依据。根据信息公开方式的不同,可以将内幕信息未公开性的界定大致分为两种模式:形式公开模式和实质公开模式。

(一)形式公开模式

所谓形式公开模式,是指法律对证券信息的公开方式、公开后的等待时间等作出明确要求。第一,影响投资者投资判断的重大信息必须通过特定的方式予以公布,如通过指定的媒体或者证券交易所公布证券信息。第二,信息的公布并不意味着公众能够即时知悉、理解、消化、吸收内幕信息,并转化为投资行为。为防止知悉内幕信息者在信息公布后立即进行交易,应对信息公开后的等待时间作出规定。即只有经法定途径公布并达到一定时间要求后的信息才属于公开信息。目前,采取形式公开模式的主要有日本、韩国和我国台湾地区等法域。

1. 日本《金融商品交易法》的相关规定

日本《金融商品交易法》第 166 条和第 167 条规定,与公司业务有关的重要事实公开之前,内幕人不得利用所知悉的内幕信息进行与该公司证券有关的交易。反之,重要事实公开之后,相关证券的交易行为则不受禁止内幕交易法律的限制。

《金融商品交易法》第 166 条第 4 款规定:发行公司根据《金融商品交易法实施令》的规定,采取一定的措施,将重要事实以及有价证券报告书等文件置于公众能够知悉的状态。至于具体的公开方式,《金融商品交易法实施令》第 30 条规定了两种:(1) 报道公开。接受公司委托的人,向两个以上的报道机构公开相关信息。为了使公众了解信息,自公开之时,至少要经过 12 个小时。一般认为,仅仅向公司内部公开不构成法定的公开。此外,仅私下向新闻记者告知有关信息,即使会被大规模报道,也不符合公开的要求。(2)向金融商品交易所通知有关重要事实,由交易所向公众提供阅览。交易所一般制定有适时公示规则,要求发行公司发布与证券有关的重要事实。证券发行公司遵照证券交易所规定的方法,向证券交易所公开重要事实,证券交易所再向公众提供阅览;以电磁方法提供阅览的,必须与网络相连接。①

2. 台湾地区的形式公开模式

由于我国台湾地区"证券交易法"并未对证券信息公开的含义作出明确规定,以致司法实务见解分歧甚大。为期适用趋于明确一致,"重大消息范围及其公开方式管理办法"依据重大信息类型的不同,对其公开方式作出了区分规定。该管理办法第 5 条规定,第 2 条消息(对于有关公司财务、业务的重大信息)之公开方式,是指经公司输入公开信息观测站。对此,"金融监督管理委员会"的说明为:该等重大信息系指公司所能决定或控制者,考虑"公开信息观测站"仅供公开发行公司发布重大信息,且该平台业已行之有年,投资人已习于该平台查询公司之重大信息,故此明确规定涉及公司财务、业务的重大信息的公开方式,应经公司输入公开资讯观测站。

而对于有关证券之市场供求的重大信息,公开方式则有三种:(1)输入公开信息观测站;(2)透过证券交易所或证券柜台买卖中心"基本市况报道"网站进行公告;(3)经由两家以上每日于全台发行报纸之非地方性版面、全台性电视新闻或上述媒体所发行的电子报道。对于有关证券之市场供求的重大信息的公开方式多于有关公司财务、业务的重大信息的理由,"金融监督管理委员会"解释为,"该等信息非属公司所能决定或控制,因此设有较多的公开渠道,以避免内部人过于容易违反法律。"②

---

① 参见〔日〕森田章:《公开公司法论》,黄晓林编译,中国政法大学出版社 2012 年版,第 348—349 页。

② 刘连煜:《内线交易构成要件》(第二版),元照出版公司 2012 年版,第 123 页。

关于重大信息公开后的等待时间，台湾地区"证券交易法"于1988年确立禁止内幕交易规范时未作要求，但考虑到重大信息即使公开，一般投资人未必能够即时取得并消化该信息的意义。若知悉内幕信息的内部人从信息公开后，随即得以在证券市场上进行交易，此时于知悉内幕信息的内部人与未能即时取得该信息的投资人之间，仍然存在信息不对等的情形。故此"证券交易法"于2005年修改时，增加了重大信息公开后的等待时间，即"公开后12小时内"内部人仍不得在证券市场进行有价证券交易的"信息沉淀期间"之规定。但该规定在实践中的运作效果并不理想，因为如果发行公司在晚上9点通过网站公告重大信息，在经过12个小时之后，则内部人在第二天上午9点股市开盘时即可合法地进行交易。但是，从晚上9点到第二天上午9点这段时间，并不是我们可以合理期待全部或至少大多数投资人进行收集、研析、判断投资信息的时间。亦即，当内部人进行交易时，信息沉淀或沁透的效果尚未显现，内部人与多数投资者相较，仍处于信息上的优势地位。基于上述原因，2010年"证券交易法"修改将重大信息的沉淀期间从12小时延长至18小时。如此，内部人若想在下一个交易日开盘时进行交易，最迟则应在当日下午3点以前公开重大信息，而下午3点到次日上午9点，应当是可以合理期待信息沉淀效果显现的期间。借此即可遏止少数别有用心的内部人不当操纵信息公开时点，以谋求不当利益情形的发生。①

（二）实质公开模式

实质公开模式，是指法律并不具体规定证券信息的公开方式、公开时间，而只是确立一个较为抽象的判断标准，以此来界定信息是否公开。目前，采取这种规制模式的主要有美国、欧盟和英联邦成员国等法域。以美国为例，美国证券法律至今尚未形成对于重大信息公开的直接规范，对此问题主要是通过判例来解决的，并且形成了两种信息公开的判断标准，即

---

① 参见林国全：《2010年5月"证券交易法"修正评析》，载《台湾法学杂志》第155期。

"普遍获得"(generally available)标准和市场标准。

1. 普遍获得标准

所谓信息公开的"普遍获得"标准,是指重大信息应当于全国性的媒体上公布(dissemination),以确保广大投资公众(investing public)能够普遍获得;并且,为了使投资者能够充分吸收(absorption)该信息,还应当规定一定的合理等待期间(a reasonable waiting period)。[1] 这一标准最早由第二巡回法院在 SEC v. Texas Gulf Sulphur Co. 案[2]中所确立。对于被告 Coates,一审法院认为由于本案中的重大信息于上午 10 点 Texas Gulf Sulphur 发布新闻稿时生效,故此其在 10:20 买入股票的行为不构成内幕交易。这一判决却遭到第二巡回法院的驳回。理由是:在内幕人依据重大信息采取行动之前,这些信息必须进行有效的披露,披露方式要确保投资公众足以获得该信息。就本案而言,向整个金融新闻媒体发布正式新闻稿只是信息公布的第一步,内幕人必须等到该信息出现在更广泛的媒体之上——道琼斯"新闻揭示牌"之后,才能进行交易。因此,被告 Coates 的行为亦构成内幕交易。[3] 至于信息公布后的等待时间,该案并未作专门讨论,只是指出"由于重大信息不能立即转化成投资行动,内幕人不得利用其预先对内幕信息作出判断

---

[1] See William K. S. Wang and Marc I. Steinberg, Insider Trading, 3rd ed., Oxford University Press, 2010, p.143.

[2] 401 F.2d 833 (2d Cir. 1968). 在该案中,上市公司 Texas Gulf Sulphur 在加拿大安大略省发现一处特别矿藏,被告 Crawford 于 4 月 15 日晚上打电话给其经纪商,要求其在第二天中西部证券交易所(the Midwest Stock Exchange)开盘时买入 Texas Gulf Sulphur 公司股票。而 Texas Gulf Sulphur 公司关于发现新矿藏的新闻稿于 4 月 16 日上午 10 点发布,并从上午 10:54 至 11:02 之间传播到道琼斯"新闻揭示牌"(Dow Jones board tape)。被告 Coates 则于上午 10:20 发出买入指令。在一审过程中,被告 Crawford 提出在公司新闻稿发布之前,该信息已经通过其他的途径公开,因此其交易并不违法。法院认定,即使存在以下事实,在上午 10 点 Texas Gulf Sulphur 发布新闻稿之前,该信息并没有进行有效的披露:(1)有些经纪商和投机者已经从美国和加拿大媒体传播的谣言中获悉了相关信息;(2)加拿大的一家矿物出版物——《北方矿业》(The Northern Miner)刊登了一篇有关该事件的不确切的报道,估计大概有 1400 名纽约的订户于 Texas Gulf Sulphur 发布新闻稿当天的早上已经收到这份报道;(3) 上述报告已经于当天早上从多伦多通过电话或电报传给纽约的经纪商;(4) 当天上午 9:40,安大略省矿物部长在安大略省议会的新闻发布上发表了该事件的公告。因此一审法院认为,本案中的重大信息并没有通过足以确保投资公众能够获得的方式有效公开。一审法院的上述判决得到第二巡回法院的维持。

[3] See William K. S. Wang and Marc I. Steinberg, Insider Trading, 3rd ed., Oxford University Press, 2010, p.145.

的优势,在信息公布后立即进行交易"①。

SEC 明确指出:信息未公开的公认定义是其未能以使投资者普遍获得的方式公布。为使信息公开,必须通过认可的发布渠道以能够普遍传达于证券市场的方式予以公布,并且应当为投资者提供一个对信息作出反应的合理等待期间。② 为了防止因上市公司实施将重大未公开信息有选择地披露给分析师、机构投资者和其他相关者,而非一般性地向投资公众公开的选择性披露行为(selective disclosure),从而导致一般投资者在证券市场上处于非常不利地位,SEC 于 2000 年专门制定了公平披露规则(Regulation Fair Disclosure)。③

2. 市场标准

所谓市场标准,是指如果信息能够完全体现到相关证券的市场价格中,则该信息即已公开。该标准的理论依据是有效资本市场理论(Efficient Capital Markets Theory)。根据该理论,在一个有效的资本市场中,价格充分地反映了与上市公司有关的市场上的可获取信息。④ 某项信息一旦被相当数量的投资者知悉时,相关公司的证券、期货价格便会很快地发生变动,或涨或跌,从而来反映证券、期货公司对市场这种信息的感受与反应。也就是说,当某项信息对证券、期货市场能产生有效影响时,该信息便被认为已经属于公开的消息;反之,则仍属于尚未公开。⑤ 根据该标准,只要信息已经反映于证券市场价格之中,或者说已被市场所内化(internalized),无论其通过何种途径公开、向多少投资者公开、公开时间经过多久,均已构成公开。但是将这种理论运用于内幕交易罪的司法实践,需要一定的基础和前

---

① 401 F. 2d 833,845 (2d Cir. 1968).
② See SEC Release Nos. 33-7787,34-42259,IC-24209,File No. S7-31-99 (Dec. 20,1999), part Ⅱ. B. 2.
③ See Exchange Act Release Nos. 33-7781,34-43154,IC-24599,File No. 7-31-99,73 S. E. C. Docket 3 (Aug. 15 2000).
④ See Burton G. Malkiel, Eugene F. Fama, Efficient Capital Markets: A Review of Theory and Empirical Work,25 Journal of Finance 383,384(1970).
⑤ 参见刘宪权、谢杰:《证券期货犯罪刑法理论与实务》,上海人民出版社 2012 年版,第 191 页。

提,即必须对一国或地区涉案证券特定时间内的交易价格、交易量以及历史交易数据进行统计和对比分析,通过经济学分析的方法得出涉案内幕信息是否已经公开。

(三) 对两种公开模式的分析

形式公开模式和实质公开模式的最终目标均在于,促进可能对证券市场价格产生重大影响的未公开信息,真实、完整、准确地为广大投资者所及时、充分获得,剥夺内幕人利用不公平的信息优势地位牟取非法利益的机会,从而使所有证券市场参与者都站在了同一起跑线上,实现了信息获得的公平。① 但两者还是存在很大差异:

第一,前者认为内幕信息公开指向的是所有证券期货市场上的投资者,每个投资者对信息的接受能力、分析条件和能力以及敏感性程度千差万别,不可能一致,因此采用实质标准来考量内幕信息是否已经或实际公开,是不公平的,实际上也是无法操作的,应当以法定的形式标准衡量内幕信息是否已经公开,在这种统一的标准下,对内幕信息公开时间的认定更合理,也容易在司法实践中操作。

而后者则认为判断信息是否已经或实际公开,应当以该信息是否实际为市场消化为标准,从而保障广大投资者的平等知情权,保障交易的公平性。因此,从内幕信息公布之时起到市场传播、消化、分析,进而引起证券期货交易价格波动,影响相关交易的这段时间都在内幕信息未公开期间内,如果内幕信息知情人员在该段时间内进行相关交易活动,仍构成内幕交易罪。上述的有效资本市场理论实质上也是以实质公开标准作为内幕信息公开的标准,只不过在其具体认定中加入了客观比较因素,使其认定更具客观性和合理性。

第二,从具体表现来看,形式公开模式在信息公开的主体、方式、对象和时间方面均具有明确的强制性规定。而实质公开模式关注信息是否已经为

---

① 参见朱锦清:《证券法学》(第三版),北京大学出版社2011年版,第111页。

证券市场所实际知悉,因此,判断信息公开的标准是在信息披露后证券价格的止荡回稳(level off)。因而,无论该信息是由上市公司通过合法的方式披露,还是由其他主体利用非法途径予以泄露;无论信息是能够被一般投资者无须任何额外付出即可很容易地获得,还是必须通过勤勉注意和观察、专业知识和能力或者支付费用才能获得,此种影响停止之时即为信息有效公开之时。

第三,从实际执行效果而言,相较于实质公开模式,形式公开模式规定的内容更加简单、明确,便于实务操作。当然其过于僵化的缺点也较为明显,难以否认重大信息未经法定方式披露和等待时间但却已为广大投资者所知悉的情形存在,对内幕人也可能有失公平;实质公开的构成则非常复杂,且具有很大的不确定性,必须根据案件的具体事实综合考虑各项市场和非市场因素才能作出认定,专业难度较高。然而,实质公开模式或许更为接近信息公开的本质,因为其以市场反应作为核心判断标准,较为客观真实,从而也更有利于促进证券信息的传播,减少信息不对称现象,以提高证券市场效率并保证公平。

(四)我国法律对"未公开性"的认定

考察我国证券期货两大金融市场的发展历程和轨迹,相关立法并不健全和成熟,司法实践亦在摸索中前进,对这一理论的认识和理解还不够深入。相应的,深交所和沪交所两大证券交易所以及证监会等机构和部门也没有达到与西方发达国家金融市场监管水平和条件相当的程度,在数据的监测、分析能力和条件方面也存在差距,因此,将有效资本市场理论运用于我国的司法实践还存在不小的障碍和难题。故而,我国立法规定和司法解释都没有采纳该理论来判断内幕信息的公开与否。

考察我国证券期货理论,主要有三种观点:一是通过全国性的新闻媒介公布该信息;二是通过新闻发布会公布信息;三是市场消化了该信息,即市场对该信息已经作出反应。① 在上述时间节点之前的内幕信息都属于未公开状态。质言之,这些观点实际上也分别归属实质公开标准和形式公开标准中,只是其中具体化为公开的形式问题。

那么,哪种标准更合理呢?对比,笔者认为实质公开标准和形式公开标准各有优劣,前者更注重保障广大投资者的平等知情权,并且根据个案情况具体问题具体分析,其公平性显而易见;后者则更注重司法实践操作,标准可量化而且明确、统一,容易理解和适用。从理论上讲,考虑到内幕交易犯罪的特殊性和证券期货金融市场运作的特殊性,笔者认为应当把二者结合起来考察认定内幕信息公开与否,并以形式公开标准为主要判断依据。在现有法律规定下,如何判断内幕信息公开与否呢?

笔者认为应当主要从两个方面来判断:一是公开的时间节点,即内幕信息究竟在什么时间内是未公开的,什么时间内不再处于秘密状态而成为公共性的公开披露信息;二是公开的具体方式,即通过什么方式、什么程序才能保障和认定内幕信息公开的合法性。针对这两个问题,我国《证券法》第70条规定:"依法必须披露的信息,应当在国务院证券监督管理机构指定的媒体发布,同时将其置备于公司住所、证券交易所,供社会公众查阅。"

2012年5月22日发布并于同年6月1日起施行的最高人民法院、最高人民检察院《关于办理内幕交易、泄露内幕信息刑事案件具体应用法律若干问题的解释》(以下简称《解释》)第5条第1款规定:"本解释所称'内幕信息敏感期'是指内幕信息自形成至公开的期间。"同条第4款规定:"内幕信息的公开,是指内幕信息在国务院证券、期货监督管理机构指定的报刊、网站等媒体披露。"即内幕信息的公布和公开应以相关信息和文件刊登在我国证监会指定的媒体上为准。这就意味着我国法律认定内幕信息公开的标准实际上是形式公开标准,即内幕信息公开的时间点为在证监会指定的报刊、网站等媒体上公布之日,内幕信息公开的方式为在证监会指定的报刊、网站等媒体披露,其中"报刊"是指所谓的"七报一刊":《上海证券报》

---

① 参见陈晓:《论对内幕交易罪的法律规制》,载梁慧星主编:《民商法论丛》(第五卷),法律出版社1996年版,第89页。

《中国证券报》《证券时报》《金融时报》《经济日报》《中国改革报》《中国日报》及《证券市场周刊》,指定的网站包括巨潮网站(www.cninfo.com.cn,深圳证券交易所指定网站)和上海证券交易所网站(www.sse.com.cn)。如有其他报刊、网站等媒介也披露相应的信息,按照规定是不应早于上述法定报刊和网站的;反之,则不符合法定的内幕信息公开方式和时间,内幕信息仍具备未公开性。

因此,在内幕信息于上述法定未公开的时间段内,行为人从事相关的证券期货交易活动构成内幕交易罪;在内幕信息于上述法定期限内没有在法定媒体上公布的,也不成立内幕信息的公开,行为人实施相应交易活动的亦成立内幕交易罪。故而,判断内幕信息是否已经公开,主要标准是形式公开标准,主要依据是公开的时间点和公开的方式。任何不符合上述两个判断依据的,都不属于法定的内幕信息公开,如果行为人实施相应的证券期货交易活动仍构成内幕交易罪。

当然,采用形式公开的标准在保障投资者的平等知情权方面是存在一定问题的,尤其是对那些尚未获知内幕信息的非内幕人员而言更是如此。内幕信息知悉人员虽然在内幕信息通过法定方式于法定公开时间后,从事相关的交易行为并不违法或构成犯罪,但实际上这些人员利用了自己先手获得信息的优势,比一般的投资者更明确应否从事相应交易行为,进而避免损失甚至获取巨大收益,而一般的投资者在消化、分析这些信息之后,很可能已经丧失了最佳的交易机会和时间,因而仍然存在较为明显的不公平。

如何解决这一问题,实际上就需要在采取形式公开标准的同时,还需要结合个案赋予司法机关一定的自由裁量权,以便于在疑难复杂案件中明确内幕信息的实质公开。在维护罪刑法定原则和刑法明文规定的前提下,笔者认为这需要对相关的行政法律法规作出修改和完善,以保证内幕信息知悉人员和一般的投资者在内幕信息公开后利用这一信息进行相应交易上的公平性。例如,《证券法》第45条规定,为上市公司出具审计报告、资产评估报告或者法律意见书等文件的证券服务机构和人员,自接受上市公司委托之日起至上述文件公开后 5 日内，不得买卖该种股票。这意味着上述文件公开 5 日后，证券市场上的一般投资者已经消化了该信息，在满 5 日后实施相应的交易行为，行为人无论是已经获知内幕信息的人员还是市场上的一般投资者，都是基于自己的判断和分析作出的，因而在一定程度上保障了所有交易者的平等知情权和相应交易行为的公平性。

证监会制定的《上市公司董事、监事和高级管理人员所持本公司股份及其变动管理规则》第 13 条规定："上市公司董事、监事和高级管理人员自可能对本公司股票交易价格产生重大影响的重大事项发生之日或在决策过程中，至依法披露后 2 个交易日内不得买卖本公司股票。"以上规定都是考虑到重大信息披露后市场需要一段时间才能消化，为了防止这些最有机会接触内幕信息的公司内部人在一般投资者理解该信息之前利用信息优势抢先进行交易，故此规定了 2 个或 5 个交易日作为禁止其交易的期间。然而，该项禁止性规定仅适用于董事、监事、高管及为上市公司提供专业服务的中介机构及其人员，对于其他主体则不适用，并且也未禁止这些受限制的主体向他人泄露内幕信息或者建议他人实施内幕交易，故此仍然存在被规避适用的可能。[①]

因此，笔者认为可以结合现有行政法律法规规定的内幕信息公开的时间和方式，对实践中的内幕信息公开后所需的合理的分析和消化时间，在做好数据监测、统计和理性分析的基础上，再作出进一步的明确法律规定，以使得提前知晓内幕信息的人员和内幕信息公开后获知的普通投资者，能在分析和消化信息方面基本保持公平，从而弥补一般投资者获知信息延迟的缺陷，以最大限度地减少内幕交易带来的利益并在增大实施内幕交易风险的同时，遏制内幕交易犯罪的增长和滋生，以期促进证券、期货两大金融市场的持续、快速、健康发展。

---

① 参见曹理：《证券内幕交易构成要件比较研究》，2013 年吉林大学博士论文。

二、"内幕信息敏感期"和"内幕信息形成之时"的认定研究

1. "内幕信息敏感期"的认定

上述《解释》第 5 条第 1 款规定:"本解释所称'内幕信息敏感期'是指内幕信息自形成至公开的期间。"那么,应当如何理解和认定"内幕信息敏感期"呢?理论上包括该解释在起草和审议过程中存在不同观点。一种观点认为,这里的"内幕信息敏感期"应当是一个时间点;另一种观点与之针锋相对,认为这里的"内幕信息敏感期"应当是一个时间段。前者认为公开就是社会公众知悉的时刻,一旦公开,就谈不上敏感的问题,建议将"形成至公开的期间"修改为"形成至公开之前的期间"。[①] 后者认为《解释》第 5 条第 1 款"形成至公开的期间"的核心词汇是"期间",公开只是一个点,公开之后,就不在此期限之内,因此"形成至公开的期间"的表述不至于造成混乱。"公开之前"表达的则是一个时段,"至公开之前"表述的期间模糊不定,在逻辑上欠缺严谨。[②]

笔者赞同后一种观点,即"内幕信息敏感期"理解为一个时间段是妥当的。从法条的形式规定来看,"内幕信息敏感期"是内幕信息由不公开状态到公开状态所经历的期间,是一个时间段。它起于内幕信息形成之时,终于内幕信息公开之时,是两个时间点之间的期限,而不仅仅是一个时间点——内幕信息公开之时的状态瞬间转换。

此外,针对本条规定的"内幕信息敏感期"的截止期也存在一定争议。有论者认为内幕信息公布后的较短时间内,内幕信息难以反馈到广大股民,内幕信息的部分影响力仍然存在,应当从实质影响力上把握内幕信息敏感期的截止期,建议将截止期延至内幕信息公布后的十二小时乃至二十四小时。[③] 这个问题的实质其实不仅仅是"内幕信息敏感期"截止期的认定

---

① 参见苗有水、刘晓虎:《〈关于办理内幕交易、泄露内幕信息刑事案件具体应用法律若干问题的解释〉的理解与适用》,载《人民司法》2012 年第 15 期。
② 同上。
③ 同上。

问题,而是内幕信息公开的认定问题。对于内幕信息敏感期的截止期认定其实就是内幕信息公开的时间和方式问题,二者是问题的"一体两面"。前已论述内幕信息的公开必须在法定时间通过法定方式操作,否则内幕信息依然处于不公开状态,即处在"内幕信息敏感期"。在此,不再赘述。

2."内幕信息形成之时"的认定

上述《解释》第 5 条第 2 款规定:"证券法第六十七条第二款所列'重大事件'的发生时间,第七十五条规定的'计划'、'方案'以及期货交易管理条例第八十五条第十一项规定的'政策'、'决定'等的形成时间,应当认定为内幕信息的形成之时。"第 3 款规定:"影响内幕信息形成的动议、筹划、决策或者执行人员,其动议、筹划、决策或者执行初始时间,应当认定为内幕信息的形成之时。"即《解释》对"内幕信息敏感期"的认定作了规定,并对"内幕信息形成之时"的认定区分了一般情况和特殊情况。

一般情况下,内幕信息形成的时间与《证券法》相关规定一致,即与《证券法》第 67 条第 2 款、第 75 条规定的可能对上市公司股票价格产生重大影响的"重大事件""计划""方案"以及《期货交易管理条例》第 85 条第 11 项规定的"政策""决定"的形成时间是一致的。特殊情况下,则要看相关的证券、期货交易主体对市场预期判断的主要依据是什么。由于影响内幕信息形成的动议、筹划、决策或者执行人员对其行为所带来的市场影响具有较高的确信度,且该类人员往往是在"重大事件""计划""方案""政策""决定"形成时间之前就从事相关证券、期货交易,所以其动议、筹划、决策或者执行的初始时间,应当认定为内幕信息的形成之时。

以"杭萧钢构案"为例,该案涉及一般情况下内幕信息形成之时的认定问题。2006 年 11 月,中国国际基金有限公司(以下简称中基公司)与浙江杭萧钢构股份有限公司(上市公司,以下简称杭萧钢构)开始接触洽谈安哥拉公房项目由混凝土结构改成钢结构(以下简称"安哥拉项目");2007 年 1 月下旬,中基公司派员与杭萧钢构进行了"安哥拉项目"钢结构报价的首轮谈判;2 月 4 日,杭萧钢构总经理周某与中基公司就人工费用和报价的细节展开了第二轮谈判;2 月 7 日,杭萧钢构董事长单某、总经理周某与中基公司董事长针对价格、数量问题进行了高层谈判;2月8日,双方就该项目的价格、数量、工期、付款方式等内容基本达成共识;2月17日,杭萧钢构与中基公司签订了建设工程产品销售合同、建设工程施工合同;3月8日,合同正式生效。① 根据《证券法》第67条第2款第3项和第75条第1项的规定,该案涉及的信息属"重大事件"型的内幕信息,即公司订立重要合同,可能对公司的资产、负债、权益和经营成果产生重要影响。虽然《解释》第5条第2款明确规定,应将"重大事件"的发生时间认定为内幕信息的形成之时,但是,本案合同的形成历经接触洽谈、三轮谈判、达成共识、签订合同、合同生效等阶段,且对应不同的时间点,何谓"重大事件"的发生时间难以确定,因此,在认定内幕信息形成之时,还需要有针对性地判断哪一阶段体现出"相关重大事项已经进入实质操作阶段并具有很大的实现可能性"。具体到案件本身,不论是接触洽谈还是三轮谈判,中基公司与杭萧钢构均未对合同的主要内容达成合意,直至2007年2月8日双方高层就项目的价格、数量、工期、付款方式等内容基本形成一致,才表明该项目"已经进入实质操作阶段并具有很大的实现可能性",至于后续的签订合同和合同生效,只是将该项目实现的可能性从法律层面上予以保障。而且,"重大事件"中所谓的"公司订立重要合同"并不意味着合同的最终签订和生效,因为根据《合同法》第13条的规定,订立合同采取要约、承诺方式,谈判过程是一个要约与反要约到最后承诺的过程,双方就合同的主要内容达成共识即属订立合同。此外,《证券法》第67条第1款规定,发生可能对上市公司股票交易价格产生较大影响的重大事件,投资者尚未得知时,上市公司应当立即将有关该重大事件的情况向国务院证券监督管理机构和证券交易所报送临时报告,并予公告。本案中,杭萧钢构在合同签订和生效之前的2月15日即发布公告,也恰恰说明双方高层就合同的主要内容达成共识属于可能对杭萧钢构股票交易价格产生较大影响的重大事件。因此,中国证监会将

---

① 参见陈海鹰、朱卫明、叶建平:《泄露内幕信息罪、内幕交易罪的若干问题探析——由"杭萧钢构案"展开》,载《法治研究》2008年第3期。

2007年2月8日认定为内幕信息的形成之时具有事实和法律依据。①

需要指出的是,内幕信息自身并不是在某一时刻、某一瞬间即时形成的,相反在实践中,一般都要经历一个比较漫长的发展和积累过程,特别是在涉及上市公司的内幕信息形成认定过程中时更是如此。故而,单纯从未公开的状态这一角度出发,并不能深刻、全面地揭示出内幕信息的根本内涵,同样也无法合理、准确地界定内幕信息的形成时间,这其中更多地要依赖"重要性"的判断来具体认定。此外,内幕信息所具备的与证券、期货交易价格乃至整个证券、期货交易市场的关联性以及自身在形成、变化、发展过程中所呈现的不同状态所具有的不稳定性、不确切性也会影响对形成时间的判断。

结合前述司法解释的具体规定和分析,笔者认为一般情况下判断内幕信息形成之时只需依照《证券法》第67条第2款、第75条规定的可能对上市公司股票价格产生重大影响的"重大事件""计划""方案"以及《期货交易管理条例》第85条第11项规定的"政策""决定"的形成时间为准,而且这些"重大事件""计划""方案""政策""决定"等形成的时间一般也都较为明确,理论上和实践中异议不大,这是认定内幕信息形成时间的基本原则。例外情形下,则要依据内幕信息的"重要性"特征判断,这其中还掺杂着内幕信息的相关性和确定性等问题,需要根据个案具体情形具体分析。此时,主要的判断依据是相关的证券、期货交易主体实施相关交易行为的主要根据,即其对市场预期的立场判断究竟是否基于获知或利用这一内幕信息。如是,则内幕信息形成时间可能在很大程度上提前;如否,则仍需依照一般情形下的认定原则进行判断。因此,内幕信息"重要性"的认定对内幕信息形成时间认定的影响显而易见,准确认定了内幕信息的重要性,将在很大程度上影响甚至决定内幕信息形成时间的判断。

---

① 参见王涛:《内幕信息敏感期的司法认定》,载《中国刑事法杂志》2012年第11期。

第三节　内幕信息认定标准之"重要性"研究

认定某一信息是否属于内幕信息，一个关键点就在于其重要程度，在于其公开后对证券、期货交易市场中的证券期货交易价格的影响程度。总结各国和地区立法对于内幕信息重要性的认定方法，主要有两种：一种是在法律中作出明确的列举性规定，如英国、我国台湾地区和香港地区等；另一种是通过司法实践积累、总结的判例对重要性的认定形成操作细则，如美国。在美国，所谓内幕信息的重要性是用"实质性"来指称的，对"实质性"的判断是通过司法实践中的判例逐渐积累形成的。典型的案例主要有三个：一是 SEC v. Texas Gulf Sulphur Co. 案，该案将"实质性"标准认定为该信息是否对一个"通情达理"之人的投资决定起到影响，而不仅仅是一个"谨慎"或"保守"的投资人；二是 TSC v. Northway 案，它认为一项具有"实质性"的事实，并不要求其重要性达到可能导致理性的消费者改变其投票结果的程度，从而只要求可能性；三是 Basic v. Levinson 案，它强调一旦声明否认存在任何议论，则本身不属于"实质性"的议论，也会因此而具有"实质性"。归纳起来，美国在认定某项事实或者信息是否符合或达到"实质性"标准时考量因素主要有四个：获悉信息之人的态度；证券市场的反应；信息的来源；信息的确定性。这些经验和做法值得我国在具体把握和认定"重要性"时借鉴和参考。

考察我国现行的内幕信息重要性认定方法，属于上述的第一种，即通过法律、行政法规明确的列举性条款，较为详细地规定了哪些信息属于内幕信息，并要求这些信息对证券期货交易价格有重大影响，同时对"重大事件"通过列举性条款作了明确规定。应当说我国《刑法》和《证券法》对内幕信息的范围规定使用概括加列举的方式，在教学和司法实践中具有相当的可操作性，优点确实可圈可点，但也存在某一信息不明确属于列举规定时还需进一步判断的问题，可判断的标准法律并没有规定，这在司法实践遭遇新的问题时表现得更为明显。因此，在使用列举条款明确规定哪些属于

"重大事件"以判断某一信息的重要性的同时,还必须从理论上建立明确的重要性认定和判断标准。

需要注意的是,我国现行有关内幕信息的立法略显粗糙,且内部存在冲突和矛盾:《禁止证券欺诈行为暂行办法》第 5 条不以(信息对证券市场价格的)"重大影响"的实际发生为必要,只要求可能影响;而《证券法》第 75 条和《内幕交易认定指引(试行)》第 7 条,则要求实际发生。从法律效力层级和基本原则——"新法优于旧法,后法优于前法"上看,《禁止证券欺诈行为暂行办法》在效力层级上低于《证券法》,且已经被废止,其确立的不以信息的重大影响实际发生为必要的规定亦已失效。基于现行有效的法律法规规定,内幕信息的重要性认定需要以其重大影响的实际发生为必要。但是,这一规定是否合理呢?即内幕信息重要性的认定到底需不需要以其重大影响的实际发生为必要呢?这一问题同样值得我们思考和研究。

针对内幕信息的重要性认定是否以重大影响实际发生为必要这一问题,笔者认为:内幕交易行为的构成并不以行为人获取实际利益为必要,这在"建议行为"方式上表现得最为明显,因此,内幕信息也不应以重大影响的实际发生为必要。原因在于虽然我国现行法律规定内幕信息重要性必须以重大影响实际发生为必要,即意味着必须是有真正意义上的影响,而实际上这些不确定的信息只能是可能有影响,并随着证券市场的合理波动与投资者的心理预期等产生不同的结果,其是否绝对属于内幕信息并不是绝对不变的,而是处在一个波动的范围内。例如,某一公司的收购行为或者即将与其他公司合并上市等行为,一般而言都会引起公司股价上涨、升值等剧烈变动,对于公司和公司股票持有人来说都是利好消息,一旦有关公司收购、上市的信息被行为人知晓,行为人很可能利用信息优势提前买进某只股票,坐等收益;如果上述相关信息被提前泄露,很容易导致抢购风潮,反而会引起股市震荡,波及公司的自身利益,正所谓"物极必反",这在上市公司中表现得较为明显。但是一般有关收购、上市等行为的完成并不是一朝一夕之事,这其中存在很多不确定性。收购公司与被收购公司的谈判既有一拍即合的好消息,也有收购与反收购的商场战争甚或收购流产、失败等坏消息,"借壳上市"的对象选择也存在着不确定性,行为人在某一时段所获取的消息究竟能否真正成为内幕信息不得而知,但是如果行为人将获知的这些不确定消息再向其他人传播并建议其买入或卖出相关股票,本身的行为已经扰乱了正常的稳定的金融市场秩序和投资者的正常的理性判断,这实际上已经对立法设立内幕交易罪所要保护的法益产生了威胁甚至实际的损害,任由这些所谓不确定的但实际上可能对证券市场价格产生重大影响并扰乱正常的证券市场秩序和投资者的理性判断的信息在证券市场上传播、扩散而不予刑法规制和打击,将贻害无穷,也会使得刑法打击内幕交易犯罪滞后和乏力。

因此,将上述所谓不确定的信息或者确定的但尚未产生实际的重大影响信息纳入内幕信息重要性的判断范围内是必要的也是重要的,否则会造成刑法打击不及时而显得无力甚或无效。此外,证券、期货市场价格受多种因素影响,包括宏观因素和微观因素,如果坚持采用重大影响"实际发生"的标准,将会导致同一信息在不同案件中因价格影响的不同以及影响实际发生与否造成不同的认定结论,进而可能出现司法不一致甚或截然相反的判决,这将有损司法公正,导致"同案不同判""同一信息不同结论"。综上所述,笔者认为内幕信息重要性的认定不应以重大影响实际发生为必要。

针对内幕信息的重要性认定标准问题,借鉴美国、欧盟等发达国家认定"重要性"(或曰"实质性")的经验,笔者认为我国现行法律规定的完全的"客观标准"存在不可忽视和难以弥补的缺陷,有必要在认定内幕信息重要性的标准上由完全的"客观标准"向主客观标准相结合,"主观标准"为主、"客观标准"为辅的认定模式转变,可以考虑主要从一般理性投资者的立场来判断某一信息的重要性程度,而把某一信息对证券、期货市场特别是证券、期货交易价格的影响作为补充判断标准。

第四节　内幕信息认定相关问题研究

一、内幕信息的"相关性"和"确定性"问题研究

在我国刑法理论界有关内幕信息的特征和标准问题上,存在一种看法,即认为内幕信息必须与证券期货交易价格具有关联性,而且要明确无误,亦即内幕信息的成立还必须具备所谓的"相关性"和"确定性",否则单单具备"未公开性"和"重要性"的信息并不成立内幕信息。

关于这一论点,笔者并不赞同,并在前文的阐述中已经有所提及。所谓"相关性"无非是指内幕信息的内容必须与证券期货交易价格相关联,这其实是一种较为表面化的认识。内幕信息重要性特征的判断中,其实已经蕴含了对相关性的判断,这二者融汇在了一起。试想,如果某一信息无法对证券、期货的交易价格产生影响,那么其重要性程度显然是非常低的甚至根本不存在重要性,而是公开的、社会公众知晓的普通信息,要成立内幕信息是不可能的。在对重要性作出判断的同时其实已经对相关性作了附随的判断,而且某些信息的重要性并不是显性地直接与公司的财务、经营等相关,可能会通过其他较为隐蔽的间接方式展现出来,一味以相关性来要求可能会排除掉这类带有重要性的信息而让行为人钻了法律的漏洞,从而逃避刑事处罚。如国家的某些政策调整,特别是银行等金融领域、机构的财政、货币政策调整,或者出于一些考虑,相关监管机构的即时行政干预,如果不是公开的,但对某一类甚至某几个公司的股票价格产生直接的或间接的重大影响,或许并不一定就能直接反映在公司的财务或者生产经营状况上,即使有,也可能存在时间差,如果硬性地要求内幕信息必须具备所谓形式上的"相关性",将会导致上述这类外部信息无法成立内幕信息,而这种信息实际上带来的利益或者避免的损失并不比内幕信息少。此外,相关性的判断过于依赖法条规定,容易产生形式化、表面化问题,在采用列举性条款规定的同时,难免挂一漏万。重要性特征的判断中,包含着相关性的判

断，硬性将二者区分，容易造成认定上的重复，也不利于司法实践的便捷操作。因此，笔者不主张内幕信息的认定需要所谓的"相关性"特征，相关性的判断可以与重要性特征的认定结合，并在重要性特征的认定中完成和实现。

关于内幕信息的确定性问题，笔者认为，实际上，内幕信息从初始形态直至最终完全形成，始终处于一个动态变化、并不稳定的状态，特别是在公司收购、借壳上市等一些对证券价格影响较大的事件中表现得更为明显。行为人在获知某一公司即将实施收购或者被收购、即将借某公司的"壳"上市等非公开信息时，并不能准确判断究竟是哪家公司将受益或遭受损失。此时，信息的不确定状态是很明显的，那么这是否意味着这类信息由于存在不确定性就不成立内幕信息呢？笔者认为，内幕信息本身是否清晰，是否明确无误，并不仅仅是内容的确切程度问题，本质上是其重要性或曰其到底对证券期货交易价格有多大程度影响的问题，即本质上是其重要性的判断问题。如果一个信息模糊到任何人获知后都无法作出准确的判断，即使后来证实是利好消息，基于一个理性投资者的立场考虑，一般人都不可能利用这种信息实施相应的交易行为，因为风险太大；如果一个消息明确到任何人获知后都会作出相应的买入或卖出交易行为以获利或避损，那么这种信息的重要性程度已经无须司法者判断了，成立内幕信息无疑。但是，复杂多变的证券期货金融市场是否能够提供绝对清楚或者绝对不清楚的信息呢？回答是：能，但是数量未免太少，绝大部分信息都处于这两种极端状态之间。这些处于模糊与清晰两个极端之间的信息才是司法实践中认定的难点，不确定性本身并不能排除某些信息的重要性影响或价值，如果基于一个理性投资者的判断，获知、利用这种信息将会获利或避损，那么这种信息由于具备了重要性特征自然成立内幕信息，但它并不是准确无误、确切无疑的。

所以，看似不确定的信息，如果具备了重要性特征，仍然成立内幕信息，这不仅不会使内幕信息的认定存在偏差或遗漏，同时也不会把那些毫无根据、捕风捉影甚至是某些想象、猜测、推测的信息涵盖进来，因为这些不确定的内幕信息在经由重要性判断时已经被过滤掉了。因此,笔者认为内幕信息的成立不需要所谓的"确定性"特征。

二、内幕信息的行政性判断与(刑事)司法性判断

内幕信息的认定,从司法实践上看,证券期货等金融监管部门的素质更高,专业性更强,在很多专业问题上,公安、法院、检察院等司法机关的判断依赖于相关行政监管部门的判断,而且在很大程度上,证券期货等行政监管部门出具的意见或结论都被司法机关认可或采纳,这实际上反映了在打击包括内幕交易犯罪在内的金融犯罪乃至破坏市场经济秩序犯罪中,行政监管机关的专业优势和强势以及司法机关专业性方面的劣势和薄弱甚或空白。例如,在我国内幕交易犯罪查处的案件中,黄光裕内幕交易案是迄今为止我国金额最大的内幕交易案,该案的复杂程度不言而喻,其中争议最大的就是内幕信息的认定,特别是内幕信息形成时间的认定。公安机关曾专门致函证监会《关于商请对黄光裕等人涉嫌中关村股票内幕交易案有关事项审核认定的函》就相关问题商请证监会作出解释或答复。证监会随后出具了《关于黄光裕等人涉嫌中关村股票内幕交易案有关事项的复函》,对相关问题和事项作了回复。从这一事件当中我们可以发现,作为我国最重要的行政机关之一的特别是刑事犯罪打击和侦查的准司法机关——公安部,在证券、期货等犯罪认定中所凸显的专业薄弱和劣势,最后不得不借助专业性的证券监管机关——证监会的复函作出认定结论,其对后者的专业性判断依赖甚深。放眼全国,在不少涉及金融犯罪的案件中,公安机关乃至法检系统对行政监管机关的专业判断和认定结论的采纳等类似行为比比皆是,不一而足,这不得不引起我们的重视和思考。

众所周知,行政权和司法权是一个国家非常重要的两种权力,二者的权力性质和定位迥然不同。在打击金融等专业性较强的犯罪中,公安机关乃至法院、检察院在某些专业性问题上甚至结论认定上过于依赖行政监管机关的判断并不是一件好事,甚至有违法治的根本精神。行政监管机关行使的是行政管理权,公、检、法等机关行使的是司法权,如果对于某一犯罪涉

及的关键事实太过于依赖前者的行政性判断，无异于混淆了两种权力的性质和定位，有行政权僭越乃至取代司法权的嫌疑，有损司法公信力，也破坏了权力之间的制约和监督。毕竟，在一个法治国家，只有司法机关能够对是否成立犯罪作出终局性判断，行政监管机关至多是补充、辅助的角色，而且只限于事实问题上。

但是在内幕交易犯罪中，内幕信息的认定不仅仅是一个事实认定问题，而是包含着对内幕信息法律性质的判断，它将在很大程度上决定内幕交易行为成立与否进而是否构成内幕交易罪，表面上的事实认定实际上是法律性质的认定，如果过多依赖行政机关的行政性判断，将会架空乃至取代司法机关独立的带有终局性的司法判断，这是有违法治精神和内涵的。因为认定一个行为是否构成犯罪的权力，无论是事实认定上，还是法律性质判断上，都应当属于司法机关。行政监管机关对内幕信息内容和性质的行政性判断应当从属于司法机关的司法性判断，而且司法机关的判断具有独立性和终局性。司法机关在某些专业性问题上存有疑问或者并不擅长、通晓的，可以函请相关行政监管机关作出认定，但后者出具的意见或结论等只能作为司法机关认定的参考和借鉴，司法机关应当建立和完善自己独立的认定标准和具体方法，以防止行政监管机关借助自身的专业性优势，通过对相关问题的判断和认定而无形中架空了司法机关的独立的终局性司法性判断，进而影响和干扰司法独立和司法公正。

从长远角度看，要想根本解决类似问题，就需要司法机关的一线办案人员，尤其是作为审判人员的法官必须切实提高自身专业素质和知识水平，有力、有效地应对案件中的专业性问题，把深厚扎实的法学理论功底和相当程度的证券期货等金融专业知识以及丰富的审判经验与社会生活积累结合起来，形成对专业性较强、专业知识水平要求高的市场经济领域内的金融犯罪的独立应对和处断能力，并通过不断地总结经验，最终建立一套完整而又全面的认定标准和具体操作方法。

第四章 内幕交易行为认定

由于证券市场与期货市场中的内幕交易犯罪有许多相同之处,为了叙述方便,本章以证券市场中的内幕交易犯罪为主要研究对象,但其论点、原则同样适用于期货市场中的内幕交易犯罪。

第一节 内幕交易行为的概念与表现形式

证券市场秩序是证券发行、交易有条运作的过程。"公平、公正、公开"是证券市场秩序的三大基石,任何内幕交易行为都是对这种秩序的破坏。同样,期货市场的特点、期货贸易的特点也决定了期货交易离不开这三大原则,离不开一套交易规则、行为规范保障下的市场秩序,否则交易秩序必然走向混乱。[①] 内幕人员利用内幕信息资源优势从事证券、期货交易行为,牟取非法暴利,有悖于证券市场"公平、公正、公开"三原则,不仅严重损害了其他投资者的合法权益,而且对证券交易所、证券公司、上市公司的利益和声誉也造成了损失,最终还可能扰乱国家宏观经济管理秩序。[②] 正因为内幕交易行为破坏力强,侵害的客体相当广泛,所以,各国立法都毫无例外地将其作为一种严重的违法犯罪行为严加惩处。

结合我国《刑法》第 180 条的规定,内幕交易行为是指证券、期货内幕信

[①] 参见黄华平、杜卫东:《试论内幕交易罪》,载《公安大学学报》2000 年第 1 期。
[②] 参见刘宪权、谢杰:《证券期货犯罪刑法理论与实务》,上海人民出版社 2012 年版,第 163 页。

息的知情人员或非法获取证券、期货交易内幕信息的人员,在涉及证券的发行、证券、期货交易或者其他对证券、期货交易的价格有重大影响的信息尚未公开前,买入或者卖出该证券,或者从事与内幕信息有关的期货交易,情节严重的行为。内幕交易罪在客观方面表现为违反证券、期货管理法规,利用直接或间接掌握的内幕信息,进行证券、期货交易的行为。《禁止证券欺诈行为暂行办法》第 4 条规定:"本办法所称内幕交易包括下列行为:(一)内幕人员利用内幕信息买卖证券或者根据内幕信息建议他人买卖证券;(二)内幕人员向他人泄露内幕信息,使他人利用该信息进行内幕交易;(三)非内幕人员通过不正当的手段或者其他途径获得内幕信息,并根据该信息买卖证券或者建议他人买卖证券;(四)其他内幕交易行为。"①《期货管理暂行条例》第 61 条列举了两种期货内幕交易行为:一是利用内幕信息进行交易行为;二是向他人泄露内幕信息,使他人利用该内幕信息进行期货交易。② 2011 年 7 月,最高院印发了《关于审理证券行政处罚案件证据若干问题的座谈会纪要》,对内幕交易等证券违法违规的认定和举证责任进行了初步的界定,以下五种情况可被认为内幕交易行为:"(一)证券法第七十四条规定的证券交易内幕信息知情人,进行了与该内幕信息有关的证券交易活动;(二)证券法第七十四条规定的内幕信息知情人的配偶、父母、子女以及其他有密切关系的人,其证券交易活动与该内幕信息基本吻合;(三)因履行工作职责知悉上述内幕信息并进行了与该信息有关的证券交易活动;(四)非法获取内幕信息,并进行了与该内幕信息有关的证券交易活动;(五)内幕信息公开前,与内幕信息知情人或知晓该内幕信息的人联络、接触,其证券交易活动与内幕信息高度吻合。"③结合《刑法修正案(七)》的有关规定,可以将内幕交易行为概括为以下两种情况:一是在涉及证券的发行,证券、期货交易或者其他对证券、期货交易价格有重大影响的

---

① 参见王晨:《证券期货犯罪的认定与处罚》,知识产权出版社 2008 年版,第 186 页。
② 参见黄华平、杜卫东:《试论内幕交易罪》,载《公安大学学报》2000 年第 1 期。
③ 参见王静:《完善我国内幕交易行为的法律规制》,载《山西师大学报(社会科学版)》,2013 年第 S1 卷。

信息尚未公开前,买入或者卖出该证券,或者从事与该内幕信息有关的期货交易;二是明示、暗示他人从事上述交易活动。①

第二节 内幕交易基础行为样态分析

一、"建议"行为的认定

在《刑法修正案(七)》修改内幕交易、泄露内幕信息罪构成要件之前,对于内幕人员根据内幕信息建议他人进行证券、期货买卖是否应当属于本罪的行为方式问题,刑法理论与司法实践中都颇有争议。② 这主要是因为我国《刑法》原第180条虽然没有明示性地将建议行为规定在内幕交易犯罪行为之中,但是,颁布于《刑法》之后的我国《证券法》③明确将"建议"他人买卖证券的行为归入内幕交易行为的范畴之中。《刑法》原第180条内幕交易、泄露内幕信息罪明确规定了两种行为方式:其一,内幕交易行为;其二,泄露内幕信息行为。《刑法修正案(七)》对《刑法》第180条增加了一种行为模式:"明示、暗示他人从事上述交易活动"。有学者认为,刑法理论上一般将这种内幕信息知情人员、内幕信息非法获取人员明示、暗示他人从事相关证券、期货交易的行为简称为"建议"行为,即行为人在其获知内幕信息的基础上,通过明示或暗示的方式建议他人进行证券、期货交易。④ 并基于此认为"建议"行为属于内幕交易、泄露内幕信息罪的行为方式。然而应该注意到,《证券法》规定的"建议他人买卖相关证券"与《刑法》第180条内幕交易罪行为要素的"明示或暗示他人买卖相关证券"表述并不一致,那它们之间是存在矛盾还是相互呼应呢?

---

① 参见张明楷:《刑法学(第四版)》,法律出版社2011年版,第693页。
② 参见程皓:《内幕交易、泄露内幕信息罪若干问题研究》,载《法学评论(双月刊)》2006年第4期。
③ 《证券法》第76条规定:证券交易内幕信息的知情人和非法获取内幕信息的人,在内幕信息公开前,不得买卖该公司的证券,或者泄露该信息,或者建议他人买卖该证券。
④ 参见刘宪权:《论内幕交易犯罪最新司法解释及法律适用》,载《法学家》2012年第5期。

（一）建议行为的刑法规制模式

对建议类型的内幕交易行为是否需要进行刑法规制，各国和地区的规定模式并不相同。比如欧盟、韩国、我国香港地区等国家和地区的法律将其单列为一种独立的内幕交易行为类型；而美国、日本、我国台湾地区等国家和地区的法律却未规定该种内幕交易行为模式。

1. 欧盟——积极建议模式

欧盟2003年《反市场滥用指令》第3条规定：成员方应禁止本指令第2条所列人员从事：(a) 向任何其他人泄露内幕信息，除非其泄露内幕信息是在正常履行其雇用、专业职责或其他义务；(b) 以内幕信息为基础，推荐或劝诱第三人从事与内幕信息有关证券的交易活动。《反市场滥用指令》把泄露行为和建议行为分别作为单列的两种不同内幕交易行为加以规制。

一般而言，"建议"是指单方的意思表示，即表意人欲通过该意思表示达到影响他人从事具有某种有利结果的行为。欧盟法院在禁止内幕人基于内幕信息建议他人买卖与该内幕信息相关的金融产品的解释方面提出了一个理论，即"建议"的行为能够达到影响他人决策买卖金融产品的程度。而且"建议"他人买卖要求的是积极的建议行为，即建议他人实际买进或者卖出内幕信息涉及的金融产品。如果内幕人建议他人不要购买或者不要卖出（消极的建议行为），则不属于被禁止的行为。[①]

2. 英国——明知+建议

英国1993年《刑事审判法》第52条第2款a项禁止任何内幕信息的持有人，在明知或应当知道该交易可能属于内幕交易的情况下，仍然鼓动他人利用该信息进行证券交易，无论他人是否知晓该内幕信息。也就是说，建议行为并不以被建议人知悉内幕信息为要件，也不以被建议人实施了相关交易行为为要件，但要求建议人主观状态为明知或应知，并且实施了建议行为。2000年《金融服务和市场法》第123条第1款b项对建议行为也

---

① 参见肖伟：《论建议型内幕交易》，载《财经法学》2016年第2期。

作出了规定:金融服务监管局如果认为某人以采取或不采取某种行动的方式要求或鼓励他人从事市场滥用的行为,则监管局可以对其处以适当数额的罚款。①

3. 我国香港地区——以被建议人实际实施相关交易为要件

我国香港地区现行有效的《证券及期货条例》第270条、第291条分别对内幕交易行为和内幕交易罪作了细致的规定,其中多款涉及建议类型的内幕交易行为。第270条第1款a项禁止与该法团有关联的人在掌握他知道属于关于该法团的有关消息,并在知道或有合理因由相信另一人会进行该等证券或工具的交易的情况下,怂使或促致该另一人进行该等交易。270条第1款e项则从消息受领人的角度出发,禁止任何人知道另一人与该法团有关联,并知道或有合理因由相信该另一人因该项关联而掌握关于该法团的有关消息。而他在直接或间接从该另一人收到他知道属于关于该法团的有关消息的情况下,怂使或促致他人进行该等证券或工具的交易。

具体而言,"与该法团有关联的人"构成建议型内幕交易需具备:第一,建议人是与该法团有关联的人;第二,建议人知悉内幕信息;第三,建议人知道或有合理因由相信被建议人会进行交易;第四,建议人实施了怂使或促致行为。

4. 未作单独规定模式

美国、日本、我国台湾地区未专门禁止建议型内幕交易行为。美国主要规制信息泄露行为,没有关于根据内幕信息建议他人进行内幕交易的案例。我国台湾地区禁止买卖行为和提供消息行为,即泄露内幕信息行为。日本在法律条文上只禁止买卖型内幕交易,但实务中也出现了劝诱交易的案例——东京地判平成155·19案,并最终通过共同正犯理论追究劝诱者的刑事责任。该案的特点在于,获知内幕信息的人员并未直接实施交易,

---

① See Section 123 of the Act (Services and Market Act 2000),"(1) If the Authority is satisfied that a person("A")—(a) is or has engaged in market abuse,or(b) by taking or refraining from taking any action has required or encouraged another person or persons to engage in behaviour which, if engaged in by A, would amount to market abuse, it may impose on him a penalty of such amount as it considers appropriate".

而是泄露并劝诱他人实施了交易。由于日本法并未直接规定泄露行为与劝诱行为构成内幕交易罪。因此,只有在认定被告有共谋的基础上,才能认定共同构成内幕交易罪。①

(二)建议行为的具体判断及认定

理论上对建议行为的刑法认定有几种观点:一种观点认为,明示与暗示本质上都是行为人提示或者建议他人从事证券、期货交易活动,具体是指提示或建议他人买入或卖出该证券,或者从事与该内幕信息有关的期货交易。② 也有观点认为,建议行为因方式、对象,以及交易行为的不同而并不必然构成犯罪,我国《刑法》第180条之所以未明文规定"建议行为"是因为建议行为可根据具体情况的不同而被内幕交易行为、泄露内幕信息行为所分别包纳,并且有时会不构成犯罪。如果勉强地将其规定为行为形态之一,反而造成司法适用中的困难。因此,应当对建议行为的具体情况进行分析。③ 对于建议行为的认定,我们认为,应当把握以下几点:

1. 建议行为不能被泄露行为所包含或有交叉部分

建议行为在具体行为方式上不同于泄露行为:泄露行为多是行为人通过不同方式使对方获知内幕信息的具体内容,但信息泄露人对他人是否以及怎样实施具体操作不发表意见,信息领受方根据自己的判断决定是否进行相关交易,即泄露行为的对象是内幕信息本身而非交易;建议行为则不涉及内幕信息的具体内容,行为人根据自己对该信息的了解和分析,对他人的交易决定发表意见,建议他人买入或者卖出与内幕信息相关的证券。即建议行为的对象并非内幕交易,而是交易意见。正是由于建议行为并不直接涉及内幕信息,所以无法依据泄露行为加以认定。换言之,正是为了弥补"泄露内幕信息"惩处范围的有限性,才增加对建议行为的规定,将虽不涉及内幕信息但根据内幕信息作出交易建议的行为纳入刑法处罚范围。

---

① 参见肖伟:《论建议型内幕交易》,载《财经法学》2016年第2期。
② 参见谢望原:《简评〈刑法修正案(七)〉》,载《法学杂志》2009年第6期。
③ 参见张小宁:《证券内幕交易罪研究》,武汉大学2009年博士论文。

当然，不能否定的是，实际情况中，泄露行为和建议行为常常会交织在一起。如中国证监会行政处罚决定书（2010）32号中，张某知悉内幕信息后，将该信息告知徐某，并建议其买入相关股票。证监会将其行为认定为"知悉内幕信息者在信息公开前泄露该信息，并建议他人买卖该证券"的行为。中国证监会行政处罚决定书（2013）14号中，内幕信息知情人包某向冯某泄露内幕信息，并建议其买入相关股票。证监会以泄露内幕信息行为来追究包某的行政责任，并未认定其属于建议行为。可见，对于泄露、建议行为交织的认定，行政规制也没有明确统一的标准。

应当肯定的是，刑法中内幕交易的建议行为与泄露行为是两种分别单列的行为方式，二者之间不存在交叉关系。如果泄露内幕信息过程中伴有建议买卖该股票的行为，则可认定为泄露行为，不需要认定为泄露＋建议行为；只有不涉及内幕信息，单纯地建议他人买卖与内幕信息相关股票的可能成立建议行为。

2. 明示或暗示的认定

从具体内容而言，"建议"文义上与"明示"相近，但运用推定方法依然可以将隐晦的"暗示"囊括在"建议"的范围之内，这一点在行政执法证明标准中已得到确认。所谓"明示"，就是清楚明白的指示，即通过书面或口头的方式明确提示他人买入或者卖出与该内幕信息有关的证券或者期货合约。所谓"暗示"，就是用含蓄的语言或示意性的举动来提示他人从事特定的证券或者期货交易。[1] 相较于明示方式的直接性，暗示方式的认定相对困难。有观点认为，暗示行为的社会危害性有限，可不作为犯罪处罚。我们认为，明示、暗示是行为表现方式的不同，就行为本质而言，两者并无实质差别。不可否认，暗示行为的认定，尤其证据认定方面有相当大的难度，但不妨碍在条文中将其明确列出。这既是建议行为的应有之义，也是逻辑认定的自然结果。

中国证监会行政处罚决定书（2014）1号对建议行为作出了认定：唐某

---

[1] 参见刘宪权、谢杰：《证券期货犯罪刑法理论与实务》，上海人民出版社2012年版，第163页。

在知悉内幕信息后,代表财富成长建议他人买卖某股票的行为,违反了《证券法》第76条的规定,构成《证券法》第202条所述"非法获取内幕信息的人,在涉及证券的发行、交易或者其他对证券的价格有重大影响的信息公开前,……建议他人买卖该证券"的行为。给予唐某警告、并处以20万元罚款的行政处罚。

二、"利用"内幕消息行为的认定

在如何把握内幕交易罪客观行为特征上,最突出的疑难问题体现在如何理解行为条件要素,即控方是否必须证明构成内幕交易罪要求知悉内幕信息与交易行为之间有因果关系,即是否以行为人"利用"内幕信息为要件。① 这里所谓的"利用",就是指行为人在涉及证券、期货的发行、交易或者其他对证券、期货交易价格有重大影响的信息尚未正式公开前,利用自己所知道的内幕信息,掌握有利的条件和时机,进行证券、期货的买入或者卖出。②《禁止证券欺诈行为暂行办法》第4条的规定中,除了第4项"兜底"条款外,其余各项均强调了"利用内幕信息"这一要件。③ 但是我国现行《刑法》并没有将"利用内幕信息"的内容写入法条。因此,成立本罪是否要求行为人必须在事实上利用了内幕信息,各方面的观点存在较大的分歧。

"利用"要件否定论认为,从刑法规范的表面文义上进行分析,内幕交易、泄露内幕信息罪只规定了证券、期货交易行为必须发在内幕信息公开之前,并未将利用内幕信息作为构成要件。④ 例如,有学者认为,利用内幕信息并不是构成内幕交易、泄露内幕信息罪的必要条件。⑤ 如果主张本罪

---

① 参见冯殿美、杜娟:《内幕交易、泄露内幕信息罪若干问题研究》,载《法学论坛》2006年第2期。
② 参见刘宪权:《金融犯罪刑法理论与实践》,北京大学出版社2008年版,第332页。
③ 《禁止证券欺诈行为暂行办法》第4条规定,内幕交易行为包括:(1)内幕人员利用内幕信息买卖证券或者根据内幕信息建议他人买卖证券;(2)内幕人员向他人泄露内幕信息,使他人利用该信息进行内幕交易;(3)内幕人员通过不正当的手段或者其他途径获得内幕信息,并根据该信息买卖证券或者建议他人买卖证券;(4)其他内幕交易行为。
④ 参见刘宪权:《论内幕交易犯罪最新司法解释及法律适用》,载《法学家》2012年第5期。
⑤ 参见庞良程:《证券内幕交易罪的构成及认定》,载《中央检察官管理学院学报》1998年第1期。

的成立必须以对内幕信息的利用为前提的观点,将给司法机关指控犯罪人带来极大的困难,严重影响刑法规范的适用效率。因为"让执法人员或司法人员去证明知悉内幕信息者的交易哪笔是利用了内幕信息,哪笔没有利用内幕信息,是极端困难的,有时也是徒劳的"①。在很多情况下,只要行为人否认利用内幕信息,即使其已进行了交易,也会使指控搁浅。相反,如果免去控方的一些证明责任,对本罪的指控将大为有利。② 有些学者甚至认为本罪实质上是一种严格责任犯罪。③

"利用"要件肯定论认为,利用内幕信息进行证券、期货交易是成立内幕交易并构成犯罪的必要条件,④是否利用内幕信息进行证券、期货交易是划分罪与非罪的标准之一。只有利用了内幕信息,才能破坏投资者获取信息渠道的公平性,从而侵犯了他们的平等竞争权,使其利益受损。因此,在认定某一行为是否构成内幕交易、泄露内幕信息罪时,应首先确定其是否利用或依据内幕信息,如果没有,均不构成该罪。还有的学者认为,新《刑法》第180条虽然没有明确规定行为人必须"利用内幕信息",但其表达方式实际上包含"利用内幕消息"之意。⑤ 只要对内幕信息知情,或非法获悉内幕信息,又在信息未公开之前买卖或者使人买卖该证券、期货合约,也就是利用内幕信息进行交易,而不需要再规定利用内幕信息,以免产生歧义。⑥

不可否认,由于证券、期货交易的特殊性,影响其交易价格的因素也不止一个,故受损者往往很难证明自己的交易损失是由于内幕交易造成的。另一方面,内幕交易涉及面极其广泛,手段也相当隐蔽,技术含量较高,非相当精密的监控系统根本无法发现其作案的线索。这些特点决定了证明所

---

① 王作富主编:《刑法分则实务研究(上)》,中国方正出版社2001年版,第396—397页。
② 参见刘宪权:《内幕交易、泄露内幕信息罪若干疑难问题探析》,载《犯罪研究》2003年第2期。
③ 参见邢怀柱:《证券犯罪及其立法评述》,载陈兴良主编:《刑事法评论》(第3卷),中国政法大学出版社1999年版,第120页。
④ 参见周道鸾等主编:《刑法的修改与适用》,人民法院出版社1997年版,第396页;孙际中主编:《新刑法与金融犯罪》,西苑出版社1999年版,第145页。
⑤ 参见张惠芳:《浅析内幕交易、泄露内幕信息罪的几个问题》,载《河北法学》2004年第9期。
⑥ 参见马克昌主编:《经济犯罪新论》,武汉大学出版社1998年版,第293页。

进行的证券、期货交易利用了内幕信息十分困难。然而，成立内幕交易罪是否以行为人利用了内幕信息进行证券交易为必备要件，与如何证明是否利用了内幕信息进行证券交易，这是两个不同层面的问题，①证明和证据上的困难，不能成为否认"利用内幕信息"这一要件的理由。而只有首先承认构成内幕交易罪是以"利用内幕信息"为必备要件，才谈得上如何证明行为人利用了内幕信息的问题。若行为人知悉了内幕信息，并在信息正式公开之前买卖了该证券、期货合约，但其买卖证券、期货合约的行为与其所知悉的内幕信息没有任何关联，这种情况下行为人的行为并没有违反证券法关于投资者知悉信息平等权的规定，并没有侵犯证券、期货市场的三大原则，当然不能认定为内幕交易行为。而只有利用了内幕信息进行证券、期货交易的行为才是可罚、应罚的基础，才是区分罪与非罪的标准之一。

至于如何证明的问题，则涉及对证明标准的把握。有论者认为可以借鉴美国1988年《证券交易与证券欺诈执行法》的做法，即只要"内部人"在从事交易行为时知道"内部信息"，他就应接受惩罚，而不问交易行为是否基于他所知道的这些消息。②但也有学者认为这一做法过于严格，借鉴时应予修正。该论者认为在认定该罪上可以运用法律推定手段，将举证责任转移至被告。即只要行为人对内幕信息知情或者非法获取了内幕信息，并且在该信息未公开之前进行了与该信息有关的证券、期货交易活动的，就可以推定行为人"利用了内幕信息"。换句话说，只要控诉方证明行为人知悉了内幕信息，并且证明行为人在该内幕信息公开前所进行的证券、期货交易与该内幕信息有关，就完成了举证责任，除非被告人再举出确实的证据证明自己并没有利用该内幕信息。③也正因为是推定，所以在诉讼中可允许对方提出反证以推翻此结论。④应当说这种法律推定的方法是可取

---

① 参见王晨：《证券期货犯罪的认定与处罚》，知识产权出版社2008年版，第189—190页。
② 参见顾肖荣、张国炎：《证券期货犯罪比较研究》，法律出版社2003年版，第285页。
③ 参见程皓：《内幕交易、泄露内幕信息罪若干问题研究》，载《法学评论（双月刊）》2006年第4期；余萍：《内幕交易犯罪定罪难点分析》，载《河北法学》2010年第2期。
④ 参见刘爱童：《证券、期货内幕交易犯罪若干问题研究——以内幕交易、泄露内幕信息罪为视角》，载《武汉理工大学学报（社会科学版）》2012年第4期。

的,这不仅减轻了控方的举证责任,也不违背我国的刑法理论,只是在技术处理上需要在实体法上将举证责任倒置作明文规定,有利于实际操作和保持刑法的稳定性。

另一方面,从内幕交易行为本质上分析,"利用内幕信息"也应是其固有含义。首先,从前述的《禁止证券欺诈行为暂行办法》对何种行为属于内幕交易行为的规定可以看出"利用内幕信息"是其必备要件。我国《证券法》第67、73条、《期货交易管理暂行条例》第61条等都对"利用内幕信息"要件有所体现。其次,投资者都是通过对证券交易相关信息进行分析、评判后才决定买卖股票。因此,只要是进行证券、期货的交易活动,行为人必然要利用证券、期货交易的相关信息,否则就是盲目投资。只不过在正当的证券、期货交易活动中,人们利用的是已经公开了的交易信息;而在内幕交易活动中,投资者利用的是尚未公开的内幕信息。

三、"不作为"行为方式定性研究

在实际的证券、期货市场中,存在着一种情形,即行为人原欲买入或者卖出某种证券或期货合约,但是,在获知有关内幕信息后却停止了原来准备实施的买入或者卖出行为,从而获取了利益或者避免了可能遭受的损失。对于这种行为如何定性?有人认为,内幕交易中的不作为行为和作为行为的危害后果一样,同样可以破坏证券市场的交易秩序,同样可以损害其他投资人的利益,这与内幕人利用内幕信息实施积极的内幕交易行为的性质是一样的,完全可以构成内幕交易罪。

我们认为,这种所谓的"不作为"的行为不能构成内幕交易罪。理由是:

第一,从严格遵守罪刑法定原则的角度出发,这种"不作为"行为不能构成内幕交易罪。我国《证券法》第73条和《刑法》第180条都有所规定,"买入、卖出或从事其他交易"等行为均只能以作为的方式进行,不作为的方式根本不可能实现"买入、卖出或从事其他交易"。虽然行为人在知悉内幕信息后,根据内幕信息没有买入或者卖出原打算买入或卖出的股票,获得了一定的非法利益或避免了一定的必要损失,有失公平,具有一定的社会危害性，但有关的行政法规和法律都没有规定此种"不作为"为违法或者犯罪行为。因而，应当严格遵循罪刑法定原则，不将其作为犯罪处理。

第二，要构成内幕交易罪，必须要有交易行为的存在。并且某种程度上交易是内幕交易罪的本质体现，如果没有交易也就没有内幕交易犯罪。我国刑法规定内幕交易罪惩罚的是内部人员利用内部信息进行内幕交易，而行为人掌握内幕信息本身并不能成为招致刑罚惩罚的理由。① 由此可见，在证券、期货市场上，内幕交易当然应该有实际"交易"行为的存在，不然也就无所谓有内幕交易犯罪的存在。而证券、期货市场上的交易行为均表现为一种积极的买入或者卖出的行为方式，实际上不可能存在所谓的"不作为"的形式买入、卖出的行为方式。

第三，刑法理论中对于"不作为"构成犯罪是有严格的定义和界限的。刑法中的"不作为"均应该以特定的作为义务的存在为前提，没有这种特定的义务也就不应该有这种"不作为"的犯罪的存在。在上述情况下，明知其行为会招致自己的损失，并且对自己既无法律上的规定职责，又无自己前置行为所致的原因，却要求行为人主动承担自我损失。这种要求，既不符合人性，也不符合法理。② 在证券、期货市场上，我们不应该期待投资者（包括内幕人）只能亏损不能盈利，虽然行为人的行为可能具有所谓的"隐形"的社会危害性，即获取了由信息优势转化而来的经济利益或转移了本应遭受的风险，但绝不能因此而认定其构成内幕交易罪。

第四，内幕交易犯罪的社会危害性不仅在于行为人违反公平竞争的原则，获得了不正当利益或使自己避免了损失，更重要的是行为人的这种内幕交易行为从根本上破坏了证券、期货市场的正常交易秩序，打破了公开、公平、公正的交易准则。而上述的"不作为"行为，确实有一定的社会危害性，但其危害性明显微小，行为人并没有严重破坏到证券期货市场的秩序，

---

① 参见刘宪权：《金融犯罪刑法理论与实践》，北京大学出版社2008年版，第338页。
② 参见刘爱童：《证券、期货内幕交易犯罪若干问题研究——以内幕交易、泄露内幕信息罪为视角》，载《武汉理工大学学报（社会科学版）》2012年第4期。

公平竞争的原则也没有直接遭受破坏,可以认定是情节显著轻微,不构成犯罪。①

最后,若将这种"不作为"行为纳入内幕交易罪中,控方取证将相当困难,证明难度也很大。因为行为人在获知内幕消息后停止了原来准备实施的买入或卖出行为,这在理论上和实践中确实可能存在,但由于行为人并未实施积极的买入或卖出行为,如何证明行为人原本存在买入或卖出证券期货的意思,又如何证明其停止实施该行为是因为获悉了内幕信息,很大程度上只能依赖口供,其他证据很难收集,这必将使控方陷入极其被动的境地。

四、"短线交易"行为定性研究

所谓短线交易是指上市公司董事、监事、经理以及持有法定比例股份以上的大股东,在法定期间内(一般为 6 个月)对公司上市股票买进后再行卖出,或者卖出后再行买入,以赚取差价利润的行为。短线交易包含于内幕交易中,是内幕交易的一种特殊形式,但内幕交易并不等同于短线交易。对于内幕交易行为,我国《证券法》《刑法》均作出了明确规定;而对于短线交易,《证券法》虽然作了禁止性的规定,但《刑法》条款缺失。因此,短线交易行为无论多么严重,由于缺乏相应的刑事犯罪规定,也无法追究其刑事责任。

某种意义上短线交易和内幕交易的性质一样,都是一种不公平竞争的行为,并且都损害投资者和公司的利益,都不利于证券市场的健康发展。从主体上看,二者都不排除内部人凭借其信息优势,不平等地与其他投资人进行证券交易,从中牟取利益或避免损失。但短线交易并不等同于内幕交易,二者有较大的差别。

1. 主体范围不同。短线交易的主体仅限于具有特殊地位身份的人员即公司的董事、监事、经理,以及持有公司 5% 以上股份的股东;而内幕交

---

① 参见刘宪权、谢杰:《证券期货犯罪刑法理论与实务》,上海人民出版社 2012 年版,第 176 页;余萍:《内幕交易犯罪定罪难点分析》,载《河北法学》2010 年第 2 期。

易的主体包括知悉证券交易内幕信息的知情人员和非法获取内幕信息的其他人员，甚至包括通过其他途径获取内幕信息的人员，其主体范围远远大于短线交易的主体范围。并且任何时段里的交易都可构成内幕交易犯罪主体；而短线交易的主体不仅要有特殊地位、身份的人员，而且必须在特定时段里交易，两者缺一不可，才构成短线交易犯罪的主体和归入权的行使对象。[①]

2. 行为构成的前提不同。从内幕交易法律规定来看，构成内幕交易行为前提条件必须有内幕信息的存在，且内幕人员知悉并利用该内幕信息；而在法律上并没有硬性规定短线交易者必须掌握内幕信息，只有严格的时段限制即只要在法律禁止的期限内（一般为6个月）进行了买或卖两次相反的交易就可以认定为短线交易。[②]

3. 归责原则不同。内幕交易大多采用"过错推定原则"，刑法上更强调行为人主观上要有故意，即知悉内幕信息的人只要进行证券交易，或将消息泄露给其他人，促使其进行证券交易，即被推定为具有主观故意，除非其能证实自己错误地认为这些信息已经公开，或者自己的行为可以合理地推知他认为这些信息并不重要，或者其交易不是依其掌握的内幕信息为根据进行的；而短线交易大多采用"无过错原则"，只要行为人在法律规定的期限内进行了证券交易，不论其主观是否具有谋取不正当利益的故意，也不论其是否知悉内幕信息都可认定为短线交易。[③]

如上所述，两者区别在理论上还是很大的。短线交易与归入权制度作为一种反内幕交易的法律制度，它与内幕交易立法相互补充、相互支撑。这对于维护证券市场的正常秩序具有重大意义，也是我们提出在刑法上需要补充短线交易犯罪规定的主要原因。

[①] 参见王作富、顾雷：《证券内幕交易中短线交易犯罪的认定与处罚研究》，载《法学论坛》2001年第2期。
[②] 参见喻福东：《短线交易入罪问题之思考》，载《经济师》2006年第1期。
[③] 参见周毅：《关于内幕交易、泄露内幕信息罪认定的若干问题》，湘潭大学2003年硕士学位论文。

五、"再泄密"行为定性研究

非内幕人员在获取内幕信息后又将内幕信息泄露给他人,情节严重者是否应当以泄露内幕信息罪论处,理论上有争议。有学者主张:"应当分别情况,区别对待,不能一概而论。如非内幕人员对内幕信息的获取是自己积极、主动行为的结果……不管行为人事后根据该信息是建议他人买卖证券,还是向他人泄露该内幕信息从而使他人利用该信息买卖证券,都一律按内幕交易认定。如果证实非内幕人员是被动的信息接受者,不论后来实施了建议行为还是泄露行为……非内幕人员因为是消极的内幕信息获取者,不存在着承担保密义务的问题,因而即使根据该信息进行了交易,也不应当认定为内幕交易。"① 也有学者认为:"对于第二手以后消息接受者,可有两条原则参考,一是须以其前手人员有意告知内幕信息者为限,不包括无意中透露出内幕信息而被他人利用的,前后两者必须存在共同故意;二是拟以明知或可得知该消息为重大影响股票价格且尚未公开之消息为必要条件。"②

我们认为,刑法条文并没有将非内幕人员再泄密行为排除在外,那么如果把这种再泄密行为排除在外,这种限制解释是否符合该条法益保护目的和立法本意呢?答案是否定的,因为不应知悉内幕信息的人员在获知内幕信息后也负有相关保密义务,就如不能因为行为人无意获知了某国家机密文件就可以任其向外界泄露、利用一样,为了维护证券、期货市场正常交易秩序,不应对内幕信息再泄密行为置之不理。③ 其主要理由还有以下几点:

1. 不应知悉内幕信息的人员,不管其从何种渠道,非法或者合法,从其得知内幕信息的那一刻起就应承担保密义务。因为不管其获取内幕信息的途径怎样,最终的结果都是得知了内幕信息的内容。当得知了内幕信息

---

① 张军主编:《破坏金融管理秩序罪》,中国人民公安大学出版社1999年版,第227页。
② 顾雷:《内幕交易罪的主体结构完善与处罚平衡发展》,载《法学论坛》2000年第6期。
③ 参见肖中华、马渊杰:《内幕交易、泄露内幕信息罪认定的若干问题——以"两高"司法解释和证监会规章的比较为视角》,载《贵州大学学报(社会科学版)》2013年第1期。

2. 从行为人的主观故意来看，当行为人在明知自己通过非法手段获得的是证券、期货交易内幕信息之后，还故意泄露给他人，其主观恶性程度丝毫不亚于内幕人员的泄露行为。①

六、"情节严重"的认定

根据我国《刑法》第 180 条的规定：实施内幕交易、泄露内幕信息的行为，情节严重的，处 5 年以下有期徒刑，并处或单处违法所得 1 倍以上 5 倍以下罚金；情节特别严重的，处 5 年以上 10 年以下有期徒刑，并处违法所得 1 倍以上 5 倍以下罚金。由此我们得知，内幕交易犯罪是"情节犯"，即内幕信息知情人员、非法获取内幕信息人员从事内幕交易、泄露内幕信息的行为，只有达到"情节严重"标准才能构成犯罪；只有达到"情节特别严重"的程度，才能适用第二档法定刑。情节是否严重是追究内幕交易行为刑事责任的法定条件。根据"两高"于 2012 年 5 月 22 日联合发布的《关于办理内幕交易、泄露内幕信息刑事案件具体应用法律若干问题的解释》，具有下列情形之一的，应当追诉：证券交易成交额累计在 50 万元以上的；期货交易占用保证金数额累计在 30 万元以上的；获利或者避免损失数额累计在 15 万元以上的；内幕交易或者泄露内幕信息 3 次以上的；具有其他严重情节的。相较于《关于公安机关管辖的刑事案件立案追诉标准的规定（二）》，这个规定并没有对内幕交易犯罪"情节严重"的各项指标进行实质性的优化。并且该规定仅仅是立案的标准，尽管可以作为定罪量刑的参考依据，但其中毕竟存在诸多问题。

实践中，内幕交易行政处罚案件数额远远超过内幕交易犯罪"情节严重"标准，但是大多都没有进入刑事诉讼程序。由于不符合资本市场发展的社会现实且过于机械抽象，内幕交易犯罪"情节严重"的数额标准与细化解释无法得到适用，长此以往则容易产生弱化司法权威的负面效果，使得

---

① 参见刘宪权、谢杰：《证券期货犯罪刑法理论与实务》，上海人民出版社 2012 年版，第 202 页；王晨：《证券期货犯罪的认定与处罚》，知识产权出版社 2008 年版，第 200—201 页。

该标准不能筛选出具有严重社会危害性的非法证券期货交易行为。

有学者认为：由于我国证券期货犯罪普遍存在"情节严重"等定罪标准设置过低、没有针对证券期货交易特点建构实践标准等问题，内幕交易犯罪"情节严重"标准的优化应当纳入证券期货犯罪体系进行结构性完善。有必要优化证券期货犯罪司法解释，通过对内幕交易、操纵证券期货市场等行政处罚案件进行数据统计，分析此类非法证券期货交易中成交资金额、占用保证金数额、获利数额、避损数额等数据信息，将各个主要项目的数额平均值设定为犯罪情节严重的下限。同时，有必要将"其他情节严重的情形"等虚化、泛化的指标排除在"情节严重"的认定标准之外，转而将内幕交易犯罪行为对资本市场秩序、投资者权益所产生的可量化恶劣影响（例如，内幕交易犯罪行为侵犯股民权益导致大规模证券集团诉讼、引发群体性事件等）作为"情节严重"司法认定的标准。这样经过实证分析与客观论证的内幕交易犯罪"情节严重"的司法解释标准才能经得起刑事司法实践的考验。应当说，采取实证分析与客观认证方法来细化"情节严重"的规定是可取的。

第三节 内幕交易行为边界研究

一、内幕交易行为界限厘定

（一）未利用内幕信息的交易行为

利用内幕信息是否为本罪的必要条件，学界存在争论，反对者的理由主要有：其一，证明上的困难，在实践中很难证明内幕交易者的哪笔交易利用了内幕信息，哪笔交易没有利用内幕信息。在很多情况下，只要行为人否认利用了内幕信息，即使已经进行了交易，也会使指控搁浅；[①]其二，刑法规定内幕信息知情人员在信息公开前不得从事与之相关的证券、期货交易

[①] 参见刘宪权：《金融犯罪刑法理论与实践》，北京大学出版社2008年版，第332页。

活动,只要知情人在知情后进行交易就构成了犯罪,这实际上是一种严格责任。①

赞同利用行为为本罪必要条件的人认为,本罪的立法本意是防止知情人员利用自己知悉内幕信息的便利或者非法获取内幕信息的人利用这些内幕信息,来获取利益或者避免损失,违背市场经济公开竞争的原则,损害证券、期货交易市场的公开性、公平性和公正性,如果没有利用内幕消息的行为,行为则属于一般的交易行为,如将其认定为犯罪,则没有合法的交易行为可言了。另外,在行为的时间条件上,本罪将证券、期货交易行为限制在"涉及证券的发行、交易或者其他对证券的价值有重大影响的信息尚未公开前",这一规定实质上隐含着行为人掌握并利用持有内幕信息的优势,从而通过该信息公开的时间差进行不公开的交易,从而非法牟利或避免损失,这就表明内幕信息与内幕交易之间应当有一种因果关系,否则有违刑法立法基本精神。② 更直白点说,内幕信息在公开之后就不是内幕信息了,本罪打击的就是知情人员利用这一信息公布的时间差,因此,如果没有利用内幕信息,行为在信息公布前后就没有区别,如果就此作罪与非罪的区别,显然不具有合理性。

我们认为本罪需以利用内幕信息为必要条件,虽然《刑法》第 180 条关于本罪的罪状描述中并未有"利用"二字,但是没有利用行为则意味着内幕信息对于交易行为无影响,那么这种交易行为与普通的交易行为就没有区别,这种行为法律就没有必要规制,如果规制反而阻碍了市场经济的发展。我们也不赞成严格责任的提法,在刑事犯罪中不应有严格责任的形式规定,刑事责任不同于民事责任,犯罪必须具有罪过,没有罪过就没有责任。实际上知悉内幕信息与内幕交易有天然的联系性,知悉以后的交易行为肯定会有考虑了内幕信息的因素存在,这种考虑实质上就是利用行为,而也

---

① 参见王政勋:《证券期货内幕交易、泄露内幕信息研究》,载《中国刑事法杂志》2003 年第 4 期。
② 参见董丽静、龚卫:《证券内幕交易、泄露内幕信息罪的司法认定》,载赵秉志主编:《新千年刑法热点问题研究与适用》,中国检察出版社 2001 年版,第 864 页。

只有利用了内幕信息的行为才能构成内幕交易罪。因此,可以采用过错推定的形式规定犯罪,如无相反证据证明,则定罪科刑,即只要知情人员在信息未公开之前买入或者卖出证券、期货,即推定有利用内幕信息的故意。我国台湾地区司法实践在利用内幕信息的认定上,采用的就是过错推定原则,并辅以举证责任倒置制度,兼顾了主观说与客观说两种观点。[①] 虽然我国现有的立法没有对本罪作出特别规定,但司法实践中已经有了故意的推定,上海祖龙案的判决书中结合案情对被告人主观故意进行了论证,"被告人对股票投资的风险有相当的认知,其高息筹集资金买卖创兴科技,意图非常明确""一方面积极推进创兴科技的资产注入计划,另一方面积极组织资金用于买卖创兴科技",从而认定"本案证据确实,被告人具有利用内幕信息买卖股票的主观故意"。[②] 因此,鉴于证明上的困难,利用内幕信息进行交易的行为可以采用过错推定的形式认定罪过。当然,允许被告人运用反证予以推翻。

(二)利用了内幕信息但未获利的行为

行为人利用内幕信息从事了相关交易或者建议他人从事了相关交易,或者仅仅泄露了证券、期货交易相关的内幕信息,但最后并未获利,行为是否还构成犯罪就成为一个问题。追究本罪的客体,我们发现本罪保护的是证券、期货市场公平、公正、公开的竞争环境,当然同时也保护了一般合法投资者的利益,但是并未要求行为人一定要从中获得利益。但获得利益的数额可以体现出犯罪情节的严重程度,而内幕交易、泄露内幕信息入罪需要达到情节严重的程度,本罪的追诉标准也多表现为一定的数额标准:(一)证券交易成交额累计在50万元以上的;(二)期货交易占用保证金数额累计在30万元以上的;(三)获利或者避免损失数额累计在15万元以上的;(四)多次进行内幕交易、泄露内幕信息的;(五)其他情节严重的情形。从追诉标准可知,不一定需要获利才予以追诉,只要达到其中任何一款的

[①] 参见薛瑞麟:《金融犯罪再研究》,中国政法大学出版社2007年版,第106页。
[②] 参见彭晶:《内幕交易罪的认定及有关争议问题》,载《中国检察官》2011年第9期。

标准都可以追究其刑事责任。获利数额是反映内幕交易行为社会危害性的重要指标之一,但非全部。因此,利用了内幕信息但未获利的行为仍有可能构成犯罪。

(三) 利用了内幕信息但未从事交易的行为

行为人本来打算进行某项证券或者期货交易行为,但是在得知内幕信息后放弃了交易计划,这种行为显然也是利用内幕信息获取了利益或者减少了损失,是否应当成立本罪就是一个问题。我们认为这种行为不应当认定为本罪,因为本罪的客体是证券、期货市场的正常交易秩序,行为人并未从事任何行为,只是按兵不动,并不会扰乱正常的交易秩序,换句话说这种行为并不具有法益侵害性。况且,如果将这种行为认定为犯罪,因为犯罪主体并未从事任何活动,则变成了不作为犯罪,而作为义务只能是进行交易的义务,这个结论显然难以得到认同,交易本身是市场主体的自由行为,只有特殊身份的人在特殊时期有禁止交易的义务,[①]从未有必须从事交易的义务之说。因此,利用了内幕信息但实际并未从事交易的行为不能认定为犯罪。

(四) 利用可能影响证券市场价格的重大信息的行为

行为人利用可能影响证券市场价格的重大信息,但是实际上并未对证券、期货交易价格产生重大影响的信息,则不构成本罪。《禁止证券欺诈行为暂行办法》对内幕信息定义为"可能影响证券市场价格的重大信息",后《禁止证券欺诈行为暂行办法》被废止,由《证券法》所取代,其第75条规定,证券交易活动中,涉及公司的经营、财务或者对该公司证券的市场价格有重大影响的尚未公开的信息,为内幕信息。而《刑法》的内幕交易罪中对

---

① 例如《证券法》第45条:为股票发行出具审计报告、资产评估报告或者法律意见书等文件的证券服务机构和人员,在该股票承销期内和期满后6个月内,不得买卖该种股票。除前款规定外,为上市公司出具审计报告、资产评估报告或者法律意见书等文件的证券服务机构和人员,自接受上市公司委托之日起至上述文件公开后5日内,不得买卖该种股票。

内幕信息的表述为"对证券、期货交易价格产生重大影响的信息",很明显,两者的内幕信息的范围是不同的,前者更为广泛,"涉及公司的经营、财务"的信息并不一定对证券的市场价格会产生重大影响,那么本罪的内幕信息的范围应选取何者?我们认为应该是后者而非前者,《刑法》本身对内幕交易罪的内幕信息已经有了定义,则理当采用此定义,不要以其他法律的定义加以填补,而且虽然两部都是法律,但是违反两者的后果不尽相同,违反后者才具备刑事违法性,如果将违反《证券法》的一般违法行为上升为犯罪行为,无疑会扩大打击面,不利于市场经济的发展。

(五)情节程度有待认定的行为

本罪对行为构成犯罪的要求是情节达到严重的程度,不符合情节严重的行为不能认定为犯罪。情节严重一般是指利用内幕信息大量买卖某一种证券,引起此种证券价格剧烈波动的;通过利用内幕信息非法获取巨额利益的,可以自己进行交易,也可以是明示、暗示他人从事交易或者因为他人提供泄露内幕信息获利的;多次利用内幕信息进行交易的;给国家和投资者造成重大损失的;给证券市场带来剧烈震荡,造成国内外强烈影响的;因为内幕交易受到行政处罚、民事赔偿后再次进行内幕交易行为的等。① 对于"剧烈""强烈"因为没有可以量化的标准,由法官自由裁量,而对"重大"损失、"巨额"利益,2012年3月29日最高人民法院、最高人民检察院《关于办理内幕交易、泄露内幕信息刑事案件具体应用法律若干问题的解释》第6条对"情节严重"作出了具体规定:(1)证券交易成交额在50万元以上的;(2)期货交易占用保证金数额在30万元以上的;(3)获利或者避免损失数额在15万元以上的;(4)3次以上的;(5)具有其他严重情节的。可见,司法解释对"情节严重"中部分情节予以了量化,为司法裁判提供了明确的依据,有利于明确罪与非罪的界限。若行为无其他情节而数额或者次数并未达到法定标准的则不能入罪,比如在内幕信息敏感期内从事与该内幕信息

---

① 参见马登民、包雯:《内幕交易罪的法学思考》,载《法学》1995年第1期。

有关的证券交易,成交额为 10 万元,又不符合其他四款条件的,则行为不能入罪。总之,有明确规定的就应该严格按照规定,罪与非罪的界限应该严格划分。值得一提的是,该条第 5 款仍保留了概括性条款,且前四款也全然不能涵盖所有"情节严重"的情况,所以其他情况下情节是否严重仍由法官自由裁量。

(六)消极且不违法的手段获取内幕信息的行为人从事的本罪之客观行为

根据法条的规定,本罪的主体为证券、期货交易内幕信息的知情人员或者非法获取证券、期货交易内幕信息的人员,刑法理论上对于获取内幕信息的手段本身是消极的且并不具有违法性的,例如知悉内幕信息的人员主动告知的,行为人无意中听到的,或者行为人拾得他人遗失的内幕信息资料等,此类情况是否属于非法获取内幕信息,颇有争议。笔者认为,通过消极且不违法的手段获取内幕信息的也可能成立本罪。

理由是:其一,非法获取内幕信息的人员不仅是指行为人故意地采取非法的手段获得内幕信息,主要是指一种客观上的不法,即除了法律规定的内幕信息的知情人员以外的任何人只要知悉该内幕信息就属于违法。这是一种客观上的不法,一来这种情况下知悉内幕信息后对其加以利用或者泄露都会侵犯本罪的客体,二来要证明行为人是否故意地非法,在证明上存在很大的困难,故意地偷听与偶尔地听到在实践中根本无法区分,司法机关难以取得相应的证据区分两者的界限。① 其二,我国刑法中习惯使用"非法"这样的字样,但是"非法"的含义需要具体界定,我们认为这里的"非法"不仅是指违反法律的某项具体规定,而且还包括没有合法依据,其本质内涵是"不应该获得而获得",其中不该获得是指行为人与内幕信息之间并无职务或业务上的信赖关系,也即行为人属于被相关法律法规禁止接触或者获取证券、期货交易内幕信息的人员。由此可见,这里的"不该获得而获

---

① 参见王政勋:《证券、期货内幕交易、泄露内幕信息罪问题研究》,载《中国刑事法杂志》2003年第 4 期。

得"本身就是对特定范围内内幕信息知情权的违背。①

（七）被建议者没有实施相关交易情况下行为人的行为定性

行为人通过明示、暗示的方式建议他人从事相关证券、期货交易的，但被建议者实际并未执行该交易，是否阻却犯罪是一个问题。我们认为被建议者没有实际从事相关证券、期货交易的，建议者不能因为明示、暗示行为被认定为内幕交易罪。因为行为缺乏交易性，并未对正常的证券、期货交易秩序造成损害，即不具有法益侵害性，更无法达到本罪情节严重的要求，所以行为不构成内幕交易罪。但这并不意味着行为不构成犯罪，如果行为人明示他人从事相关交易的并且告知了被建议者内幕信息内容的，则即使被建议者没有实际执行相关交易，行为人因为实施了泄露内幕信息的行为，应当构成泄露内幕信息罪。如果是纯粹的暗示行为，没有泄露内幕信息的具体内容，被建议者也没有接受这种暗示从事进一步的行为，则也不构成泄露内幕信息罪。可见，被建议者没有实施相关交易情况下行为人的行为虽然不构成内幕交易罪，但仍有可能构成泄露内幕信息罪，两罪规定在一个法条当中，其法定刑是一致的。

（八）其他明确排除犯罪的行为

最高人民法院、最高人民检察院《关于办理内幕交易、泄露内幕信息刑事案件具体应用法律若干问题的解释》第 4 条规定，具有下列情形之一的，不属于《刑法》第 180 条第 1 款规定的从事与内幕信息有关的证券、期货交易：(1) 持有或者通过协议、其他安排与他人共同持有上市公司 5％以上股份的自然人、法人或者其他组织收购该上市公司股份的；(2) 按照事先订立的书面合同、指令、计划从事相关证券、期货交易的；(3) 依据已被他人披露的信息而交易的；(4) 交易具有其他正当理由或者正当信息来源的。这些行为都具有交易的正当依据，符合法律的规定，不属于利用内幕信息进行

---

① 参见刘宪权、谢杰：《证券期货犯罪刑法理论与实务》，上海人民出版社 2012 年版。

交易的情况，因而阻却成立本罪。

二、本罪基本行为与相关个罪行为的界限认定

（一）与侵犯商业秘密罪的界限

侵犯商业秘密罪是指以盗窃、利诱、胁迫、披露、擅自使用等不正当手段，侵犯商业秘密，给商业秘密的权利人造成重大损失的行为。商业秘密是指不为公众所知悉，能为权利人带来经济利益，具有实用性并经权利人采取保密措施的技术信息和经营信息。内幕信息是指对涉及证券的发行，证券、期货的交易或者其他对证券、期货价格有重大影响的信息，有可能作为经营信息落入商业秘密的范畴。两者在行为方式上的重合点在于泄密，即内幕交易、泄露内幕信息罪中的泄露行为与侵犯商业秘密中的披露行为存在竞合，当行为同时符合两罪的要求时，按照想象竞合犯从一重论处。但其他方式还是存在区别的，内幕交易、泄露内幕信息罪的主要方式还是利用内幕消息进行交易，泄露内幕消息或者明示、暗示他人从事相关的交易，而侵犯商业秘密罪主要是以不正当手段获取、披露、使用或者允许他人使用以不正当手段获取的商业秘密，违反保密协议以及明知或者应知前述行为仍然获取、使用或者披露他人商业秘密的。可见，除了泄露或者披露，前者的关键在于交易，后者的关键在于使用，因为前罪是对交易秩序的保护，直接保护对象是社会公众的利益，后者是对商业秘密的保护，直接保护对象是权利人①的利益，但最终都是为了保护社会主义市场经济秩序。

（二）与故意泄露国家秘密罪的界限

故意泄露国家秘密罪是指行为人违反保守国家秘密法的规定，故意泄露国家秘密，情节严重的行为。行为主体以国家机关工作人员为原则，也不排除非国家机关工作人员，后者犯此罪的酌情处罚。两者的区别很明

---

① 权利人是指商业秘密的所有人和经商业秘密所有人许可的商业秘密使用人。

显,故意泄露国家秘密罪的对象仅限于国家秘密,国家秘密的范围包括国防、外交、立法、司法、财政、经济、科技等方面不应公开的事项,也包括一切未经决定或虽经决定而尚未公开的国务事项,以及一切有关国家秘密的文件、电报等,其意在保护国家秘密保护制度,而内幕交易、泄露内幕信息罪的对象是内幕信息,不一定属于国家秘密,其意在保护证券、期货市场交易秩序。故意泄露国家秘密与内幕交易有很大区别,但易与泄露内幕信息罪混淆,因为内幕信息可能会属于国家秘密,在行为人故意泄露的情况下就可能一行为同时符合两罪,这时就按照想象竞合犯从一重原则处罚。

(三) 与编造并传播证券、期货交易虚假信息罪的界限

编造并传播证券交易虚假信息罪是指编造并传播虚假的但能够影响证券交易的信息,扰乱证券、期货交易市场并且对其造成严重后果的行为。两罪同是利用信息扰乱市场的犯罪。区别在于:其一,对象不同。泄露内幕信息罪中的内幕信息具有重要性、真实性和秘密性三个特点,重要性是指对证券、期货的价格具有重大影响,真实性是指内幕信息必须是真实可靠的,秘密性是指该信息未向社会公众公布;而编造并传播证券交易虚假信息罪的对象是虚假信息,虚假性是其显著特征。其二,犯罪客观行为不同。前者主要表现为利用内幕信息进行交易或者泄露内幕信息的行为,后者则是编造并传播虚假信息的行为,编造和传播需要同时具备,只居其一的不符合该罪的行为要求;且前者的交易或者泄露行为是秘密的、不公开的,而后者的行为是公开的。其三,追诉标准不同。前者的追诉标准为:(1)证券交易成交额累计在 50 万元以上的;(2)期货交易占用保证金数额累计在 30 万元以上的;(3)获利或者避免损失数额累计在 15 万元以上的;(4)多次进行内幕交易、泄露内幕信息的;(5)其他情节严重的情形。后者的追诉标准为:(1)获利或者避免损失数额累计在 5 万元以上的;(2)造成投资者直接经济损失数额在 5 万元以上的;(3)致使交易价格和交易量异常波动的;(4)虽未达到上述数额标准,但多次编造并且传播影响证券、期货交易的虚假信息的;(5)其他造成严重后果的情形。很明显,后者的追诉

标准相对较低,可见,刑法对虚假信息的打击力度还是更为严厉的。因为信息真实与虚假只能兼其一,所以一行为也不可能同时符合这两罪。如果行为人既有编造并传播虚假的但能够影响证券交易的信息,又有利用内幕信息从事或者建议他人从事相关交易、泄露内幕信息的行为,并达到犯罪标准的,则同时构成内幕交易、泄露内幕信息罪与编造并传播证券、期货交易虚假信息罪,依法数罪并罚。

(四) 与诱骗投资者买卖证券、期货合约罪的界限

诱骗投资者买卖证券、期货合约罪是指证券交易所、期货交易所、证券公司、期货经纪公司的从业人员,证券业协会、期货业协会或者证券期货监督管理部门的工作人员,故意提供虚假信息或者伪造、变造、销毁交易记录,诱骗投资者买卖证券、期货合约,造成严重后果的行为。该罪与内幕交易、泄露内幕信息罪都是利用信息破坏证券、期货市场交易秩序的犯罪,但又有区别:其一,对象不同。如上所述,内幕交易、泄露内幕信息罪的对象是真实的内幕信息,而诱骗投资者买卖证券、期货合约罪的对象是虚假信息。其二,两者的行为方式不同。两者的目的其实都是为了获利或者减少损失,一言以蔽之,就是为了自身的经济利益。而实现形式不尽相同,前者是利用内幕消息自己从事或者建议他人从事交易活动,或者泄露内幕信息给他人,后者则需要诱骗投资者进行证券、期货交易。但是从本质上都是欺诈,前者是对不知内情的社会大众的一种欺诈,是知而不宣隐瞒真实情况的欺诈,后者则是赤裸裸地虚构事实的欺诈。有学者认为内幕交易、泄露内幕信息罪是情节犯,而诱骗投资者买卖证券、期货合约罪是目的犯。[①]我们认为不妥,一来两者的追诉标准都是造成的结果(属于广义的情节)达到一定严重程度,可以说都是情节犯,二来后者的诱骗只是一种行为方式,两者最终的目的都是为了利益,所以这两点其实是两者的相似之处。如果行为人既有故意提供虚假信息或者伪造、变造、销毁交易记录,诱骗投资者

---

① 参见岳平:《内幕交易、泄露内幕信息罪之认定与处罚》,载《上海大学学报(社会科学版)》2004年第3期。

买卖证券、期货合约的行为,又有内幕交易或者泄露内幕信息的行为的,应当数罪并罚。

(五)与操纵证券、期货市场罪的界限

操纵证券、期货市场罪是指操纵证券交易价格,获取不正当利益或者转嫁风险,情节严重的行为。内幕交易、泄露内幕信息罪与该罪的共同之处在于都是情节犯,行为都需要达到情节严重的程度才能构成犯罪。混淆处在于行为的后果都将影响证券市场秩序,造成价格波动。但是两者的行为方式不同,前者主要是在内幕消息尚未公开之前,买入或者卖出该证券,或者从事与该内幕信息有关的期货交易,或者泄露该信息,或者明示、暗示他人从事上述交易活动,从而获利或者减少损失,其关键点在于利用知悉内幕信息这一信息优势;而后者则是使用法律禁止的方法操纵证券、期货交易价格,转移风险进而谋利。具体表现为:(1)单独或者合谋,集中资金优势、持股或者持仓优势或者利用信息优势联合或者连续买卖,操纵证券、期货交易价格或者证券、期货交易量的;(2)与他人串通,以事先约定的时间、价格和方式相互进行证券、期货交易,影响证券、期货交易价格或者证券、期货交易量的;(3)在自己实际控制的账户之间进行证券交易,或者以自己为交易对象,自买自卖期货合约,影响证券、期货交易价格或者证券、期货交易量的;(4)以其他方法操纵证券、期货市场的。其关键点在于利用资金、持股等优势来操纵证券、期货价格或者交易量,但是最终侵害的客体相同,所以共同规定在《刑法》第三章"破坏社会主义市场经济秩序罪"中。如果行为人利用内幕信息进行操纵证券交易价格的行为的,一行为触犯数罪,属于牵连犯,按照从一重罪处断。

(六)一罪与数罪的界限

上述罪名因为具有不同程度的相似性,所以行为可能同时触犯其中两个以上罪名,行为人也有可能同时实施其中两个行为,如果只有一个行为但触犯了两个以上罪名的,按照牵连犯从一重处断,如果有两个以上行为且分别触犯不同罪名的,则按照数罪并罚的原理处理。此外,实践中有两种较为常见的关于内幕交易、泄露内幕信息罪的数罪情况:其一,不知内幕信息的人员为非法获取内幕信息而向知悉内幕信息的人员行贿的,根据知悉内幕信息的人员的身份不同,可能构成对非国家工作人员行贿罪或者行贿罪。非法获取内幕信息后,若该行为人又利用该内幕信息进行相关交易或者再次泄密的,则又构成内幕交易、泄露内幕信息罪。行为人实施了两个行为,虽然前行为是后行为实现的前提,但是两者并不具有紧密的牵连关系,因此不认为是牵连犯,而应数罪并罚。其二,如果知悉内幕信息的人员向不知情的人员提供内幕信息的或者建议他人从事相关交易的同时又索贿或者收受贿赂的,则同时构成受贿罪或非国家工作人员受贿罪与内幕交易、泄露内幕信息罪,理应数罪并罚。

第五章　内幕交易行为主体研究

内幕交易主体的认定是判断行为人是否构成内幕交易罪的关键问题。我国《刑法》第180条规定："证券、期货交易的内幕信息知情人员或者非法获取证券、期货交易内幕信息的人员"是本罪的主体。目前,刑法理论和司法实务对于内幕信息知情人员的认定,主要是依据证券法及其他相关规定;对于非法获取内幕信息的人员,则未明确列举。

主体规定的不明确,主体确立原则的不统一,导致了司法实践中对于内幕交易主体认定的混乱。而理论与实务的脱节,致使本罪刑事处罚范围不断扩大,甚至实务中对法条规定一再突破。更加严重的问题是,突破规定之后,竟然能够自圆其说。那么,对于某些规定的随意解释就成了罪刑法定原则下的"立法原意"。本罪主体究竟是特殊主体还是一般主体,不仅仅是个罪构成要件的认定问题,它关系到刑法介入具体经济犯罪的边界和限度,更体现出立法者对于此类行为的价值评价以及对其惩处的严厉程度。因此,有必要关注主体规定中存在的问题,梳理主体认定理论的产生背景及发展历程,归纳总结适合我国刑事理论及司法实务的认定原则,建立统一的认定标准。因此,对于内幕交易主体在立法上的明确势在必行,对于内幕交易主体在理论上的研究应当得到应有的关注。

内幕交易罪的主体问题,是刑法理论和实务争议较大的问题之一。这不仅涉及本罪构成要件成立与否,也与本罪定罪范围大小息息相关。更是体现出立法者对于此类行为的价值评价与严厉程度。以往关注的焦点在于:第一,美国等其他国家关于内幕交易主体的相关规定;第二,在我国刑法体系中,本罪主体究竟是特殊主体还是一般主体;第三,内幕人员的范围应当如何界定。应当说,这些问题都是本罪研究中的基础和主要内容,但近来学者们更加关注诸多具体规定背后的理论梳理与研讨。我国的相关规定体现了何种理论的价值追求?应当如何具体适用?证券法与刑法的规定(包括司法解释)之间的理论关系如何厘清?应当采纳何种观点?

第一节 内幕交易主体理论梳理

内幕交易基本理论是构建市场监管法律制度的理论基础,世界范围内主要以美国采取的信义关系理论和欧盟国家采用的市场基础理论为主导。信义义务理论着眼于微观经济层面,认为证券法律规制的是违反忠实义务和信托责任的行为,因此内幕人员是指对公司负有忠诚义务的相关人员;而市场理论则立足于宏观市场监管,要求法律制度保障市场公平性、保护投资者信心,唯有尽可能地扩大内幕交易法律规制的范围才能对市场进行全面保障。正是二者着眼点不同,造成保护对象的范围差异。表现在法条具体规定中,信用义务理论的主体要求行为人与内幕信息有职务或业务等人身联系;而市场基础理论则主张所有信息占有的主体都可以成为本罪主体。

一、美国信义关系理论——信义义务为基础的身份论

美国并未在法条中对"insider"的范围作出明确规定,而在司法适用中通过判例不断扩展主体外延,发展信义关系理论。一般认为,主体包括传统内部人员(traditional insider)、准内部人员(quasi-insider)、泄露信息者(tipper)、信息受领者(tippee)、盗用信息者(misappropriator),等等。

传统内部人员又被称为"公司内部人员"(corporate insider),具体包括如下五类:(1)公司的董事、监事、高管人员及其合伙人、经纪人;(2)公司的控制人(controlling person)及其合伙人、经纪人,公司的控制人是指控制一定比例的股份的股东或实际控制公司董事会的人员;(3)公司雇员;(4)内部人员的配偶、直系血亲及家族信托人;(5)发行公司。

准内部人员也被称为"推定内部人员"(constructive insider),是以证券交易中的其他信赖关系——基于与证券的业务或交易关系为基础的,主要包括上市公司会计师、律师、担保人、公司顾问、开户银行财务人员、金融界印刷工人和其他为公司服务的人员等。这些人基于自己的业务关系或交易关系获知公司的内幕信息,与公司产生了一种特殊的信用关系。与传统的内部人一样,他们也因这种信用关系而对公司及股票持有人负有信义责任。

泄露信息者(tipper)与信息受领者(tippee)是相对的主体。泄露信息者是指知悉内幕信息的人有选择地披露内幕信息,以进行证券交易或为了其他个人目的的人。信息受领者是指从因与公司有诚信义务而获得内幕信息者(泄露信息者)处获取非公开信息的人。盗用信息者则是指那些与公司之间不存在诚信关系也不存在信赖关系的人员,可能会利用非法手段获知内幕信息。具体情形如下图所示:

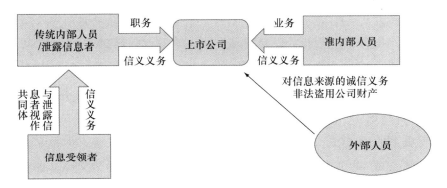

由上图可以看出,信义理论以上市公司为核心,以各主体与上市公司之间的信义义务为基础,依身份关系这一纽带,将因职务、业务关系合法获取内幕信息的主体、从前述主体获取信息的主体,以及采取不正当手段获取内幕信息而损害上市公司利益的主体一网打尽。当然,为了应对司法实务不断出现的问题,信义义务的内容和范围不断扩张。

(一)平等获取理论——信义关系理论确立之前的主体适用理论：任何拥有内幕信息的人都可能构成本罪

平等获取理论又被称为"信息理论"和"占有理论"，该理论注重强调证券市场交易双方在信息获取机会上的平等。"任何人使用非一般途径可得到的、重大的信息即是欺诈行为，因为这样的信息给某些买方或出售人提供了一种对于那些较少信息的买方或出售人来说是不公正的优势。"

这一理论最早起源于美国20世纪60年代关于内幕交易的证券交易委员会诉卡迪罗伯特公司（In Re Cady Robert&Co.）[①]一案。在该案中，SEC主张："（知情人的）义务基于两个主要因素：首先，存在某种关系，使其可以直接或间接地获取信息，而该信息应该仅能为了公司的目的而使用，不能用于任何个人的利益；其次，存在实质的不公平，因其明知与其进行交易的对方无法得知该信息而利用该信息获取利益。"此处的"义务"是指"或披露（信息）或放弃（交易）"（disclose or abstain）的义务。这就是获取或不公平理论的渊源。依据这一理论，只要某人基于某种关系，通过直接或者间接的途径获取了只能为了公司的目的使用的某种信息，同时他又明知其潜在的交易相对方无法得知该信息，他就产生了"或披露（信息）或放弃（交易）"的义务，也就是说，他成为知情人。如果他利用该信息进行证券的交易，那就存在实质上的不公平，此知情人也就违反了其所负的义务，也就应承担责任。因此，SEC主张内幕交易主体不应仅限于发行公司内部人，而是应当

[①] 该案的基本事实如下：Cowdin为上市公司Curtiss-Wright的董事，同时也是证券公司Cady. Roberts的合伙人，其在Curtiss-Wright公司的董事会上获悉该公司将减少第四季度的股利数额，在该消息未公开前即告知Cady. Roberts的另一合伙人Gintel。Gintel随后为Cady. Roberts的客户售出了Curtiss-Wright的股票。SEC认定Gintel未公开披露内幕信息而交易的行为违反了10b-5规则，由于其是Cady. Roberts的合伙人，其在代表Cady. Roberts执行业务过程中的行为视为合伙行为，因此Cady. Roberts亦违反了10b-5规则。对此，Cady. Roberts提出抗辩，认为10b-5规则只禁止发行公司内部人实施内幕交易行为，而其本身并不是内部人，故此不受该规则的规制。SEC则认为，反欺诈一般条款所采用的术语为"任何人"，并在传统上对董事、高级职员和控制股东等公司内部人课以特别的义务。但是，承担"披露或戒绝交易"义务的并非仅仅限于这三类人，任何人只要满足关键要素，即应受到禁止内幕交易法律的规制。

包括任何知悉内幕信息并可能导致不公平交易之人。

该项归责理论在第二巡回上诉法院审理 Texas Gulf Sulphur Co. 案[①]中得到进一步承认和确立。在判决理由中,法院明确指出:10b-5 规则在政策上植根于对证券市场的正确期待(justifiable expectation)之上,亦即所有在集中市场进行交易的投资者均能拥有平等获取(equal access)重大信息的机会。因此,任何人直接或间接获得公司重大未公开信息,且该信息仅为公司目的使用,都必须在进行证券交易之前将该信息对公众投资者披露,如果为保守公司秘密而不能披露,则其必须戒绝交易。此即内幕交易规制的平等获取信息理论。据此理论,不仅发行公司内部人,任何拥有内幕信息之人都有可能成为禁止内幕交易法律规制的主体。

平等接触理论的优势在于适用范围极广,能够最大限度地保证市场投资者获得同样的信息或者能够在平等接触到信息的前提下进行交易,体现了公开、公平和公正的原则,能够维护投资者的信心。这一理论的价值还在于提出了根据 10b-5 规则——反欺诈条款,制裁内幕交易时必须从理论上解决的一个问题,即内幕交易人(或者说从事了内幕交易的知情人)为何负有"或披露(信息)或放弃(交易)"的义务?该义务产生于何处?解决了这一问题,那么知情人隐瞒内幕信息进行证券交易就是违反了自己的披露或说明的义务,构成了对交易对方的欺诈,也就可以进行制裁了。也就是说,义务源于何处这一问题解决了,内幕交易人之所以承担责任的法理上的原因也就找到了。在这里,最终的结论是,负有义务的人就是知情人。

[①] 该案的基本事实为:Texas Gulf Sulphur Co. 公司(简称 TSC)为纽约证券交易所的上市公司,于 1963 年 10 月至 11 月间在加拿大东部地区发现了丰富的锌、铜、银等矿藏,该公司随后秘密地增购附近土地,并自 1964 年 3 月起扩大勘探范围,进而继续发现更为丰富的矿藏。TSC 总经理要求下属对此事保密,而《纽约时报》(New York Times)和《纽约先锋论坛》(New York Herald Tribunal)等媒体则于 1964 年 4 月 11 日刊登了 TSC 可能已经勘探发现丰富矿藏的消息;次日下午,TSC 副总经理 Fogarty 依总经理的指示召开新闻发布会,表示上述媒体报道夸大不实。4 月 13 日,媒体对此事普遍加以报道;TSC 遂于 4 月 16 日正式公布勘探结果,证实发现丰富矿藏。从 1963 年 11 月 12 日起至 1964 年 4 月 16 日 TSC 公布消息前,包括副总经理 Fogarty、高级职员、负责勘探工作的工程师、律师在内的多名公司内部人,以及从上述内部人处获得信息之人,私下以低价买进 TSC 的股票,并于消息公开后股价上涨时以高价售出。(401 F2d 833, 849.2d Cir. 1968)。

但该理论的优势同样是其最大的缺陷，一味强调信息获得和机会的平等，而对合法取得信息优势和内幕人滥用信息优势之间的本质区别在所不问。通过对公开信息的分析和推测而获得的信息同样可以形成信息上的不对等。在这种情况下，交易方并不需要承担披露或戒绝交易的义务，因此义务承担应当以特定的职责为前提，"披露义务是因为当事人之间的关系而产生的，而不是因为某人凭其在市场中的地位而具有的获得信息的能力而产生的"。

由上可见，平等接触理论表明，在证券市场中交易双方在信息获取机会上应当是平等的，而内幕人员所实施的内幕交易行为则严重破坏了这种平等、公正的市场秩序，故而应当被追究相应的责任，当情节较为严重时则应当追究其刑事责任。

（二）传统信义关系理论——基于职务、业务行为产生的信义关系

传统信义关系理论由 1980 年的 Chiarella v. United States 案[①]最初确立，并经 1983 年的 Dirks v. SEC 案[②]予以补充。该理论认为，信义关系的存

---

① 该案的基本事实：Chiarella 为一家财务印刷公司的雇员，在其负责印制的文件中，有五份为公开收购投标的声明。尽管收购公司已在送交给印刷公司的文件当中采用空格或者匿名的方式隐藏了目标公司的名称，但 Chiarella 还是通过文件中的其他信息推断出了目标公司的身份，继而买入该公司股票，并于收购要约公开后立即卖出而获利。

② 该案的基本事实为：Dirks 是一位著名的投资分析师，向机构投资者提供保险公司证券的投资分析。1973 年的一天，Equity Funding of America 公司（简称 EFA）的前高级职员 Secrist 向 Dirks 透露了"EFA 存在欺诈经营并且资产被严重高估"的信息，希望 Dirks 能够帮助调查事实并将结果公之于众。Dirks 遂着手调查此事，EFA 的一些雇员证实了对欺诈的指控。在调查过程中，Dirks 曾公开与一些客户和投资者讨论过所获得的信息，导致包括五家投资顾问公司在内的一些客户大量出售 EFA 的股票。在 Dirks 进行调查和传播 EFA 存在欺诈事实的两周内，后者的股票因价格暴跌而被暂停交易，随后，加州保险管理机构查封了 EFA 的文件并找到了欺诈的证据。

此后，SEC 开始调查 Dirks 在揭露欺诈事件中的作用，并认定其多次向机构投资者透露欺诈事件使后者卖出股票，构成教唆违反 10b-5 规则关于禁止内幕交易的规定。在裁决理由中，SEC 指出：在任何时间一个人从公司内部人处接收了内幕信息，他就处于内部人的地位（stands in the shoes of the insiders），进而承继（assumes）了内部人不得为自己利益而不当使用该信息的信义义务。因此，在 SEC 看来，任何人无论其动机或职业，只要拥有了"其知道是保密的以及知道或应当知道是来自于公司内部人的"重大信息，就必须披露该信息或者戒绝交易。上述理由在随后得到哥伦比亚地区巡回上诉法院的支持。但联邦最高法院却推翻了上述判决。

在是内部人(insider)负有披露信息义务的前提;违反披露义务(且出于个人私利)而买卖证券,才构成内幕交易。也就是说,披露义务产生于信义关系的存在,而非单纯地掌握内幕信息。所谓信义关系(fiduciary relationship),是英美普通法中的重要概念,它存在于一方当事人拥有处理另一方当事人重要财产、资源的权限,且为后者的最大利益代表其处理相关事务之时。

1. 传统信义义务——传统内部人员(基于职务产生的身份联系)

美国《1934年证券交易法》第10(b)条[①]规定,以及SEC根据该条授权于1942年所制定的10b-5规则[②]均属于反欺诈(anti-fraud)一般条款,并未提及内幕交易。为将内幕交易与证券欺诈相连接,法院引入了普通法上的欺诈概念,即当董事、高级职员及控制股东等发行公司"内部人"(insiders)基于职务关系而知悉公司的重大未公开信息,并且与其进行证券交易的公司股东尚未知悉该信息的情况下,内部人即负有披露该信息的积极义务(affirmative duty),只有在证券市场中公开披露该信息之后才能进行交易。如果内部人选择不予披露,则必须戒绝参与任何与该信息有关的证券交易,否则即可构成对交易相对人的欺诈,进而违反《1934年证券交易法》第10(b)条及10b-5规则。此即"披露或戒绝交易"原则(disclose or abstain from trading)。

但是,单纯拥有未公开的重大信息并不能产生"披露或戒绝交易"的义务。此种义务产生的前提是交易双方之间存在信义关系,只有违反信义关系所生的披露义务而依据内幕信息进行证券交易的行为才构成内幕交易。概言之,无信义关系则无内幕交易。

---

① 该条规定:"任何直接或间接利用州际商业手段或工具、邮件、全国性证券交易所设备之人,于买卖上市或非上市证券或其相关活动时,不得有违反联邦证券交易委员会为维护公共利益或保护投资者利益之必要,所明文禁止的操纵或欺诈之行为。"

② 该条规定:"任何人直接或间接利用邮寄或者州际交往手段或工具,或者全国性证券交易所的任何工具或其他方法,所进行的下列活动均为非法:(a)使用任何方法、计划或技巧进行欺诈,(b)对重要事实作不实陈述,或省略某些重要事实之陈述,以致在当时实际情形下对他人产生误导,或者(c)从事任何构成或者可能构成对于任何人欺诈或者欺骗的,与任何证券的购买或者出售有关的任何行动、活动或交易程序。"

美国联邦最高法院在 Chiarella v. United States 一案①中的意见能够清楚地解释信义关系理论。以 Powell 大法官为代表的多数意见指出：在普通法上，为了诱使他人信赖其虚假陈述的不实陈述行为属于欺诈。但是未能在交易之前披露重大信息之人构成欺诈，只能在其负有肯定性的披露义务之时方能成立。并且此种披露义务产生于，一方当事人拥有"对方基于他们之间的信义或者其他类似的信任和信赖关系而有权知悉"（fiduciary or other similar relation of trust and confidence）的信息之时。例如，股东信任和信赖公司经营者从而产生 10b-5 规则下禁止内幕交易的基础。施加此种交易前披露义务的目的，是保证有责任将股东福祉置于其个人利益之上的公司内部人不通过欺诈性利用重大未公开信息而牟取私利。因此，"披露或戒绝交易"义务产生的前提是，交易双方之间事先存在着信义关系。而在本案中，作为买入目标公司股票者的 Chiarella 与卖出目标公司股票者之间的关系并不能产生任何披露义务，因为二者之间并无任何事先已存在的往来关系；Chiarella 并非后者的代理人，也非受任人，更不是其授予信任和信赖之人。实际上，他只是通过匿名交易市场与卖方进行交易的素不相识的陌生人而已。因此，联邦最高法院认定，Chiarella 并不负有披露内幕信息的义务，进而其借由未公开信息而进行证券交易的行为并未违反《1934 年证券交易法》第 10(b) 条及 10b-5 规则。

2. 信义义务的扩展——拟制内部人（基于业务、交易关系产生的身份关系）

Chiarella v. United States 案所确立的传统信义关系理论，将内幕交易主

---

① 初审法院以违反《1934 年证券交易法》第 10(b) 条及 10b-5 规则为由对 Chiarella 作出有罪判决。第二巡回法院亦维持了该判决，并依据其主张的平等获取信息理论作出说明："任何人——无论是否为公司内部人——只要经常有机会接触未公开的重大信息，即应遵守'披露或戒绝交易'原则，不得在未履行肯定性披露义务的情况下依据该信息进行证券交易。被告虽非发行公司之内部人，但其基于排版印刷的有利地位，经常有机会从受托印制的文件中获取内幕信息，其未履行披露义务而利用该信息买卖证券，无疑违反了《1934 年证券交易法》第 10(b) 条及 10b-5 规则的规定。"但在该案终审时，联邦最高法院却撤销了上述判决。即认定违反 10b-5 规则的基础是欺诈，如果当事人没有信息公开的义务，就不构成欺诈。在此案中，Chiarella 与目标公司的股东之间没有任何关系，没有信息公开的义务，因此并未违反 10b-5 规则。

体限定于与发行公司之间具有信义关系的董事、高级职员及控制股东等传统公司内部人。在实践中,上市公司出于经营运作的需要,通常会向律师、会计师、承销商、专利代理人等外部人透露一些内幕信息。由于这些主体是通过合法途径获得内幕信息,但与公司本身并无传统信义关系,如果其借由这些信息进行证券交易或者将其传递给他人,则很难适用传统信义义务理论追究其责任。为解决这一难题,联邦最高法院在 Dirks v. SEC 案判决书的"注释 14"中,提出了"拟制内部人"(constructive insider)或者"临时内部人"(temporary insider)的理论。

拟制内部人理论实际上是将内部人的禁止内幕交易义务,从受信人(董事、高级职员或控制股东)扩展到传统法律并不视为受信人但却在业务基础上达成保密关系的外部人身上。至于究竟外部人与公司之间的何种关系才构成特殊的保密关系,则应当结合具体的案件事实,以是否存在信任和信赖基础作为基本标准进行判断。在实践中,已被法院认定为属于拟制内部人的有:会计师、律师、投资银行、专利代理人、财务顾问、贷款银行、公共关系顾问(public relations advisor),甚至包括被允许对公司设施进行特别接触的外部电工。

也就是说,承认该种信义义务的基础并不仅仅由于这些人获得了内幕信息,而是因为其在开展公司业务的过程中,已经形成了一种特殊的保密关系(a special confidential relationship),进而能够接触到仅为公司利益的信息。应当注意的是,成立此种信义关系,公司必须期待外部人对该披露的内幕信息保密,并且该种关系至少应当隐含此种义务。

(三)信息泄露理论——信义义务的派生(信息受领者与信息传递者形成共同体)

如果传统内部人在获得内幕信息之后,并未直接进行证券交易,而是将该信息泄露给公司的外部人,由后者利用其进行相关证券交易,由于在这种内幕信息传递行为(tipping inside information)中,信息受领者(tippee)与发行公司之间并不存在信义关系,而是从泄露信息者(tipper)处获得的信息,故此无法依据传统信义关系理论追究其责任。针对这一问题,美国联邦最高法院在 1983 年的 Dirks v. SEC 案中进行了弥补。

在裁决理由中,SEC 指出:在任何时间一个人从公司内部人处接收了内幕信息,他就处于内部人的地位(stands in the shoes of the insiders),进而承继(assume)了内部人不得为自己利益而不当使用该信息的信义义务。因此,在 SEC 看来,任何人无论其动机或职业,只要拥有了"其知道是保密的以及知道或应当知道是来自于公司内部人的"重大信息,就必须披露该信息或者戒绝交易。上述理由在随后得到哥伦比亚地区巡回上诉法院的支持。

但联邦最高法院却推翻了上述判决。判决书首先重申信义原则是认定"披露或戒绝交易"的责任的唯一基础,亦即披露的义务来源于当事人之间的关系,而非仅因某人基于其市场地位而获得信息的能力。在最高法院看来,SEC 所提出的"信义义务能够仅仅因为知悉接受内幕信息而承继"的观点与已被否定的平等获取信息理论并无二致。随后,最高法院肯定了禁止内幕信息传递行为的必要性:"内部人的信义关系不仅禁止其自身利用内幕信息谋取私利,而且也不得出于同样的牟取个人利益的不当目的而将该信息泄露给外部人利用。"信息受领人的披露信息或者戒绝交易的义务派生于(derivative from)内部人的义务,即产生于其在内部人违反信义义务后所扮演的参与者角色(role as a participant)。

随后,最高法院明确了信息受领人受到禁止内幕交易法律规制的条件:"受领人承继对于发行公司股东的信义义务,不是因为其接收到内幕信息,而在于获得信息的方式不正当。概言之,只有在内部人违反对股东的信义义务而将内幕信息泄露给受领人,并且受领人知道或者应当知道内部人违反义务时,受领人才对发行公司股东负有不得利用内幕信息进行交易的信义义务。"据此,认定受领人是否构成内幕交易主体的首要前提是,内部人泄露内幕信息的行为是否违反了对股东的信义义务。

对此,最高法院认为,并非所有披露内幕信息的行为均违反对股东的信义义务,只有不当披露(improper disclosure)才构成对信义义务的违反。这就需要结合传递人披露内幕信息的动机来认定。针对这一问题,最高法院提出了一项判断标准,即内部人是否直接或间接地从信息泄露中获得个人利益。无个人利益则无对股东义务的违法;无内部人违反义务则无派生违反义务。那么,确定是否从中谋取私利是认定内部人是否违反受托义务的重要依据,这种私利包括"金钱收益;转化为未来收益的名誉好处;获得互惠信息的期望;告诉朋友或亲戚机密信息后的良好心理感受"。①

由上可见,信息泄露理论表明,即便行为人并非应承担"披露或戒绝交易的义务"的公司内幕人员,但作为信息受领者在信息泄露者违反受托义务并且受密者知道或者应当知道泄密者违反受托义务的情况下,信息受领者就负有不利用内幕信息进行交易的义务,否则即应承担相应的责任。因此,信息泄露理论以传统信义义务理论为基础,通过派生信义义务路径在一定程度上解释了公司内幕人以外的市场外部人实施内幕交易行为为何要承担刑事责任的问题。

(四)盗用理论——信息来源信义义务的适用

盗用理论(misappropriation theory)最早起源于 Stevens 大法官在 1980 年 Chiarella v. United States 案判决中所表达的赞同意见,他指出"Chiarella 违反了其对雇主及其雇主的客户的保密义务是否能够导致 10b-5 规则下的刑事责任的产生,值得探讨"。在 Stevens 大法官看来,Chiarella 购买目标公司的股票的行为,无疑构成了将关于未公开的收购要约信息托付给印刷公司的收购公司的欺诈,亦即,其为了证券交易目的而私自利用了属于其雇主的内幕信息,因而违反了对作为信息来源的雇主的信义义务,应当承担内幕交易责任。此种规制内幕交易的理论被称为私用理论。此后对于私用理论,各巡回法院存在诸多争议,直到 1997 年联邦最高法院作出 United State v. O'Hagan 案的判决方才平息。

在该案中,被告 O'Hagan 系一家律师事务所的合伙人,Grand Met 公司

---

① 转引自万玲:《美国内幕交易归责理论研究》,载《政法论坛》2004 年第 3 期。

委托该律师事务所担任公开收购 Phillsbury 公司项目的法律顾问，律师事务所和 Grand Met 公司都对该收购要约计划采取了保密措施。被告虽未参与该项目，但却获知此信息，开始陆续买入 Phillsbury 公司的股票及买入期权（call option），并于 Grand Met 公司公布其收购要约后卖出其所持有的股票及期权，获利达 430 万美元。联邦地方法院判决 O'Hagan 违反 10b-5 规则并处以 41 个月的监禁。在二审中，第八巡回法院却以盗用内幕信息并不违反 10b-5 规则为由，撤销了上述判决。但联邦最高法院则不同意第八巡回法院的决定，以盗用理论为依据判决被告构成内幕交易罪。[①]

由 Ginsburg 大法官代表多数意见所起草的判决书首先阐明盗用理论的内涵，即"盗用理论认为，任何人违背对信息来源所承担的义务，为了证券交易的目的而私自利用保密信息，均违反了第 10(b) 条和 10b-5 规则的规定，构成与证券买卖有关的欺诈。根据该理论，受信人违反其所承担的忠实和保密义务（a duty of loyalty and confidentiality），未经披露，私自使用（self-serving use）委托人（principle）的信息来买卖证券的行为，骗取了委托人对该信息排他使用的权利（exclusive use of information）"。

Ginsburg 大法官然后又对盗用理论和传统理论进行了对比，"传统理论的责任依据是内部人与发行公司股票的买方或卖方之间存在信义关系，而盗用理论的责任依据则是，受信人转化成的交易人（fiduciary-turned trader）对授权其接触保密信息之人构成欺骗。两种理论是相互补充的，均致力于解决利用内幕信息买卖证券的问题。传统理论的规制对象是违反对作为交易对方的股东承担义务的公司内部人；而盗用理论的适用对象则是违反对信息来源（而非交易对方）承担的义务、利用内幕信息从事证券交易的发行公司外部人。"因此，盗用理论的提出，旨在防止那些对发行公司股东并不承担信义义务或其他义务的公司外部人，滥用其获得的披露后将影响证券价格的保密信息，以维护证券市场的诚信（the integrity of the securities mar-

---

① 联邦最高法院最终认定 O'Hagan 构成内幕交易，因为其依据与 Grand Met 计划公开收购 Phillsbury 有关的未公开信息进行证券交易的行为，违反了对其所在律师事务所及该所客户的信任和信赖义务。

kets)。

概言之，United State v. O'Hagan 案所确立的盗用理论仍然坚持内幕交易主体构成的信义关系原则，只不过此种信义关系不必再局限于内幕信息拥有人与发行人之间，内幕信息拥有人与信息来源之间的信任和信赖关系亦可。

结语

综上所述，美国内幕交易主体认定以信义义务为基础，以上市公司为圆心，以保障上市公司利益为目的，通过职务、业务、交易行为等将公司内部人、外部人等可能实施泄露内幕信息或利用内幕信息交易行为的主体涵盖入内。具体而言，主体确立模式有以下几方面的特点：

第一，美国并未在成文法中对主体范围作出明确的规定，而是通过判例的形式不断扩张内幕交易的主体外延——在司法实践中论证、丰富基础理论，并逐步完善对主体的认定。这种模式立足于传统信义义务理论，但并不囿于具体条条框框。能够做到以基本理论为指导，在实践中发现问题、解决问题；同时通过实践反过来发展、充实理论，以便进一步地为实践提供理论支持。

第二，从主体的基本理论来看，始终围绕上市公司这一中心，以信义义务为基础，构建各义务主体的分层体系；从内部人到外部人、从合法获取到非法获取，层次分明，义务明确，清楚地解决了各义务主体承担刑事责任的依据问题，从而将其他获取内幕信息但无信义义务的主体排除在外。针对不同的行为主体，发展出不同的规制理论，如古典信义关系理论主要用于规制传统内部人员与准内部人员的内幕交易责任，信息泄露理论主要针对泄露信息者与接受信息者的内幕交易行为，而盗用理论在惩治盗用信息者方面具有优势。

虽然通过对基础理论的扩张解释与适用，逐步扩大了主体范围。但相对而言，信义义务理论还是将本罪的主体控制在相当范围内——合理框定刑法介入的边界，提供无义务来源主体的出罪路径。

第三，信义义务理论通过对主体本质特征的描述，解决了列举式立法存在的弊端，并使主体认定具有一定的包容性，能够随着社会经济的发展不断完善。在基础理论的指导下将本罪主体承担责任的依据归结为证券交易中的"诚信或信义"义务，并以该义务为基础推导出行为人获知信息后的"披露或戒绝"义务。上述义务的内涵丰富，包涵范围广泛，如传统内部人员与公司间必然存在信义关系，准内部人员与公司间必然存在信赖关系，而泄露信息者的泄露行为或盗用信息者的盗用行为也是对"诚信或信赖"义务的违反。这种抽象概括的方式避免了单纯列举时可能出现的漏洞。

二、欧盟市场基础理论——市场秩序视野下的信息平等获取行为论

"市场基础理论"又称"信息平等理论"。作为欧盟指令以及欧盟各成员国相关证券法律法规的立法根基，其关注的核心包括两个方面：一是维护证券市场的整体秩序；二是确保证券市场信息的平等获取。主张内幕交易主体可以是任何拥有内幕信息之人，而无论其与上市公司或内幕信息来源之间是否存在任何特定关系，也无论其获得内幕信息的途径如何。

欧盟对于内幕交易的规制主要经历了两个阶段，分别以《反内幕交易指令》[①]和《反市场滥用指令》[②]为直接法律渊源，对于内幕交易主体，二者均以获得内幕信息途径的不同将其分为"直接内幕人"(primary insider)与"间接内幕人"(secondary insider)，前者是指从内幕信息来源处直接获得信息的主体，后者则是指从前者处直接或间接获得内幕信息的其他主体。

---

① 在欧盟还没有正式建立的1989年，欧洲共同体理事会就制定了一个"反内幕交易指令"：(Council Directive 89/592/EEC of 13 November 1989)来协调对内幕交易的规制。
② 2003年欧盟立法机构以Lamfalussy立法程序制定了"禁止内幕交易和市场操纵指令"：Directive 2003/6/EC of the European Parliament and of the Council of 28 January 2003 on Insider Dealing and Market Manipulation(Market Abuse)。该指令是Lamfalussy立法程序中的第一个层次的立法框架，具有适用于包括证券市场在内的整个金融市场的法律效力。这一指令的实施细则，到目前为止共有三个指令实施细则和一个条例："内幕信息的公开与市场操纵行为的定义指令""金融产品的合理推荐与利益冲突信息的披露指令""许可的造市商与内幕信息的定义指令"及"股票回购与股市价格的稳定措施条例"。欧盟关于禁止内幕交易的Lamfalussy立法程序中的第三个层次的立法文件到目前为止主要是欧洲有价证券立法委员会CESR在2008年10月公布的"市场滥用行为实施细则报告"。

（一）《反内幕交易指令》中的内幕交易主体——获取、知悉路径的建立

1. 直接内幕人——直接获取内幕信息

《反内幕交易指令》第2条第1款规定：内幕人是指知悉内幕信息，并且利用内幕信息为自己或者他人直接或者间接买卖或者试图买卖内幕信息所涉及的证券的人，主要包括证券发行人的管理机构、董事会和监事会的成员、发行人的股东、通过任职或履行职责等行为获悉内幕信息的人。这一个条文所列举和描述的内幕人主体由于其本身在金融市场中所具有的特殊地位、从事的职业或者通过其他途径，不需要借助其他人就可以直接接触到发行人的内幕信息。

第一，基于担任发行人的行政机构、管理机构及监督机构成员而获得内幕信息之人。这类主体主要有上市公司的董事、监事、经理以及其他管理人员等。首先，该类主体拥有在秘密信息向投资公众公开披露之前获悉的途径，而这些信息中的大部分可能永远也不会向公众公开。他们的地位使其能够在证券市场上快速地牟取利益，这是任何禁止内幕交易法律均应严厉打击的。其次，其主体地位赋予其一种信义义务，要求其利用其地位为公司及其股东谋取利益，而不是为了自己的私利。欧盟指令并未具体列举这些主体所担任的职位，而是采取了实质认定的方法，即凡是居于上市公司行政、管理及监督机关成员地位之人，均属于直接内幕人。

第二，通过在发行人资本结构中所处的地位而获得内幕信息之人。与美国对作为内幕人的上市公司股东所持股份比例作出明确要求不同，欧盟指令则无此规定，无论股东持有股份多少，只要其因为具有上市公司股东的身份而获得了内幕信息，即应受到禁止内幕交易法律的规制。

一方面，在通常情况下，能够获得发行人内幕信息的是持股较多的控制股东。由于其能够对董事下达命令，甚至罢免董事，以及修改公司章程等，即所作决定能够主导上市公司发展的整体方向。所以，一旦股东占据控制地位，其管理权力甚至比董事和管理层还要大。这样，控制股东就应当对

公司负有义务，即必须为公司利益和其他股东利益行事，而不得将属于公司的内幕信息用来牟取私利。但究竟持有多少股份才属于控制股东则不易确定，各国立法规定也存在差异，如美国为10%，韩国为5%，日本为3%，等等。

另一方面，与控制股东不同，持股较少的非控制股东由于不能行使管理权力，所以不对公司负有义务。但无论股东是否对公司负有义务，他们都对市场担负义务。他们仍然具有一般外部投资者所不具有的特殊优势——能够提前接触关于上市公司的信息（如被提议的重要决策或者某一阶段的财务报告）；通过在股东大会上投票，他们甚至在有些情况下可以促使内幕信息涉及的事项达成（如发出一项收购要约或者对来自其他收购人的收购要约作出回应）；他们有权利监督检查上市公司的经营运作情况，从而获得某些高度机密的或者能对证券价格产生重要影响的信息。[①] 这样，少数股东在上市公司中所处的特殊地位就使其获得了相对于其他外部投资者的一种信息优势地位，因此也应当被禁止滥用此种优势谋取不当利益。

第三，基于履行职务、专业或义务（exercise of his employment, profession or duties）而获得内幕信息之人。这类主体的范围最为广泛，也不十分明确。一般认为，不仅包括与上市公司之间具有职务、专业或者保密义务关系的主体，还包括与拥有对上市公司证券价格产生重要影响的未公开信息的信息来源之间具有职务、专业或者保密义务关系的主体。前者包括：(1) 与上市公司存在雇佣关系的雇员；(2) 由于为上市公司提供专业服务而与其产生信义或者保密关系的承销商、律师、会计师、财务顾问等；(3) 由于与上市公司签订合同而产生保密义务之人，如贷款银行、货物或服务的供应商、客户、拟定合并项目的同盟者或参与者，等等。

后者则包括：(1) 与拟对上市公司发出收购要约之人具有职务、专业或者保密义务关系之人；(2) 基于职务关系而能够获得影响上市公司证券价格的外部信息之人，如获悉某项证券价格指数构成发生变化的证券交易所

---

① 〔英〕理查德·亚历山大：《内幕交易与洗钱——欧盟的法律与实践》，范明志、孙芳龙等译，法律出版社2011年版，第40页。

雇员,从上市公司的投资者关系部门获知价格敏感信息的投资分析师,获悉市场敏感的利率变化信息的中央银行的高级管理人员,知悉上市公司债券评级即将发生变化的信用评级机构的雇员,参与制定将对某类证券的市场价格产生重大影响的法律政策的国家公职人员,知悉尚未发表的能够影响上市公司证券的市场需求信息的新闻记者、股评专栏作家以及能够接触该信息的报社其他员工,等等。以上主体只要是因为雇佣、履行专业职责或者义务而获知内幕信息的,即属于内幕人。

2. 间接内幕人——间接获知内幕信息

《反内幕交易指令》第 4 条规定,间接内幕人,"是指除第 2 条规定的人以外的持有内幕信息并且完整知悉其内容的人,该内幕信息来源于第 2 条所指的人。"

间接内幕人的范围更为广泛,可以涵盖直接内幕人之外的任何拥有内幕信息之人,不仅包括直接内幕人有意识地泄露内幕信息的直接受领人,还包括从直接受领人处再次受领内幕信息的间接受领人。并且,从直接内幕人处偶然获得内幕信息之人亦包括在内。例如,出租车司机、酒店接待人员、餐厅服务员甚至保洁人员,可能会无意中从直接内幕人处获悉内幕信息。

间接内幕人的构成条件有二:一是知道该信息属于内幕信息;二是知道该信息的直接或者间接来源是直接内幕人。然而,这两项条件在实际操作过程中可能会遇到障碍。例如,直接内幕人只是向其亲属或朋友建议购买某只股票,但并未透露任何关于该只股票的内幕信息。在这种情形下,直接内幕人成立内幕交易——鼓励他人交易,但是相对方受到建议去买卖股票但没有获得内幕信息。也就是说,他可以从事指令禁止内幕人从事的行为。再如,在内幕信息经过多次传递的情况下,远距离受领人也可能并不知道该项内幕信息的原始传递人是谁,无疑给追究这些内幕信息拥有者借由内幕信息进行交易行为的责任带来严重困难。

(二)《反市场滥用指令》中的内幕交易主体

正在逐步实现一体化的欧洲资本市场对规制市场不当行为提出了更高

的要求。为了使一体化的欧洲证券市场和衍生工具市场得到更有效的保护,同时也为了维护投资者对新兴市场的信心和认同感,创造一个公平竞争的环境,欧洲委员会于1999年颁布的《单一金融市场行动指南》中宣称要制定有关市场滥用规制方面的新指令。

欧洲金融理事会于2001年12月通过决议,将内幕交易和市场操纵并列作为市场滥用行为加以规制,并提出新指令的理论基础为:提升市场透明度以及对市场参与者平等对待的保证,以整合欧盟成员国金融市场的方式来消除各国市场的不一致,进而实现保护投资者以及使欧盟市场更具吸引力的目的。在此理念的指导下,欧盟理事会和欧洲议会于2003年1月28日通过了《反市场滥用指令》,将禁止内幕交易的范围由证券市场扩大到了金融市场的整个领域,并同时废止了《反内幕交易指令》。

1. 立法扩大主体范围

在内幕交易主体方面,《反市场滥用指令》并没有作原则性的改变。该指令第2条第1款规定:基本内幕人是指知悉内幕信息,并且利用内幕信息为自己或者他人直接或者间接买卖或者试图买卖内幕信息所涉及的金融产品的人,主要包括金融产品发行人的管理机构、董事会和监事会的成员、发行人的股东、通过任职或履行职责乃至利用犯罪活动获悉内幕信息的人。

首先将基于犯罪行为而获得内幕信息之人归入直接内幕人;其次修改对于间接内幕人的主观要件。即间接内幕人对于内幕信息的主观认知程度由"全面认知"修改为"知道或者应当知道"。对于被直接内幕人建议购买与内幕信息有关证券之人,如果控方或者原告能够通过间接证据证明其应当知道直接内幕人所建议购买的证券可能涉及内幕信息而不去进行询问,则可以构成间接内幕人。

2. 实践设立限制主体认定的标准

需要指出的是,虽然指令中进一步扩大内幕交易主体的范围,几乎涵盖了所有通过一定途径获取、知悉内幕信息的人员。但在司法实践中还是逐步确立了主体的认定标准,并非不加区别地一网打尽。通过因果关联性原则限定直接内幕人的范围,通过非偶然性标准限定间接内幕人的范围。

确立因果关联性标准,目的是为了限定基本内幕人中通过任职或者履行职责获知内幕信息的人员范围,即获知内幕信息与其正常的任职活动或者履行职责之间应当具有客观的因果关联性。不论这类内幕人在正常的任职或者履行职责的活动中事实上是否接触到内幕信息,其可能是超越职权范围,也可能是通过其他途径获知了内幕信息,但只要其在客观上能够接触到内幕信息即可认定为具有因果关联性。

确立非偶然性的标准,主要是为了限定所有知道或应当知道内幕信息的间接内幕人的主体范围。非偶然性标准的含义是指内幕人获知内幕信息的途径或者方式不是偶然性的行为,而是具有预期性的主观目的行为,即偶然获知内幕信息的人不可能构成内幕人的主体范围,如出租车司机或者心理医生等主体在提供服务的活动中,通过其客户偶然的透露而获知了内幕信息,就很难将其认定为内幕人。但是这一观点也是有其缺陷的,欧盟成员国有学者就提出,非偶然性的标准不能单独适用,应当和该主体对内幕信息的内涵理解结合在一起适用,即如果内幕人通过偶然性的行为获知了内幕信息,并且明确地知道该内幕信息的内涵,就应当将其认定为内幕人。①

综上,欧盟《反市场滥用指令》以获得内幕信息途径的不同,将内幕交易主体分为直接内幕人和间接内幕人。二者的区分除了获取手段的不同之外,在于有无主观要件设置的必要。对于直接内幕人而言,由于其系直接从上市公司或其他信息来源处获得内幕信息,故被视为应当对信息的重大性和未公开性有所知悉,进而没有主观要件设置的必要;间接内幕人则是间接从信息来源处获得内幕信息,特别是在内幕信息经过多次传递的场合,处于信息传递链条末端的信息拥有人可能实际上对该信息的性质并不了解,如果仅以客观上拥有内幕信息即将其认定为内幕人,则显得过于苛刻,有失公平。因此法律对其设置了主观要件的限制,避免使得虽然拥有内幕信息但主观上并不知悉该信息性质之人承担内幕交易法律责任。

---

① 参见主力军:《欧盟禁止内幕交易制度的立法实践及启示》,载《政治与法律》2009年第5期。

三、对美国信义义务理论和欧盟市场基础理论的评析

应当说,上述两种理论由于各自的产生背景、发展历程、法律文化与基础、立法模式等不同,在立法表现上存在重大差异。但是应当看到,这两种模式在差异的基础上,有着互相借鉴、逐渐融合的趋势。它们都在各自的司法适用中发挥着重要的支撑作用,都在实践中不断遇到问题、解决问题,通过发展、完善理论框架与内涵,都在保障与惩处的博弈中寻找最佳的平衡点。

从客观表现上来看,二者的不同之处主要体现在以下几个方面:

第一,理论基础不同。前者以传统信义义务理论为基础,主张主体与上市公司之间必须存在信义关系,否则没有"披露或戒绝交易"的义务来源;后者以市场基础理论为指导,力主对平等获取信息和市场秩序的维护。

第二,保护中心不同。前者立足于对上市公司利益的保护,以信义义务为线,将所有可能利用内幕信息侵害公司利益的主体串联起来。由于信义义务这条线的粗细、长短可能不同,导致由其织就的大网可能存在不少漏洞;后者立足于对市场公平、平等秩序的保护,一张大网织得密密麻麻,罩得市场上空密不透风,未免有过于严苛之嫌。

第三,基于两种理论保护中心的差异,主体认定的路径也截然不同。前者依身份论"成败",是对义务最好的诠释(身份—义务)。具体而言,传统内部人的认定源于传统信义义务的存在,而义务的存在则由职务、业务路径确立;拟制内部人虽不具有内部人员的身份,但由于业务或交易行为,其与公司之间存在诚信或信赖关系,产生特殊保密关系,可视作因特定身份(律师、会计师等)而产生义务;信息受领人的义务则源于传统信义义务的扩展。信息受领人既不是内幕人员,与公司也没有业务或交易关系,那信义义务因何而来?其派生于(derivative from)内部人的义务,即产生于其在内部人违反信义义务后所扮演的参与者角色;外部人如果未经授权而实施泄露和使用内幕信息的行为,则被看作是非法盗用公司财产的行为。客观而论,无论是作扩张解释还是衍生路径,都无法通过信义义务来说明不具

有身份联系的外部人如何承担对公司的特定义务,因此出现了盗用理论作为传统信义义务理论的补充。商业机密信息属于他人财产,拥有者应对其享有排他的权利。任何人未经授权都不能泄露或使用该信息,负有不泄露和不使用该信息的义务。市场基础理论则依"行为"定主体——主张任何拥有内幕信息之人都可能成为本罪主体。内幕人员的身份并不是唯一的判断标准,获取内幕信息的事实是确定主体身份的关键。

第四,由于两者理论基础、保护中心以及认定路径的不同,导致其立法模式也截然相反。但不能否认的是,从发展趋势的角度而言,两者有互相借鉴、逐渐融合的趋势。美国信义义务理论由于从身份联系角度认定信义义务进而确定主体,这种列举式的确定模式不可避免地逐渐表现出不断扩张、补充、补漏的趋势——主体标准从"信义义务"到盗用理论的补充,身份联系从内部人员、准内幕人员到信息受领者以及外部人,都体现出内幕交易法网由简入繁、由松至紧不断扩张的趋势。通过特别立法[①]不断补充既有理论的漏洞或欠缺,大有将所有利用内幕信息从事交易的行为一律严惩的趋势。

欧盟市场基础理论则不论行为人与上市公司之间是否具有特殊关系,

---

① 在美国,SEC 于 1980 年 Chiarella v. United States 案中,由于未能证明被告与作为公开收购目标公司的发行公司之间具有信义关系而遭到败诉后,遂根据《1934 年证券交易法》第 14(e)条的授权,制定了专门规制公开收购中内幕交易行为的 14e-3 规则。根据该规则第一项,任何人(要约人)采取了即将进行或已经进行公开收购的实质步骤(substantial step),其他任何拥有关于要约收购的重大信息之人,知道或有理由知道该信息尚未公开,并且直接或者间接来自:(1) 要约人、(2) 目标公司,或(3) 代表要约人或目标公司的董事、高级职员、合伙人,或者雇员,或者任何其他人,买入或者卖出相关证券,或导致相关证券的买入或者卖出的,构成第 14(e)条所规定的欺诈性、欺骗性或操纵性的行为或做法。因此,除要约人之外的任何人,无论其与发行公司或其股东、内幕信息的来源之间是否具有信义关系,也无论其获得内幕信息的方式是否正当,只要拥有内幕信息并且知悉该信息的直接或间接来源,就应当受到禁止内幕交易法律的规制。如此即突破了以信义关系为责任构成要素的 10b-5 规则的限制,扩大了内幕交易主体的范围,弥补了信义关系理论的不足。

又如,为了有效规制国会议员的内幕交易行为,美国国会于 2012 年专门制定了《禁止利用国会情报交易法案》。该法案的立法目的旨在禁止国会议员及国会雇员利用因其公职而获取的内幕信息为自己谋取私利,以及达到其他目的。法案适用的对象为国会议员和国会雇员,前者指参议院或众议院的成员,众议院委任代表和来自于波多黎各的居民代表;后者指除了国会议员、其他由参议院秘书或众议院首席管理官发放薪酬的任何人,及立法机关的其他公职人员或雇员。上述主体负有不得利用因其身份职位或公职人员职责而获得的内幕信息作为谋取私利手段的义务,此项义务产生于他们与国会、联邦政府、美国公民之间具有的信任关系和信赖。并且,该法案还将禁止利用内幕信息谋取私利的义务扩展至联邦其他公职人员,如行政机构的雇员、司法公职人员和司法雇员等,该项义务产生于这些主体与联邦政府、美国公民之间具有的信任关系和信赖。

是否负有特定义务,不问行为人获取内幕信息的方式,只以"获取＋知悉"内幕信息行为确立主体。相较于列举式的规定,这种规定模式法网严密,适用范围广泛,而且有利于摆脱信义义务证明的困境,大大简化主体认定的程序,避免了冗长繁杂的立法模式可能带来的一系列问题。但这种立法模式并非没有缺陷:法网过于严密,必然可能伤及一些形式符合但不具有实质处罚性的行为。为此,有必要通过排除式理论将上述不具有实质处罚性的行为排除在外——欧盟逐渐在实践中确立因果关联性原则和非偶然性原则以防止主体认定范围过于宽泛。这也是正确适用基础理论解决实践问题的应有态度。

综上所述,信义义务理论将内幕交易主体限定在与上市公司或信息来源具有特定关系的主体上,一方面在法律中通过列举的方式尽量穷尽这些主体,增加了法律适用的复杂性;另一方面由于难免出现法律列举之外的主体实施内幕交易的情形,只能通过专门法律进行补充。欧盟市场基础理论以获得内幕信息途径的不同,将内幕交易主体分为直接内幕人和间接内幕人,作此区分的目的在于配合对间接内幕人设置主观要件的需要,而非主体要件构成方面有何差异。任何人无论其与上市公司或其他内幕信息来源之间是否存在特定关系,也无论其获得内幕信息的途径(合法抑或非法)如何,只要获取内幕信息即满足了主体要件的标准。从各个国家和地区对内幕交易主体的认定来看,其基本上有一个共同点,即对内幕交易主体的范围界定越来越宽,整体上呈现出了一种强烈的扩张趋势。

第二节 我国内幕交易主体的法律规制及反思

根据我国《刑法》第 180 条的规定,内幕交易罪的主体主要包括两类,即内幕信息的知情人员和非法获取内幕信息的人员。第 3 款规定,内幕信息、知情人员的范围,依照法律、行政法规的规定确定。因此,有必要对前置性法律规范中的相关规定作一下梳理。(以下规定主要以时间为序,已作废的相关规定不再单列①。)

一、现有内幕交易主体法律规范的梳理与评析

(一) 2005 年《证券法》"列举+兜底"模式

我国规制内幕交易行为的主要依据为 2005 年修订的《证券法》第 73 条和第 76 条。《证券法》第 73 条规定:"禁止证券交易内幕信息的知情人和非法获取内幕信息的人,利用内幕信息从事证券交易活动。"第 76 条规定:"证券交易内幕信息的知情人和非法获取内幕信息的人,在内幕信息公开前,不得买卖该公司的证券,或泄露该信息,或建议他人买卖该证券。"

第 74 条具体规定了内幕信息的知情人员的范围,如下表所示:

传统内部人（身份）	发行人的董事、监事、高级管理人员
	持有公司 5% 以上股份的股东及其董事、监事、高级管理人员,公司的实际控制人及其董事、监事、高级管理人员
	发行人控股的公司及其董事、监事、高级管理人员
准内部人员（职务）	由于所任公司职务可以获取公司有关内幕信息的人员
	证券监督管理机构工作人员以及由于法定职责对证券的发行、交易进行管理的其他人员
	保荐人、承销的证券公司、证券交易所、证券登记结算机构、证券服务机构的有关人员
兜底知情人员	国务院证券监督管理机构规定的其他人

可见,2005 年《证券法》采用"列举+兜底"的模式,对内幕信息的知情人员作了较为详细的规定,从具体内容来看基本遵循美国信义义务理论的基本理念,按照"特定身份+职务、职责"标准明确 6 种(两大类)主体地位。

但存在的问题也较为明显:第一,证券法未能明确主体认定的基本原

---

① 1993 年颁布的《禁止证券欺诈行为暂行办法》第 6 条规定了内幕人员的含义,认为内幕人员是指由于持有发行人的证券,或者在发行人或者与发行人有密切联系的公司中担任董事、监事、高级管理人员,或者由于其会员地位、管理地位、监督地位和职业地位,或者作为雇员、专业顾问履行职务,能够接触或者获得内幕信息的人员。该办法现已废止。

则,在详尽列举和兜底条款中都没有对认定标准的精准涵括和具体体现。导致主体的范围处于不确定的状态,并有不断扩张的趋势。第二,列举内容限定过窄。例如,美国通常将内部人员的配偶、直系亲属等视作传统内部人员,但在我国未作明确规定;职务范围也仅限于三种情形,难以涵盖特定职责的全部范围。另外,其他并无具体职务但受委托处理相关事务过程中知悉内幕信息的人员是否属于知情人员存在较大争议。第三,主体多规定为自然人,单位仅限于发行人控股的公司。

应当明确的是,上述主体即知情人员系因合法缘由获取、知悉内幕信息,而不包括通过非法手段获取内幕信息的主体,这是证券法、刑法主体规定的应有之义。

(二) 2006 年《上市公司信息披露管理办法》的规定

为了规范发行人、上市公司及其他信息披露义务人的信息披露行为,加强信息披露事务管理,保护投资者合法权益,中国证券监督管理委员会在 2006 年 12 月 13 日审议通过了《上市公司信息披露管理办法》。该办法第 66 条规定:"任何机构和个人泄露上市公司内幕信息,或利用内幕信息买卖证券及其衍生品种,中国证监会按照《证券法》第 201 条、第 202 条处罚。"

值得注意的是,本条规定将内幕交易行为的主体扩大到"任何机构和个人",这是一个无所不包的范围,但是本条规定只限于泄露"上市公司"的内幕信息,或利用"上市公司"的内幕信息买卖证券及其衍生品种,而不适用于泄露"非上市公司"的内幕信息,或利用"非上市公司"的内幕信息买卖证券及其衍生品种。

(三) 2007 年《证券市场内幕交易行为认定指引(试行)》的规定——内幕人

2007 年中国证券监督管理委员会《证券市场内幕交易行为认定指引(试行)》第 5 条规定:"本指引所称内幕人,是指内幕信息公开前直接或者间接获取内幕信息的人,包括自然人和单位。前款所称单位,是指法人和其他非法人组织,包括公司、企业、事业单位、机关、社会团体等。"第 6 条规定:"符合下列情形之一的,为证券交易的内幕人:(一)《证券法》第七十四条第(一)项到第(六)项规定的证券交易内幕信息的知情人;(二)中国证监会根据《证券法》第七十四条第(七)项授权而规定的其他证券交易内幕信息知情人,包括:1. 发行人、上市公司;2. 发行人、上市公司的控股股东、实际控制人控制的其他公司及其董事、监事、高级管理人员;3. 上市公司并购重组参与方及其有关人员;4. 因履行工作职责获取内幕信息的人;5. 本条第(一)项及本项所规定的自然人的配偶;(三)本条第(一)项、第(二)项所规定的自然人的父母、子女以及其他因亲属关系获取内幕信息的人;(四)利用骗取、套取、偷听、监听或者私下交易等非法手段获取内幕信息的人;(五)通过其他途径获取内幕信息的人。"

可以看出,该规定用内幕人这一概念作为内幕交易犯罪的主体,涵盖了内幕信息的知情人员和非法获取内幕信息的人员。以获取手段的不同认定主体范围,呈现出欧盟市场基础理论的基本框架。

第一,对兜底条款进行了解释,但是第 1、2 项规定本属《证券法》中明确规定的内容,又将上市公司并购重组参与方及其有关人员、因履行工作职责获取内幕信息的人和主体配偶列入知情人员的范围,扩大了特定职务和法定职责的范围,具有积极意义。总体来说,对兜底条款的解释没有超越"身份+职务"的范围,较好地解决了实践中无特定身份,但是在工作中因职务行为知悉内幕信息主体的认定问题。

第二,增加配偶之外亲属关系的规定,但这类主体属于直接主体还是间接主体?在欧盟市场基础理论中直接主体和间接主体在主体资格上没有不同,但在认定标准上则有不同的要求。那么,亲属关系的主体在具体认定中是否应当有别于配偶主体的标准?

第三,对于"非法获取"行为的认定,规定明显采用平等获取理论的立场,认为无论是采用非法手段获取还是采用其他手段获取内幕信息的主体都可能成立本罪。至此,将所有无合法事由获取内幕信息的主体一网打尽。

(四) 2007 年《期货交易管理条例》的规定(2012 年修订版)

2007 年 3 月 6 日国务院令第 489 号公布了《期货交易管理条例》,后根据 2012 年 10 月 24 日《国务院关于修改〈期货交易管理条例〉的决定》修订,于 2012 年 12 月 1 日起施行。

该条例附则第 82 条第 12 项规定:内幕信息的知情人员,是指由于其管理地位、监督地位或者职业地位,或者作为雇员、专业顾问履行职务,能够接触或者获得内幕信息的人员,包括:期货交易所的管理人员以及其他由于任职可获取内幕信息的从业人员,国务院期货监督管理机构和其他有关部门的工作人员以及国务院期货监督管理机构规定的其他人员。第 70 条规定:期货交易内幕信息的知情人或者非法获取期货交易内幕信息的人,在对期货交易价格有重大影响的信息尚未公开前,利用内幕信息从事期货交易,或者向他人泄露内幕信息,使他人利用内幕信息进行期货交易的,没收违法所得,并处违法所得 1 倍以上 5 倍以下的罚款;没有违法所得或者违法所得不满 10 万元的,处 10 万元以上 50 万元以下的罚款。单位从事内幕交易的,还应当对直接负责的主管人员和其他直接责任人员给予警告,并处 3 万元以上 30 万元以下的罚款。国务院期货监督管理机构、期货交易所和期货保证金安全存管监控机构的工作人员进行内幕交易的,从重处罚。

(五) 刑事司法解释的相关规定

2012 年最高人民法院和最高人民检察院颁布的《关于办理内幕交易、泄露内幕信息刑事案件具体应用法律若干问题的解释》第 2 条规定:具有下列行为的人员应当认定为《刑法》第 180 条第 1 款规定的"非法获取证券、期货交易内幕信息的人员":(1) 利用窃取、骗取、套取、窃听、利诱、刺探或者私下交易等手段获取内幕信息的;(2) 内幕信息知情人员的近亲属或者其他与内幕信息知情人员关系密切的人员,在内幕信息敏感期内,从事或者明示、暗示他人从事,或者泄露内幕信息导致他人从事与该内幕信息有关的证券、期货交易,相关交易行为明显异常,且无正当理由或者正当信息来源的;(3)在内幕信息敏感期内,与内幕信息知情人员联络、接触,从事或者明示、暗示他人从事,或者泄露内幕信息导致他人从事与该内幕信息有关的证券、期货交易,相关交易行为明显异常,且无正当理由或者正当信息来源的。

第一种类型,是明确以获取手段的非法性加以认定(主体身份);第二类是特定身份的人员,若相关交易行为明显异常,反推其具有主体身份;第三类,因有联络和接触,由相关交易行为的明显异常,推定其为犯罪主体。即后两类主体身份的确定,是主要由客观行为来决定的。

综上所述,在内幕交易主体的所有规定中可以看出前置性规定不断扩张,刑法解释相对缩限的状况。

首先,主体认定的前置性规定体现出从美国信义义务理论向欧盟市场基础理论发展的趋势,主体认定的范围一再扩张。内幕交易犯罪主体的标准正由强调人员的特定身份或者与公司的特定联系逐步向是否掌握内幕信息转变。法定范围的严重不足与实践主体认定扩张的矛盾在这一法条演进的历程中体现得尤为明显。基本立场的改变必然导致立法规定、司法适用的重大调整,列举规定的不足,通过兜底条款的扩张解释和其他获取手段实现了全覆盖。

但是需要注意的是,知情人员是通过合法事由获知内幕信息,且上述合法事由限定在职务、职责范围内;非法获取主体应当限定为采非法手段获取的主体还是所有无合法事由的主体,值得深入研究。偶然获知内幕信息的主体是否应当排除在外?行为人承担法律责任的基础究竟为何?是对上市公司信义义务的违反还是对市场基础理论的背离?显然,在追求市场公平、平等交易、维护经济秩序的今天,后者逐渐占据理论高地,并在司法实践中发挥其指导作用,产生巨大的影响。

其次,证监会所作的指引规定是否影响刑法上的犯罪认定?也就是说,刑法中犯罪主体的认定应当随前置性规定作相应调整,还是坚持刑法独立性原则,对主体作符合刑法目的之规范性解释?笔者认为,后者的立场更加能够反映刑法罪刑法定原则及对金融犯罪适度介入的基本立场。尤其是前置性法规可能出现频繁修改的情况,刑法应当坚守合目的性的规范解释立场。也就是说,在目前的司法实践中,将偶然获知、被动获知内幕信息的主体排除在内幕交易犯罪主体范围之外。

二、主体认定的司法现状——知悉标准的实然确立

我国《证券法》对内幕交易主体的界定,是以其获得内幕信息的途径为标准,即通过合法途径获得内幕信息的为"内幕信息知情人",而通过非法(或者不正当)途径获得内幕信息的则为"非法获取内幕信息的人"。其中"内幕信息知情人"的范围以《证券法》第 74 条所列举的类型为限。其他不在该条列举范围内,但却实际拥有内幕信息之人则不属于内幕交易主体。

换句话说,《证券法》并未将所有拥有内幕信息的主体纳入禁止内幕交易的范围。这就导致内幕信息知情人与非法获取内幕信息人之间存在着空白——既未通过非法途径获取内幕信息,也不属于法定内幕信息知情人,即通过其他合法途径获得内幕信息之人。对于这类主体借由内幕信息所实施的证券交易行为应当如何定性,在现行法律当中找不到任何的依据,无疑给内幕交易执法和司法实践造成了极大的困扰。由于我国对于内幕信息知情人类型的界定过于狭窄,导致行政机关要么在处罚决定中回避对知情人员身份的界定,要么对现有规定作扩大解释,使得主体认定标准由身份逐渐转向知悉行为。以下几种特殊情形值得关注:

1. 以知情人员的身份获悉内幕信息后终止该身份的情形,是否成立本罪主体?

我国《公司法》第 142 条规定公司董事、监事、高级管理人员离职后半年内不得转让所持有的本公司股票,但对其他内幕人员的类似行为未作规定。那么,内幕信息知情人在获得内幕信息之后,终止其据以获得内幕信息的特定身份、职务或工作关系,而以非内幕信息知情人身份进行相关证券交易活动,是否应当禁止?例如,美国在界定传统内幕人中要求公司董事或主管卸任后 6 个月仍然要履行内幕人的义务;日本《证券法》第 190 条之二规定,曾经为公司关系人或收购人于其在位期间利用职务之便而获知内幕消息的，在离任原职位 1 年期间继续禁止消息公布前买卖证券。英国也有类似的规定，有关人员离职后 6 个月内仍然适用内幕交易规定。

尽管此类主体有受相应规制的必要性，但在我国法律未作明确规定的情况下，将其纳入内幕交易罪的主体范围则不无争议。例如，在周和华内幕交易案[①]中，证监会认定周和华在 2010 年 3 月 17 日利用"郑某某"账户买入上市公司科达机电股票的行为构成内幕交易。周和华提出其在 2010 年 1 月之前，就已经辞去科达机电董事、副总经理职务，辞去了科达石材董事、科达香港执行董事等职务，不属于法定的内幕信息知情人。但证监会依据科达机电于 2010 年 3 月 20 日发布的《关于股票期权激励计划第二次行权结果暨股本变动公告》所记载的，周和华作为公司核心技术（业务）人员仍然是被激励对象，而认定他属于内幕交易主体。笔者认为，针对上述情况应当在前置性法规中作明确的规定。在无明确规定的情形下，不得直接适用"知悉"标准。

2. 利用他人名义持有上市公司 5% 以上股份的股东应当如何认定？

为了规避《证券法》中禁止内幕交易和短线交易规范的限制，实践中存在着大量的利用他人名义持有股份的现象，例如，以其配偶、未成年子女，或者其他代理人的名义持有股份，而使以自己名义所持有的股份数额低于 5% 的法定限制比例。因此，在计算"持有上市公司 5% 以上股份"时，不应仅限于以本人名义持有的股份，还应当将利用他人名义所持有的股份包括在内。

例如，我国台湾地区"证券交易法"第 157 条之 1 第 5 项即明确规定："内幕人持有之股票，包括其配偶、未成年子女及利用他人名义持有的股份"。而所谓"利用他人名义持有"的判断，应当符合以下三项条件：（1）直接或间接提供股票与他人或提供资金与他人购买股票；（2）对该他人所持有的股票，具有管理、使用或处分的权益；（3）对该他人所持有的股票之利益或损失全部或一部归属于本人。相比之下，《证券法》的规定可能无法有

---

① 中国证监会行政处罚决定书（周和华—科达机电）2012 年 3 号。

效规制为规避禁止交易规定的利用他人名义持股行为。

3. 国家工作人员因法定职责知悉内幕信息的情形

目前，国有及国有控股企业通过资本市场参与资本重组活动越来越活跃，其中涉及国有资产管理等审批流程，政府公权力参与其中，随之产生的国家工作人员内幕交易案件亦不断涌现。其主要原因在于，在目前的行政管理体制下，地方党委、政府还保留着对国有上市公司重大重组事项的决策、审批权，对重组活动的全程具有影响力。政府常务会议、办公会议、专题会议往往成为上市公司重大重组事项的决策机构。某些特殊行业或类型公司的重组还须与发改委（涉及国家限批类项目）、商务部（涉及外商股权）、环保部（涉及环保核查）、国土资源部（涉及房地产或矿业项目）、银监会（涉及金融行业）等多个相关主管部门事先沟通。"层层报告、逐级传达"的决策体制拉长了上市公司重组的纵向决策链条，而各层级的集体决策体制又在横向上扩大了重组的决策层面，更多的决策环节和决策人员在总体上延长了内幕信息的生成时间和流转时间。由此导致国有上市公司重大重组事项的相关意向、筹划、决策、方案等内幕信息往往在公司外部形成，客观上扩大了信息的传播范围，也为地方党政机关主管人员实施内幕交易创造了条件。

以原中山市市长李启红内幕交易案为例①。负责审理该案的广州市中级人民法院认为，李启红、谭庆中等作为酝酿、操作公用科技资产重组，并知悉重组对于公用科技股价重要影响的政府及公司高管人员，根据相关法

---

① 2007年4月至5月，上市公司中山公用科技股份有限公司（以下简称公用科技）的控股股东中山公用事业集团有限公司（以下简称公用集团）的时任公司董事长谭庆中，筹划将公用集团的优质资产注入公用科技并实现整体上市。其间，谭庆中多次就此事向时任中山市市长的李启红作了汇报，李启红表示支持。同年6月11日，谭庆中又将此事向中山市委书记陈根楷作了汇报，陈根楷表示同意并让李启红具体负责此事。7月3日，李启红、谭庆中等人向证监会汇报了公用科技重大资产重组并实现公用集团整体上市的工作情况。同日，公用科技发布公告，称公司近期讨论重大事项。而在2007年6月间，谭庆中向李启红汇报公用科技公司筹备资产重组事宜时，即建议可"可以买一些公用科技的股票"。中旬，谭庆中在办公室约见李启红的丈夫林永安，向其泄露有关公用科技资产重组的内幕信息，并建议其购买公用科技股票。与此同时，李启红向其弟媳林小雁泄露了上述内幕信息，并委托林小雁购买200万元公用科技股票。随后，林小雁从林永安的存款账户转出236.5万元，又从其丈夫李启明的存款账户转出350万元，再集合其本人自有资金，筹集款项合计677万元，以他人名义办理证券账户。2007年6月29日至7月3日期间，林小雁委托他人买卖公用科技股票89.68万股，后于2007年9月18日至10月15日陆续卖出，账面收益1983万余元。

律法规,其当然为内幕信息知情人。但是,也有观点认为作为政府人员负责公用科技重组的李启红不属于《证券法》第 74 条所规定的任何一项主体,因为对于具有国家公职人员身份的内幕交易主体,《证券法》第 74 条第 5 项只规定了"证监会及其派出机构工作人员,负责核准公司债券上市的国务院授权的部门的有关人员,股票发行审核委员会中证监会以外的有关人员,对上市公司进行税务管理、审计监督的部门的有关人员以及负责查处证券违法违规案件的有关司法机关的工作人员等",其他国家公职人员并不在其范围之内。① 这也是前置性规定与刑法适用之间存在的问题。

4. 因私人关系在接受咨询过程中知悉内幕信息的情形

行为人既不符合法定知情人员的规定,也未通过非法手段获取内幕信息,那么,应当如何认定其主体身份?例如谢风华及安雪梅内幕交易案。② 本案中,被告人谢风华以私人关系接受咨询获取内幕信息,或者以"财务顾问"

---

① 参见曹理:《证券内幕交易构成要件比较研究》,2013 年吉林大学博士论文。
② 该案被告人谢风华原系中信证券投行部企业发展融资业务部执行总经理,证监会认证的首批保荐人之一。该案于 2011 年 10 月 25 日由上海市浦东新区人民检察院审查终结并提起公诉。浦东新区人民法院于 2012 年 1 月 6 日作出一审判决,两被告人均以内幕交易罪获刑。其中谢风华被判处有期徒刑 3 年,缓刑 3 年,罚金 800 万元;安雪梅被判处有期徒刑 1 年,缓刑 1 年,罚金 190 万元;追缴两被告人的违法所得共计 767.65 万元。两被告人并未上诉。案件事实一:第一部分:2008 年 10 月,被告人谢风华在国信证券任职期间,通过他人介绍,认识厦门大洲房地产集团(以下简称厦门大洲)董事长陈某。谢风华欲将陈某发展为 IPO 首发上市的客户,遂与之接触。2008 年 11 月 3 日起,陈某通过其本人及厦门大洲的证券账户开始在二级市场购买上海兴业房产股份有限公司股票("ST 兴业"),并将此情况告诉了被告人谢风华。2008 年 12 月中旬,陈某向谢风华说明其公司当时持有兴业银行的股票不足 5%,并向谢咨询收购及举牌等相关事宜,还让谢推荐律师。2008 年 12 月 25 日,兴业房产发布董事会提示性公告,于 2008 年 12 月 24 日收到厦门大洲函告,截至同年 12 月 23 日,厦门大洲及其一致行动人陈某共同持有兴业房产股份占公司总股本的 5.00736%。该公告信息的价格敏感期为 2008 年 11 月 3 日至 2008 年 12 月 24 日。此后,陈某在二级市场继续购买"ST 兴业"股票。2009 年 1 月 15 日,厦门大洲拥有了兴业房产 10%以上的股份,并再次通过上海证券交易所予以了公告。第二部分:2009 年 3 月,被告人谢风华从国信辞职,进入中信公司工作。2009 年 4 月 20 日,厦门大洲聘请中信证券担任财务顾问,协助收购入主兴业房产。2009 年 4 月 26 日,中信证券派被告人谢风华等人参加了兴业房产 2009 年第一次临时股东大会,并且作为厦门大洲及其一致行动人的代理人受托投票,陈某当选兴业房产的董事长。2009 年 5 月 24 日,陈某与谢风华通电话,表示决定将厦门大洲资产注入兴业房产,并征求其意见,获其肯定。当日,陈某在其主持召开的兴业房产管理层会议上通过了将资产注入兴业房产的决议。2009 年 5 月 26 日 16 时,兴业房产在华美达和平大酒店召开"ST 兴业定向增发项目第一次中介协调会",陈某与谢风华等人参会,

的身份参与相关公司的重组并获取内幕信息。辩护律师认为,由于在《证券法》规定的知情人员中找不到直接、明确的对应,其不属于法定知情人员范围。检方则认为,被告人属于《证券法》第74条第7项"国务院证券监督管理机构规定的其他人"规定的情形。

具体理由如下:第一,谢风华于国信证券任职期间,通过他人介绍认识客户陈某。陈向谢咨询收购和举牌等事宜,系基于双方的私人关系而非工作联系。谢风华在私下接受咨询过程中获取了内幕信息,不符合《证券法》第74条前六项规定的情形。第二,《证券法》第125条规定,"与证券交易、证券投资活动有关的财务顾问"与"证券承销与保荐"是证券公司依法可以从事的不同业务类型,故担任财务顾问的证券公司不属于《证券法》第74条第6项规定的"保荐人、承销的证券公司"。谢风华作为承担财务顾问职责的证券公司派出人员从事相关工作,不符合《证券法》第74条第6项之规

会议确定了兴业房产重组方案的框架并决定第二天停牌。同年5月27日,兴业房产发布重大事项暨停牌公告,该公告信息敏感期从2009年5月24日到2009年5月26日,自当日起停牌。同年6月26日,兴业房产复牌,并公告《ST兴业发行股份购买资产暨关联交易预案》。

自2008年12月17日至2009年5月25日,被告人谢风华作为厦门大洲收购、重组兴业房产内幕信息的知情人,在内幕信息尚未公开前,自己购买并叫其妻被告人安雪梅购买"ST兴业"股票。被告人谢风华通过其控制的谢剑源560000011922账户,买入"ST兴业"股票共计115,000股,累计成交金额500,684元,获利767.52元;被告人安雪梅通过其控制的倪静霞68003516账户买入"ST兴业"股票共计208,500股,累计成交金额1,520,678元,获利136,705.5元。

事实二:2009年5月6日,为谋求借壳上市,福建天宝矿业集团股份有限公司(以下简称天宝矿业)委托其聘请的中信证券公司人员谢风华了解市场有意卖壳的上市公司。同年5月12日,谢风华联系到愿意卖壳的浙江万好万家实业股份有限公司(以下简称万好万家),并把天宝矿业资料发送给万好万家,两公司认为可以安排时间面谈。5月13日晚,双方代表见面,交流公司基本信息。5月14日,天宝矿业代表向万好万家董事长表达了买壳上市的打算,并就收购万好万家进行谈判。5月18日,天宝矿业将公司资产评估结果告知谢风华,并令其制作重组预案框架,天宝矿业在收到谢风华出具的重组方案后希望与万好万家继续谈判借壳上市事宜,当天晚上双方代表进行了重组条件的谈判并达成初步重组意向。5月19日上午,万好万家向上海证券交易所申请股票停牌。谢风华均参与了上述两家公司联系、谈判过程。

2009年5月18日,被告人谢风华在获取万好万家与天宝矿业资产重组内幕信息的情况下,自己购买并其妻安雪梅买入"万好万家"股票共计1,210,600股。其中,被告人谢风华利用谢剑源账户买入930,600股,累计成交金额6,671,961元,获利5,853,915元;被告人安雪梅利用倪静霞账户买入280,000股,累计成交金额2,047,133.84元,获利1,685,066.16元。(案件事实引自吴加明、杜晓丽:《谢风华及安雪梅内幕交易罪案,目的解释视角下——内幕交易罪主体扩张论》,载《中国检察官》2012年第6期。)

定。第三,《证券法》第 74 条兜底条款的规定,旨在授权证监会根据资本市场发展的需要对内幕交易主体作出具体规定,以弥补成文法的不足,使《证券法》更能适应现实需要。第四,知情人员的认定应贯彻"从身份到行为"的转变,即不论行为人身份为何,不管其在哪个单位任职,也无须查明其以何种方式,只要客观上知悉了内幕信息即负有保密义务,并不得进行相关的证券交易,否则就可能构成相关犯罪。

该案反映的是兜底条款的适用问题,在通过合法途径获取内幕信息的情形中,法定情形的适用范围太窄。导致在实践中,在不能归入非法获取类别的情况下,全部用兜底条款解决问题。而证监会的认定标准大都基于行为人知悉内幕信息的事实,而非特定身份或关系。那么,法定知情人员明确列明的意义也就不大了。这也是证券法信义义务理论框架与市场基础理论实际适用之间产生的问题。

5. 非法获取内幕信息的主体认定

对于该类主体的具体范围,有观点指出,采用各种不正当手段获取内幕信息的人员,基本上都在其中。不仅包括采用偷盗、窃听、行贿、敲诈等手段获取内幕信息之人,也包括接收内幕信息知情人所泄露的内幕信息的主体。

在 2011 年的岳远斌内幕交易案中,证监会首次将接收内幕信息知情人所泄露内幕信息之人认定为非法获取内幕信息的人。证监会认为,《证券法》将内幕交易违法主体界定为两类:一类是内幕信息的知情人,另一类是非法获取内幕信息的人。前者是基于职务、身份、工作关系等合法原因而知悉内幕信息的人。后者既包括采用盗窃、窃听、黑客、贿赂等违法手段积极获取内幕信息的人,也包括并未采取违法手段,只是因前者的泄露行为而间接获悉内幕信息,但是本身又不具有获取内幕信息的合法资格、合法理由的人。

对于后一类主体来说,如果获悉内幕信息后没有买卖相关证券,也没有再泄露该信息或者建议他人买卖,则不构成违法;如果获悉内幕信息后实施了买卖相关证券、再泄露该信息或者建议他人买卖三种行为之一,就构成《证券法》第 202 条规定的违法行为。本案中,岳远斌虽未采取违法手段,只是因马某的信息泄露行为而知悉内幕信息。但是,由于岳远斌并不具备获悉本案相关内幕信息的合法身份或者合法理由,因此,认定岳远斌属于"非法获取内幕信息的人"。岳远斌非法获取内幕信息之后,交易相关股票,其行为构成内幕交易。概言之,对于非法获取内幕信息的人的界定,证监会与立法机关的立场一致,即不仅包括通过违法手段获得内幕信息之人,也包括通过接收内幕信息知情人的泄露等不正当途径获得内幕信息之人,实际上相当于美国法所称的内幕信息受领人(tippee)。

又如在"杭萧钢构内幕交易案"中,陈玉兴和杭萧钢构公司的一位工作人员吃饭时获悉了内幕信息,其后进行的交易被法院认定属于"内幕交易"。问题在于,陈玉兴不属于《证券法》第 74 条列举的"知情人",只能以"非法获取内幕信息的人"认定其主体身份,但吃饭间无意中获悉杭萧钢构工作人员提及的内幕信息,常理看这一行为又不包含任何非法手段。最终法院对此给出的解释是,对"非法获取"内幕信息中"非法"的理解,并非是指获取内幕信息的手段"非法",而是说,任何第 74 条所列举的"内幕信息的知情人"之外的主体,都被禁止知悉内幕信息,一旦他们知悉内幕信息,无论是主动还是被动知悉,就是"非法"。① 显然,按照这种解释方式,就意味着所有知悉内幕信息的人都可能成为内幕交易的主体。

综上所述,内幕交易主体的前置性规范与司法适用呈现出三对矛盾:一是证券法法定知情人员范围过窄与行政执法中打击范围逐渐扩张之间的矛盾;二是人身联系标准的立法表述与知悉标准在司法适用中实际确立之间的矛盾;三是行政适用的全覆盖与刑法合目的性规范解释之间的矛盾。

具体而言,首先,证券法对法定内幕信息知情人员的规定范围过窄。即便是遵循信义义务基本理论和框架,列举的主体类型明显太少,无法解决司法实践的实际困境。而兜底条款则由于缺乏基本原则和标准作指引,使得主体认定范围处于不确定的状态——证监会的一纸认定函便能确立行为

---

① 参见陈海鹰、朱卫明、叶建平:《泄露内幕信息罪、内幕交易罪的若干问题探析——由"杭萧钢构案"展开》,载《法治研究》2008 年第 3 期。

人的主体地位。

其次,对非法获取行为作扩张解释,将所有没有合法事由知悉内幕信息的主体全部包括在内。用知悉标准取代人身联系(职务、职责)标准,并使其在司法实践中确立并广泛适用。这种市场基础理论的实践路径在行政处罚中得以实现。这种实现较大程度上依据证监会的内部规定,但实际上证监会的这种部门规章和内部执法指引,并无司法适用效力,作为下位法也不具有修正上位法的能力。但其试图将内幕交易主体扩大为"知悉内幕信息的任何人"的规范理念取向昭然若揭,事实上这也在证监会的内幕交易行政处罚文件中得到了充分的反映。

最后,这种全方位、全覆盖的主体行政认定模式使得刑法中犯罪主体究竟是特殊主体还是一般主体的争论变得意义不大。更有很多观点认为应当取消本罪的主体的特殊要求,采用一般主体的立法模式,[①]只要行为人客观上知悉内幕交易都可能成为本罪的主体。

综上所述,由于前置性规定遵循信义义务理论框架制定主体规范,但在行政执法中皆采市场基础理论的标准扩大内幕交易主体的范围,继而引发刑法适用中内幕交易犯罪主体的诸多争议。知悉标准在司法适用中的实然确立,使得证券法的明确规定陷入尴尬境地。所有的分歧都源自法定身份(职务)与事实行为之争。既然无法通过规定穷尽特定身份的情形,也未能明确兜底条款的适用原则、标准,那么有必要反思现有规定与司法适用之间的冲突,探求主体认定的解决路径。

三、内幕交易犯罪主体的应然认定标准——市场基础理论立场及缩限适用

(一) 市场基础理论立场的基本确立

应当看到,信义义务理论与市场基础理论对于内幕交易危害性的认识

---

① 参见闫殿军:《内幕交易、泄露内幕信息罪主体研究——从美国内幕交易归责理论谈我国内幕交易、泄露内幕信息罪的主体》,载《商丘师范学院学报》2000年第3期。

和应当予以法律规制的立场基本一致,只是在鼓励正当交易与禁止内幕交易两者之间寻求平衡时的侧重有所不同。信义义务理论侧重于对市场主体的保护,鼓励正当交易以促进市场活跃,仅处罚最为典型的内幕交易形态。当犯罪发展出新形态时,就通过理论发展和司法判例丰富、补充已有理论。市场基础理论则倾向于排除一切内幕交易行为对市场公平产生的威胁,因此力图确保反内幕交易制度事前规制的周密以及事后实施的有效。就我国现有的相关规定及司法实践而言,采纳市场基础理论更为契合本土实际,有助于实现遏制违法行为和保护投资者权益的法益目标。实际上,证监会在行政处罚决定书中多次指出,禁止内幕交易的立法目的在于"保障众多的市场参与者依法公平地获取和使用相关信息、公平交易"。

2003年11月澳大利亚公司和市场委员会发布《内幕交易报告》指出:两相比较,信义关系论具有复杂性、不确定性及涵盖范围上的疏漏,市场平等理论则更能体现反内幕交易制度所蕴含的市场公平与效率价值,并且具有概念上的简明性,有助于市场参与者的理解与适用,故而获得立法机构的肯定与坚持。[①]

第一,在内幕交易罪中,受到侵害的除个人经济利益外,还有国家的经济秩序。这是传统的财产犯罪与经济犯罪的主要区别之一,在经济犯罪中,不再以个人的财产利益为重心,而是以整个的自由经济秩序为重心。内幕交易中,所有投资人作为一个整体因为内幕交易行为导致其整体利益受到损害,无论行为人获取该信息时采用了何种手段,利用内幕信息进行交易的结果都会导致证券市场的经济秩序受到破坏,也就是说任何获取内幕信息的知情人员利用内幕信息进行交易的社会危害性是相同的。虽然可能行为人获取信息的途径不同,但均是不应利用该信息进行交易而进行了交易,其行为性质是相同的,即都对证券、期货交易秩序造成了实质性的侵害。

第二,市场基础理论更加能够适应市场模式的变化,成为维护证券市场

---

① See Corporations and Markets Advisory Committee (Australia), Insider Trading Report (November 2003), pp. 29—30.

的理论基石。任何理论的产生和规则的建立,都离不开特定的社会生活基础,证券市场经历了从"面对面交易"到"公开集中交易"的模式演进,相关理论及其规则都随之发生了深刻的变化。在电子化集中交易的现代证券市场中,"披露或戒绝交易规则"的内涵亦应加以变化和发展。因为与面对面证券交易形式中信息披露不同的是,在集中交易的证券市场,除公司本身外,任何人——即便是所谓信义关系人,如董事、总经理等内部人——都不再具有主动披露信息的法律上的能力。现代证券市场中的信息披露义务已被法律强制性地赋予发行人或上市公司。如此,证券交易对手只能在证券法框架之下,进行不具备单方信息优势的公平交易。也就是说,证券交易市场的公平、公正是通过信息公开制度而不是信义关系来维系、实现的。①从这个意义上说,市场基础理论是交易者行为规范及其法律规定的理论基础。

第三,考察证券法的立法背景与渊源,我国《证券法》在制定和修改时大量参照了美国的相关规定,尤其参照了美国法中的内部人交易理论及其判例。应当看到,信义义务理论在公司法领域具有相对稳定的内涵,该理论及其形成的信义原则源于早期的封闭性公司并适用于公司内部治理,其主体范围有限。但是,随着证券市场的发展和内幕交易主体的多元化,内幕交易过程愈显隐蔽性和复杂性,使得该理论的适用愈加捉襟见肘而不得不一再进行扩张解释。如交易人与信息源之间的信义关系有很大争议,且信息传递过程难以证明。而市场基础理论则立足于以信息披露制度为基础的现代证券市场,强调上市公司所披露的信息是所有投资者价值判断的依据,任何人都不应拥有信息优先权,这符合现代资本市场的基本价值判断。从这个意义上说,任何知悉内幕信息的人都应当禁止交易,这正是市场整体公平的要求,是市场完整性理论(market integrity theory)的基础,也是证券市场信息平等理论的具体体现。②

---

① 参见曾洋:《证券内幕交易主体识别的理论基础及逻辑展开》,载《中国法学》2014年第2期。
② 同上。

综上所述，应当确立主体的市场基础理论立场，在司法适用中借鉴因果关联性标准和非偶然性标准，适当限定主体范围。

（二）期货内幕交易犯罪主体的认定

1999年5月25日国务院《期货交易管理暂行条例》第70条第13项规定，内幕信息的知情人员，"是指由于其管理地位、监督地位或者职业地位，或者作为雇员、专业顾问履行职务，能够接触或者获得内幕信息的人员，包括：期货交易所的理事长、副理事长、总经理、副总经理等高级管理人员以及其他由于任职可获取内幕信息的从业人员，中国证监会的工作人员和其他有关部门的工作人员以及中国证监会规定的其他人员。"

2007年3月6日中华人民共和国国务院令第489号公布了《期货交易管理条例》，后根据2012年10月24日《国务院关于修改〈期货交易管理条例〉的决定》修订，于2012年12月1日起施行。该条例附则第82条第12项对主体进行了规定：内幕信息的知情人员，是指由于其管理地位、监督地位或者职业地位，或者作为雇员、专业顾问履行职务，能够接触或者获得内幕信息的人员，包括：期货交易所的管理人员以及其他由于任职可获取内幕信息的从业人员，国务院期货监督管理机构和其他有关部门的工作人员以及国务院期货监督管理机构规定的其他人员。

可见，期货市场中的内幕信息知情人员主要集中在与期货合约、基础资产供求关系相关的重要信息生成、管理、控制等环节中能够接触此类信息的人员。那么，如何针对期货内幕交易犯罪的特点进行建构区别于证券内幕交易犯罪的主体认定规则？

由于我国期货市场运行机制正处于不断完善的阶段，期货交易与期货监管体系较为凌乱，导致期货从业人员与监管机构工作人员主体的定位、辨识、认定等存在一定的模糊性。有观点认为，《期货交易管理条例》规定"有关"部门工作人员经国务院监管机构的认定可以构成期货内幕信息知情人员。但是，"有关"的含义相对模糊，建议将"有关"部门工作人员可以确定为以下两方面的内容：（1）有关监管部门工作人员。有关监管部门包括直接负责金融监管职能的机构，主要是中国人民银行、证监会、银监会、保监会及其各地派出机构。由于我国金融行业具有多头监管的特点,其他承担部分金融监管职能的部委也应当属于有关监管部门。例如,财政部金融司的职责范围涵盖了以下几个:协调执行货币政策;拟订并监督执行银行、保险、证券、信托等非银行金融机构的资产与财务管理制度;对主权信用进行评级等。上述金融监管职责不仅直接影响金融政策进而作用于期货市场(尤其是利率期货),而且涉及相关金融机构资产配置信息,相关工作人员利用此类政策信息与监管信息,可以从事相关期货交易谋取个人利益。因此,发改委、财政部、审计署及其派出机构等承担部分金融监管职能的机构及其工作人员,也应当规定为期货内幕交易违法犯罪中的"有关"监管部门及其工作人员。

(2)有关行业协会工作人员。中国证券业、期货业、保险业、银行业、信托业协会及其地区性协会等金融行业协会工作人员应当属于期货内幕信息知情人员。同时,在履行自律监管职能过程中掌握大量期货交易市场(特别是商品期货市场)未公开信息的行业协会(例如,有色金属工业协会等)工作人员在决定大宗商品期货交易价格变动的行业信息处于保密阶段时,利用行业信息优势从事私利交易或者违规抢先将信息提供给他人,也应构成期货内幕信息知情人员。①

其实,期货内幕交易在行为特征层面体现出的跨市场性根本上是由期货内幕信息及其知情人员的广泛性所决定的,故应当关注期货内幕信息知情人员的认定原则与司法判断规则。有必要明确框定期货内幕信息知情人员的主体范围,从而合理控制期货内幕信息与准确定位期货内幕交易违法犯罪的行为主体。我们认为,与证券内幕交易行为主体的认定存在同样的问题,即通过明确列举的方式同样无法穷尽主体范围。那么,同样采纳市场基础理论的缩限解释可以解决主体的认定问题。

(三)非法性的刑法解释——市场基础理论的缩限适用

前文已述,《证券法》第 74 条除规定了六类内幕知情人外,授权由国务

---

① 参见谢杰:《最新内幕交易犯罪司法解释的缺陷与规则优化》,载《法学》2012 年第 10 期。

院证券监督管理机构规定其他内幕知情人。依行政执法需要,2007年证监会制定了《证券市场内幕交易行为认定指引(试行)》,规定内幕人概念。将所有被动、主动获知内幕信息的人员都归为内幕人,禁止其获取内幕信息后进行内幕交易的行为。其中,该指引第4条规定,本指引是证券行政执法的指导性文件,供证监会使用。因此相关规定不能直接作为刑事司法依据,应在刑法框架下考虑"非法获取"的认定问题。

刑法理论与实务中对于"非法获取内幕信息"的主体长期存在三种不同的观点:"非法手段论"认为,非法获取内幕信息人员只能是利用骗取、套取、偷听、监听或者私下交易等非法手段或者通过非法途径获取证券内幕信息的人员。①"不当获取论"认为,对"非法获取"的理解不能过于狭窄,"非法获得"应指"不该获得而获得",其中"不该获得"是指行为人与内幕信息之间并无职务或业务上的信赖关系,亦即行为人属于禁止接触或获取内幕信息的人员。②"混同认定论"则采取淡化非法获取内幕信息人员独立类型特征的方式,统一使用"内幕人"的概念,将内幕信息知情人员及其近亲属、通过非法手段获取内幕信息的人员以及通过其他途径获取内幕信息的人都纳入内幕交易犯罪行为主体范围。③

有鉴于此,2012年"两高"《内幕交易司法解释》第2条对"非法获取内幕信息的人"作出了更为具体的解释,一共包括三类主体。④应当说刑法解释通过联动规定非法获取内幕信息人员类型及其异常交易行为特征的创新性刑法解释技术解决上述争议:利用窃取、骗取、套取、窃听、利诱、刺探或者私下交易等手段获取内幕信息的,显然属于非法获取内幕信息人员;内

---

① 参见王作富主编:《刑法分则实务研究(上)》,中国方正出版社2003年版,第546页。
② 参见刘宪权:《金融犯罪刑法学专论》,北京大学出版社2010年版,第365页。
③ 详见2007年中国证券监督管理委员会《证券市场内幕交易行为认定指引(试行)》第6条规定。
④ (1)利用窃取、骗取、套取、窃听、利诱、刺探或者私下交易等手段获取内幕信息的;(2)内幕信息知情人的近亲属或者其他与内幕信息知情人关系密切之人,在内幕信息公开前,从事或者明示、暗示他人从事,或者泄露内幕信息导致他人从事与该内幕信息有关的证券交易,相关交易行为明显异常,且无正当理由或者正当信息来源的;(3)在内幕信息公开前,与内幕信息知情人联络、接触,从事或者明示、暗示他人从事,或者泄露内幕信息导致他人从事与该内幕信息有关的证券交易,相关交易行为明显异常,且无正当理由或者正当信息来源的。

幕信息知情人员的近亲属或者其他与内幕信息知情人员关系密切的人员，或者在内幕信息敏感期内与内幕信息知情人员联络、接触的人员，从事或者明示、暗示他人从事，或者泄露内幕信息导致他人从事与该内幕信息有关的证券、期货交易，相关交易行为明显异常，且无正当理由或者正当信息来源的，应当认定为非法获取内幕信息人员。

有观点认为，刑法解释的创新性体现在其并未解释获取手段的"非法性"，而是根据交易行为事实（从事、建议从事、泄露信息导致他人从事）与交易行为评价（明显异常且无正当性事由）逆向证明内幕信息知情人员的近亲属、关系密切人，及敏感期的联络、接触人等非法获取内幕信息。不仅在第 2 条通过限制主体类型的方式将偶然听闻内幕信息人员排除在内幕交易犯罪行为主体之外，而且在第 3 条详尽地列举了"相关交易行为明显异常"的核心判断指标。实质性地提升了非法获取内幕信息人员基于内幕信息从事内幕交易犯罪行为证明规则的明确性。[①]

笔者认为，就"非法性"而言，刑法解释较好地把握了本罪主体成立的范围。首先，非法性不仅限于非法获取手段，还包括其他无正当、合法事由获取的情形，尤其是将内幕信息知情人员的近亲属及其他关系密切人纳入此类主体的范围。虽然与认定规则的相关内容不尽相同，但能够与证券法的规定相互衔接，形成完整的主体认定框架和范围。其次，虽采用广义的非法性解释，但对"非法性"作了一定的缩限解释。即行为人在主动联系、接触知情人员过程中知悉内幕信息才可能成为犯罪主体。无意中、偶然间直接获悉内幕信息或者从知情人员处间接获取的主体应当排除在犯罪圈之外。最后，刑法解释确立了非法性的认定标准：非法直接获取＋无合法事由的间接获取。当然，直接获取可能需借助知情人员的协助或配合，如骗取、利诱等；可能无须借助知情人员，如窃取行为等。以上皆因获取行为的非法性而导致主体资格的成立。而在间接获取中，行为人则需借助知情人员才能知悉内幕信息，即主体应有依附于知情人员的特殊关系或联系。

---

① 参见谢杰：《最新内幕交易犯罪司法解释的缺陷与规则优化》，载《法学》2012 年第 10 期。

综上所述，笔者认为，内幕交易犯罪主体应当采纳市场基础理论的基本立场，同时在司法适用中借鉴因果关联性标准和非偶然性标准，适当限定主体范围。原则上无论行为人是否具有特定身份，无论行为人是否采用了非法手段获知内幕信息，只要行为人在知悉内幕信息后实施了内幕交易的行为，都成立本罪。获知内幕信息手段的合法性还是非法性，只是对主体所作的类型化分类，标明不同类型的主体知悉内幕信息的路径不同，同时要求不同类型主体在成立本罪的主观要求不同。也就是说，通过职务、职责、业务、交易等行为合法获知内幕信息的主体不需要证明主体对内幕信息的主观明知；而通过接触、联络知情人员等其他方式获知内幕信息的，或者从泄露内幕信息者处获知内幕信息的主体则需要证明其对内幕信息的主观认识。当然，这只是不同主体的证明要求不同，究其实质，都要证明行为人在主观、客观上知悉内幕信息。

确立因果关联性标准，是为了限定基本内幕人中通过职务或者履行职责获知内幕信息的人员范围，即获知内幕信息与其正常的任职活动或者履行职责之间应当具有客观的因果关联性。不论这类内幕人在正常的任职或者履行职责的活动中事实上是否接触到内幕信息，其可能是超越职权范围，也可能是通过其他途径获知了内幕信息，但只要其在客观上能够接触到内幕信息即可认定为具有因果关联性。这就解决了合法获知路径的主体认定问题，如国家工作人员、特殊身份发生变更、非因工作原因接受私下咨询等情形的主体都可以成立本罪主体。这样能够解决前置性规定列举范围过小，而兜底条款随意适用的问题。

同时，通过非偶然性标准，合理限定所有知道或应当知道内幕信息的间接内幕人的主体范围。即内幕人获知内幕信息的途径或者方式不是偶然性的行为，而是具有预期性的主观目的行为，从而将偶然获知、被动获知内幕信息的人排除在主体范围之外，如出租车司机或者心理医生等主体在提供服务的活动中，通过其客户偶然的透露而获知了内幕信息，就不得认定为主体。这样的认定标准与原则也与我国刑法解释中对内幕交易犯罪主体的立场基本吻合。

第六章 内幕交易刑事、行政责任的竞合与衔接[*]

内幕交易罪作为经济犯罪的一种，具有与普通刑事犯罪不同的特点。经济犯罪一般是以合法经济行为为开端，在经济活动过程中，因利益驱动而逐渐由合法向非法转化，在这一转化过程中，可能先构成行政违法，最后由于数额累积或情节严重等才构成犯罪。在这一过程中，内幕交易罪具备了"二重违法性"，即兼具行政违法性与刑事违法性。因此需要行政机关和司法机关都参与内幕交易的查处，那么，行政责任与刑事责任的竞合则不可避免。以下将对内幕交易刑事责任与行政责任竞合的原因作具体分析，并在此基础上探索完善刑罚处罚与行政处罚衔接机制的路径。

第一节 内幕交易行政处罚的现状

笔者查阅了中国证监会自1993年至2015年所作的行政处罚决定，以内幕交易时间为序，将内幕交易、泄露内幕信息案件的具体信息整理如下：

---

[*] 本章写作受上海市嘉定区人民检察院课题组主持完成的2012年度中国检察学研究会金融检察专业委员会研究课题《"两法衔接"在治理非法集资中的功能和价值》（课题负责人：王春丽）启发，特此感谢。

1993—2015 年内幕交易行政案件统计表①

序号	内幕交易时间	股票名称	内幕信息类型	违规主体	获利数额	处罚结果	处罚决定
1	1993	延中实业	股权转让	信托公司	1671万元	没收违法所得、责令处理现存股票并没收盈利、罚款、暂停营业并内部整顿	证监罚字（1994）13号
2	1996	琼民源	年报信息	大股东	6651万元	警告并没收违法所得、罚款	证监罚字（1998）32号
3	1996	张家界	送股信息	大股东	1180万元	警告、罚款、建议撤销主要负责人、没收违法所得	
4	1996	北大车行	重大财务信息	大股东	9242万元	警告、罚款、没收违法所得、暂停直接责任的管理人员从业资格	证监罚字（1999）28号
5	1996	济南轻骑	年报信息	大股东	2542万元	罚款、市场禁入、建议撤销主要负责人、没收违法所得	证监罚字（1999）20号
6	1997	琼海药	股权转让	收购方公司	263万元	罚款、市场禁入、建议撤销主要负责人	证监罚字（1999）20号
7	1997	长征机床	资产重组	重组方公司总裁	67.6万元	罚款、没收违法所得	证监罚字（1999）6号
8	1998	延中实业	股权转让	收购方副总裁	61万元	警告、罚款、没收违法所得	证监罚字（1999）73号

---

① 统计表中的案件资料源自中国证券监督管理委员会网站行政处罚决定监管信息公开目录，http://www.csrc.gov.cn/pub/zjhpublic，收录的案件资料截至2015年年底。表格以内幕交易时间为序，而非行政处罚决定书作出的时间。表中"获利数额"项，包含行为人的实际获利或亏损数额，部分行为人实施泄露内幕信息行为而无获利数额。

（续表）

序号	内幕交易时间	股票名称	内幕信息类型	违规主体	获利数额	处罚结果	处罚决定
9	1998	攀枝花	股票增发、资产重组	上市公司控股股东内部工作人员	8万元	罚款、没收违法所得	证监罚字（1999）13号
10	1999	国际商场	股权转让	上市公司股东、董事长		警告、没收违法所得	证监罚字（2000）12号
11	2001	建发股份	股票增发	上市公司董事	规避损失1.2万元	罚款	证监罚字（2004）17号
12	2004	天山股份	大股东变更	上市公司下属公司高管	规避损失7600元	罚款	证监罚字（2007）15号
13	2006	新太科技	股东变更	上市公司高管及配偶	5000元	罚款	证监罚字（2010）53号
14	2006	S*ST集琦	借壳上市	证券公司高管	667万元	罚款	证监罚字（2010）44号
15	2007	四环药业	借壳上市	重组方高管及配偶	2.2万元	罚款、没收违法所得	证监罚字（2009）4号
16	2007	四川圣达	中报、年报信息	上市公司董事、总经理	14.1万元	警告、没收违法所得、罚款	证监罚字（2010）2号
17	2007	大唐电信	重大经营信息	上市公司董事	规避损失7607元	罚款	证监罚字（2008）12号
18	2007	方大炭素	再融资信息	证券公司高管、评估机构从业人员、上市公司董事	11.8万元	没收违法所得、罚款、责令处理非法持有的股票	证监罚字（2012）14号

（续表）

序号	内幕交易时间	股票名称	内幕信息类型	违规主体	获利数额	处罚结果	处罚决定
19	2007	捷利股份	重大投资信息	被收购公司高管	22.5万元	没收违法所得、罚款	证监罚字（2008）46号
20	2007	粤富华	投资分红、财务信息	上市公司高管	11.8万元	没收违法所得、罚款	证监罚字（2010）29号
21	2007	ST黄海	重大财务信息	上市公司总经理	亏损35.9万元	罚款	证监罚字（2009）17号
22	2007	精工科技	重大经营信息	媒体从业人员	3.4万元	没收违法所得、罚款	证监罚字（2009）26号
23	2007	大成股份	资产重组	上市公司董事长	合计80万元	罚款	证监罚字（2010）16号
24	2007	乐山电力	重大投资信息	上市公司董事、合作方员工、控股股东高管、员工	吕道斌控制账户亏损27万元	没收违法所得、罚款	证监罚字（2009）24号
25	2007	海星科技	借壳上市	上市公司并购方委托的中间人及配偶、亲属	17.2万元	没收违法所得、罚款	证监罚字（2010）32号
26	2007	特力A	重大投资、购置资产信息	上市公司控股股东办公室副主任	亏损4.2万元	罚款	证监罚字（2008）49号
27	2007	S*ST光明	债务重组	上市公司高管及配偶、亲属	14.8万元	没收违法所得、罚款	证监罚字（2010）18号

(续表)

序号	内幕交易时间	股票名称	内幕信息类型	违规主体	获利数额	处罚结果	处罚决定
28	2008	深康佳A	年报信息	上市公司股东财务部门管理人员	3万元	没收违法所得、罚款	证监罚字〔2009〕45号
29	2008	深天健	年报信息	上市公司董事、高管	规避损失3000万元	罚款	证监罚字〔2010〕23号
30	2008	界龙实业	重大投资信息	上市公司工作人员	1.3万元	没收违法所得、罚款	证监罚字〔2009〕47号
31	2008	ST得亨	资产重组	上市公司关联公司	亏损628.2万元	警告、罚款	证监罚字〔2010〕22号
32	2008	ST兴业	借壳上市	上市公司重组方、上市公司法定代表人	亏损439万元	警告、罚款	证监罚字〔2010〕40号
33	2008	三爱富	借壳上市	非法获取内幕信息者	亏损62万元	罚款	证监罚字〔2011〕57号
34	2008	金德发展	重组信息	公司高管	规避损失13.8万元、21.3万元	没收违法所得、罚款	证监罚字〔2014〕2号
35	2009	兰生股份	定向增发	上市公司高管	1.6万元	罚款	证监罚字〔2011〕16号
36	2009	佛山照明	重大投资信息	上市公司高管	亏损6.2万元至获利2.4万元不等	罚款	证监罚字〔2012〕37号
37	2009	佛塑股份	资产转让、重大投资信息	上市公司高管、参与方高管	6—17万元	没收违法所得、罚款	证监罚字〔2011〕41号

（续表）

序号	内幕交易时间	股票名称	内幕信息类型	违规主体	获利数额	处罚结果	处罚决定
38	2009	浙江东方	重大投资信息	上市公司高管	2.9万元	罚款	证监罚字〔2011〕32号
39	2009	领先科技	资产重组	上市公司实际控制人及高管	37万元	没收违法所得、罚款	证监罚字〔2011〕55号
40	2009	领先科技	资产重组	非法获取内幕信息者	2.1万元	警告、罚款	证监罚字〔2011〕56号
41	2009	ST钨金	资产重组	上市公司重组方总经济师	1.1万元	警告、罚款	证监罚字〔2011〕24号
42	2009	劲嘉股份	重大投资信息	上市公司管理人员	94万元	没收违法所得、罚款	证监罚字〔2012〕31号
43	2009	九鼎新材	资产重组	被重组方股东代表及工作人员	8.9万元	罚款	证监罚字〔2013〕29号
44	2009	大元股份	股权转让	股权收购方公司高管		罚款	证监罚字〔2013〕36号
45	2009	大元股份	重大投资信息	投资标的公司工作人员	1.9万元	没收违法所得、罚款	证监罚字〔2013〕37号
46	2010	新潮实业	大股东变更	投资公司法定代表人	5.5万元	没收违法所得、罚款	证监罚字〔2011〕26号
47	2010	科达机电	重大投资信息	上市公司控股子公司董事	7.3万元	没收违法所得、罚款	证监罚字〔2012〕3号
48	2010	佛山照明	重大投资信息	被收购公司高管	4.8万元	责令处理非法持有的股票、没收违法所得、罚款	证监罚字〔2011〕49号

（续表）

序号	内幕交易时间	股票名称	内幕信息类型	违规主体	获利数额	处罚结果	处罚决定
49	2010	高科股票	重大投资信息	被收购公司财务负责人	0.7万元	罚款	证监罚字〔2011〕28号
50	2010	彩虹精化	重大经营信息	上市公司实际控制人、董事	60万元	罚款	证监罚字〔2012〕23号
51	2010	天龙股份	定向增发	第三人	5942元	罚款	证监罚字〔2012〕52号
52	2010	中恒集团	重大经营信息	上市公司子公司管理人员	5万元、9万元	没收违法所得、罚款	证监罚字〔2012〕46号
53	2010	云内动力	股东变更	国资委副主任妻子	亏损7500元	罚款	证监罚字〔2013〕4号
54	2010	宏达股份	重大信息	上市公司总会计师、证券公司经理	冯获利1.5万元、基金亏损316万元	警告、罚款	证监罚字〔2013〕14号
55	2010	海立股份	定向增发	第三人	106万元	没收违法所得、罚款	证监罚字〔2013〕16号
56	2010	万顺股份	资产重组	上市公司开户银行工作人员		罚款	证监罚字〔2013〕22号
57	2010	中航重工	资产重组	第三人	424万元	没收违法所得、罚款	证监罚字〔2013〕63号
58	2010	蓉胜超微	定向增发、重组信息	参与方高管及亲属	合计亏损3.2万元	罚款	证监罚字〔2014〕28号
59	2010	广联达	并购重组信息	上市公司实际控制人	68万元	没收违法所得、罚款	证监罚字〔2014〕87号

（续表）

序号	内幕交易时间	股票名称	内幕信息类型	违规主体	获利数额	处罚结果	处罚决定
60	2010	ST 甘化	重组信息	参与方高管	分别获利68万元、5.2万元、0.2万元、2.2万元	没收违法所得、罚款	证监罚字（2014）56号
61	2010	ST 甘化	重组信息	参与方高管	585万元	没收违法所得、罚款	证监罚字（2014）57号
62	2011	ST 甘化	重组信息	内幕知情人朋友	57万元	没收违法所得、罚款	证监罚字（2014）58号
63	2011	ST 皇台	债务重组	上市公司重组方及实际控制人	2.2万元	没收违法所得、罚款	证监罚字（2012）55号
64	2011	山东海龙	资产重组	重组工作参与人		罚款	证监罚字（2012）46号
65	2011	ST 华光	重大财务信息	上市公司财务经理	7897元	罚款	证监罚字（2012）47号
66	2011	金利科技	资产重组	被收购公司高管、股东	合计15万元	没收违法所得、罚款	证监罚字（2012）51号
67	2011	科学城	重大经营信息、资产重组	重组工作参与人	128万元	罚款	证监罚字（2013）2号
68	2011	斯米克	重大信息	上市公司有关项目人员	9.6万元	没收违法所得、罚款	证监罚字（2013）6号
69	2011	安诺其	资产重组	第三人	分别获利58万元、22万元、1万元、285万元	没收违法所得、罚款	证监罚字（2013）18号
70	2011	莱茵置业	利润分配信息	上市公司财务部总经理	12.5万元	罚款	证监罚字（2013）31号

(续表)

序号	内幕交易时间	股票名称	内幕信息类型	违规主体	获利数额	处罚结果	处罚决定
71	2011	海印股份	重大投资信息	被收购公司高管、上市公司收购主体高管、咨询公司董事	分别获利2.7万元、5.9万元、亏损8万元	没收违法所得、罚款	证监罚字（2013）30号
72	2011	天业通联	重大投资信息	上市公司股东实际控制人、相关咨询公司董事长	分别亏损1644万元、1685万元	市场禁入、罚款	证监罚字（2013）39号
73	2011	春晖股份	资产重组	第一大股东及朋友、上市公司董事长及亲属	分别亏损10.1万元、22.7万元	罚款	证监罚字（2013）57号
74	2011	天音控股	重大经营信息	上市公司证券事务代表及朋友	20万元	没收违法所得、罚款、警告	证监罚字（2014）1号
75	2011	ST宝龙	股权变更信息	内幕知情人同学	136万元	没收违法所得、罚款	证监罚字（2014）36号
76	2011	永生投资	资产重组信息	上市公司实际控制人助理的亲属	分别获利36.8万元、6.6万元	没收违法所得、罚款	证监罚字（2014）25号
77	2011	ST博元	资产重组信息	重组中介人及亲属	亏损43万元	罚款	证监罚字（2014）47号
78	2011	盐田港	资产重组信息	上市公司员工	9万元	没收违法所得、罚款	证监罚字（2014）73号

(续表)

序号	内幕交易时间	股票名称	内幕信息类型	违规主体	获利数额	处罚结果	处罚决定
79	2011	大立科技	资产重组信息	上市公司运营部副主任的亲属	亏损0.8万元	罚款	证监罚字〔2014〕66号
80	2012	宁夏恒力	资产重组	上市公司重组方董事长及配偶、重组方股东及配偶	88.8万元	没收违法所得、罚款	证监罚字〔2012〕24号
81	2012	龙源技术	年报信息	上市公司董事	2万元	罚款	证监罚字〔2012〕49号
82	2012	胜利股份	重大信息	相关交易公司高管	亏损1.4万元	罚款	证监罚字〔2012〕54号
83	2012	舒泰神	业绩报告	上市公司董事及配偶		罚款	证监罚字〔2013〕1号
84	2012	森源电气	投资分红、财务信息	第三人		罚款	证监罚字〔2013〕13号
85	2012	兄弟科技	重大投资信息	投资标的公司高管及亲属	亏损9000元、获利5700元	罚款	证监罚字〔2013〕28号
86	2012	领先科技	重大投资信息	第三人	74万元	没收违法所得、罚款	证监罚字〔2013〕35号
87	2012	ST北人	资产重组	第三人	54万元	没收违法所得、罚款	证监罚字〔2013〕41号
88	2012	博云新材	重大经营信息	上市公司合作方工作人员及亲属	分别获利1.1万元、2500元	罚款	证监罚字〔2013〕51号

（续表）

序号	内幕交易时间	股票名称	内幕信息类型	违规主体	获利数额	处罚结果	处罚决定
89	2012	上海建工	年报信息	上市公司管理人员亲属	11万元	没收违法所得、罚款	证监罚字〔2013〕66号
90	2012	金自天正	利润分配信息	第三人	9万元	没收违法所得、罚款	证监罚字〔2013〕65号
91	2012	向日葵	重大财务和经营信息	上市公司高管	分别规避损失8.9万元、12万元	没收违法所得、罚款	证监罚字〔2013〕71号
92	2012	爱仕达	重大投资和经营信息	政府工作人员	4.3万元	没收违法所得、罚款	证监罚字〔2013〕41号
93	2012	蓝色光标	重大资产购买信息	上市公司聘请律师及亲属	4.7万元	没收违法所得、罚款	证监罚字〔2013〕79号
94	2012	大商股份	财务报告	内幕信息知情人	6.8万元	没收违法所得、罚款	证监罚字〔2014〕5号
95	2012	龙泉股份	重大经营信息	证交所中小板公司监管人员		罚款	证监罚字〔2014〕77号
96	2012	新大新材	重大经营信息	合作谈判中间人	37.9万元	没收违法所得、罚款	证监罚字〔2014〕79号
97	2012	宇顺电子	重大经营信息	上市公司客户部副经理	3.2万元	没收违法所得、罚款	证监罚字〔2014〕14号
98	2012	华星创业	资产重组信息	第三人	5.6万元	没收违法所得、罚款	证监罚字〔2014〕39号
99	2012	嘉应制药	收购信息	被收购方高管的朋友	7.9万元	没收违法所得、罚款	证监罚字〔2014〕53号

（续表）

序号	内幕交易时间	股票名称	内幕信息类型	违规主体	获利数额	处罚结果	处罚决定
100	2012	长方照明	利润分配预案	非法获取内幕信息者		处理非法持有的股票、罚款	证监罚字〔2014〕29号
101	2012	梅泰诺	重大经营信息	收购方高管的朋友		罚款	证监罚字〔2014〕63号
102	2012	ST冠福	重大投资资产重组	参与方高管	29.3万元	没收违法所得、罚款	证监罚字〔2014〕43号
103	2012	恒顺电气	重大经营信息	上市公司高管、证券研究所研究员		处理非法持有的股票、罚款	证监罚字〔2015〕16号
104	2012	恒顺电气	资产重组信息	第三人		罚款	证监罚字〔2015〕17号
105	2012	恒顺电气	资产重组信息	上市公司上级领导		罚款	证监罚字〔2015〕18号
106	2012	恒顺电气	重大经营信息	投资顾问	公司获利84万元	没收违法所得、罚款、警告	证监罚字〔2015〕19号
107	2013	股指期货、180ETF和50ETF	股票交易信息	证券公司高管	获利7400万元，规避损失1300万元	没收违法所得、罚款、警告	证监罚字〔2013〕59号
108	2013	风范股份	年度业绩预增信息	上市公司高管及朋友	分别获利19.5万元、5.9万元、22.4万元	没收违法所得、罚款	证监罚字〔2014〕38号
109	2013	宏达新材	借壳上市	第三人	亏损	罚款	证监罚字〔2014〕90号

(续表)

序号	内幕交易时间	股票名称	内幕信息类型	违规主体	获利数额	处罚结果	处罚决定
110	2013	永生投资	资产重组信息	上市公司实际控制人助理的亲属	分别获利36.8万元、6.6万元	没收违法所得、罚款	证监罚字〔2014〕25号
111	2013	得利斯	年度利润分配方案	上市公司行政总监及亲属		处理非法持有的股票、罚款	证监罚字〔2014〕72号
112	2013	神剑股份	年度利润分配方案	上市公司高管	分别获利17万元、亏损1.5万元、0.7万元	警告、没收违法所得、罚款	证监罚字〔2014〕50号
113	2013	龙净环保	年度利润分配预案	上市公司高管	10.7万元	没收违法所得、罚款	证监罚字〔2014〕13号
114	2013	盛达矿业	中期利润分配预案	第三人	446万元	没收违法所得、罚款	证监罚字〔2014〕60号
115	2013	三五互联	资产重组信息	第三人、司机	分别获利53.9万元、46.8万元	没收违法所得、罚款	证监罚字〔2014〕74号
116	2013	和佳股份	年度分配股利及增资计划	上市公司高管及朋友	14.1万元	没收违法所得、罚款	证监罚字〔2015〕1号
117	2013	潜能恒信	年度利润分配预案	交易方上市公司管理人员	65万元	没收违法所得、罚款	证监罚字〔2015〕4号
118	2013	成霖股份	资产重组信息	第三人	26.1万元	没收违法所得、罚款	证监罚字〔2015〕5号
119	2013	时代新材	资产重组信息	第三人	亏损699万元	罚款	证监罚字〔2015〕8号

（续表）

序号	内幕交易时间	股票名称	内幕信息类型	违规主体	获利数额	处罚结果	处罚决定
120	2013	南风股份	资产重组信息	第三人	32.9万元	没收违法所得、罚款	证监罚字（2015）60号
121	2014	中源协和	资产重组信息	第三人		罚款	证监罚字（2015）13号
122	2014	丽珠集团	股权激励信息	证券公司行业分析师		罚款	证监罚字（2015）23号
123	2014	丽珠集团	股权激励信息	上市公司高管		罚款	证监罚字（2015）24号
124	2014	禾盛新材	资产重组信息	第三人	15.6万元	没收违法所得、罚款	证监罚字（2015）27号
125	2014	齐星铁塔	重大经营信息	第三人	23.8万元	没收违法所得、罚款	证监罚字（2015）29号
126	2014	炬华科技	利润分配方案	第三人	109万元	没收违法所得、罚款	证监罚字（2015）30号
127	2014	三元股份	重大增资信息	第三人	22.3万元	没收违法所得、罚款	证监罚字（2015）44号

自1993年深圳华阳公司、龙岗公司买卖延中实业股票内幕交易案，到2015年郝某内幕交易三元股份案，中国证监会作出的内幕交易行政处罚决定共计127件。① 在之前的十几年间，每年的处罚数量不超过十件，其中有几年的数量为零。但自2005年5月启动股权分置改革后，内幕交易案件的数量呈现迅速增长的态势。

---

① 以上统计数据仅指内幕交易、泄露内幕信息行为，不包括"老鼠仓"、操纵股票价格等其他证券类违法行为。

时间	案件数量	时间	案件数量	时间	案件数量
1994	1	2001	0	2008	3
1995	0	2002	0	2009	6
1996	0	2003	0	2010	10
1997	0	2004	1	2011	10
1998	1	2005	0	2012	14
1999	5	2006	0	2013	27
2000	1	2007	1	2014	29
				2015	16

近年来，内幕交易案件呈现出以下特点：

（一）内幕信息重点集中在资产重组领域

根据证券法的规定，内幕信息的类型主要分为资产重组、定期公告以及经营信息。其中，资产重组包括并购重组、债务重组、股权转让、资产注入、借壳上市以及其他方式的资产重组。定期公告主要涉及年报、中报、季报披露、分红信息、送转增股、业绩变更等。经营信息包括重大合同签订、对外投资项目、债务免除、重大科研突破等。统计所有内幕交易行政案件，可发现资产重组类型的内幕交易问题极为突出。在上述案件中定期公告类型的内幕交易案件有27起，经营信息类型的内幕交易案件有38起，资产重组类型的内幕交易案件则高达62起，分别占比21.2%、29.9%、48.9%。

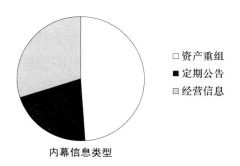

内幕信息类型

据上交所统计,2001—2008 年,收购兼并、股权转让 70％以上存在内幕交易迹象,2009 年有显著下降,但比例仍高达 36％,并且在这些疑似内幕交易事件中,有 70％的收益在信息披露前实现。另据证监会等五部委《关于内幕交易综合防控的专题调研报告》,在各类信息中,并购重组与股份异动的关联度最高。上市公司并购重组信息公开前,股价最大偏离值超过 10％的公司占到 43％,股价最大偏离值超过 20％的公司占到 33％。另据统计,2009 年在深交所上市的公司,有 25 家因重大资产重组事项申请停牌。复牌后,近五成公司股价在 3 个交易日内累计涨幅超过 20％,有 15 家公司股价实现连续 3 个涨停。①

从国际上看,并购重组活动一向是内幕交易的高发区。由于我国证券市场公司上市的额度管制,形成独特的上市公司壳资源现象,劣质公司通过并购重组产生的财富效应尤为突出,引发内幕交易的高发、频发。这也与股权分置改革紧密相关。并购重组的决策具有明显的自上而下特征,且决策过程烦琐、涉及面广,信息流转途径、渠道多,保密工作难以发挥实效。且内幕交易行为隐蔽性较强,难以被监管部门掌握、监管。此外,内幕信息也呈现出多元化的趋势,包括上市公司自身的各种经营、投资、公告信息等,也包括一些非特定的外部信息。在信息的产生、流转、确立过程中,接触、了解内幕信息的路径增多。内幕信息导致股票交易价格发生异常波动的情形多发,严重影响了证券市场资源配置功能的正常发挥。

(二)内幕交易主体以知情人员为核心,不断向外围扩散,确立"知悉"为主体认定标准

证券法将内幕交易的主体分为内幕信息的知情人和非法获取内幕信息的人。分析上述内幕交易案件,②内幕交易主体主要集中于上市公司及其高管,其占比为 35％。具体数据如下表所示:

---

① 参见马韬:《中国证券市场内幕交易监管实践研究和案例分析》,中国方正出版社 2014 年版,第 73 页。
② 案件主体的分析以案件为基准,对其主要的违法主体进行划分。实际上每个案件中可能有多个行为主体,因此,实际的内幕交易主体远超案件基准。

	上市公司内部人员	股东及关联公司人员	交易方及高管	参与方人员	非法获取者	其他（媒体、政府、朋友、同学等）
主体数量	45	11	22	19	3	27
占比	35%	9%	17%	15%	2%	22%

从主体分布及占比来看，围绕上市公司内幕信息的重点——资产重组和重大经营信息，内幕交易的主体也以上市公司知情人员为核心，以资产重组、重大经营过程内幕交易为多，包含上市公司实际控制人、大股东及关联公司工作人员、交易方、重组或经营活动参与方工作人员及其亲属，等等。其他主体包括媒体工作人员、政府工作人员、内幕信息知情人员的朋友、同学等。

在实际认定中，证券法规定的法定内幕信息知情人员数量较多，除了法律明确规定的六类主体外，主要以行为人实际知悉内幕信息作为认定标准。主体范围有逐渐扩大化的趋势，且不同主体间合谋、共同参与、实施的情形多发。包括上市公司与证券公司、评估公司等中介机构合谋，上市公司与上市公司控股股东合谋，交易方高管与员工合谋，并购重组双方与中间人合谋等等。在一起案件中可能涉及多个不同主体，对其分别给予行政处罚。

此外，不同类型的内幕信息，所涉主体也有不同。比如，资产重组类内幕信息，所涉主体集中在重组方（交易方）高管，其他包括上市公司高管及大股东、关联公司及高管，以上主体能占到该类内幕交易主体的一半以上。而在重大经营信息类的内幕交易中，主体主要为上市公司及高管，占比为44%，其次为交易方公司及高管。

而非法获取内幕信息的主体认定中，行为人直接采用非法手段获取内幕信息的情形极少，多数情形是行为人无合法权限而获知内幕信息。有些是行为主体主动联系、接触内幕信息知情人过程中获取信息，也有行为人在聊天或其他状况下被动获知后实施内幕交易的情形。总体而言，内幕交易主体呈现多元化、群落化以及广泛性的特点，虽然法律明文规定了法定的内幕信息知情人和非法获取内幕信息的人，但实践中基本以"知悉"内幕信息作为主体的认定标准,主体范围不断扩大。

(三) 内幕交易行政处罚相对较轻、力度有限

依据证券法及其他相关规定,内幕交易行政处罚主要有警告、罚款、没收违法所得、责令依法处理非法持有的证券、建议撤销主要负责人、市场禁入以及暂停有直接责任的管理人员从业资格等七项。从统计表格中可以看到,内幕交易行政处罚的常用方式为没收违法所得和罚款两项,其他处罚方式适用相对较少。当然,在对内幕交易的处罚中,行政处罚数量最多,刑事处罚近年来数量有所增加,民事赔偿处罚极少。这也反映出证券市场对中小投资者保护的力度有限,有待加强。

从内幕交易案件的获利数额来看,大多数内幕交易案件有获利金额,少部分案件有亏损,泄露内幕信息或建议他人买卖股票的情形没有获利数额。在有获利的案件中,基本上呈现"两头大、中间小"的构架,即获利数额特别巨大和获利数额较少的案件数量较多。其行政处罚多为没收违法所得和罚款。具体处罚基本依据主体最终是否获利及获利数额确定。

依据《证券法》第 202 条规定,对于内幕交易行为人,责令依法处理非法持有的证券,没收违法所得,并处违法所得 1 倍以上 5 倍以下的罚款;违法所得不足 3 万元的,处 3 万元以上 60 万元以下的罚款。从统计数据来看,除了没收违法所得之外,罚款的数额多为违法所得的 1 倍左右。例如罚款金额最多的光大内幕交易案中光大证券股份有限公司,其违法所得为 8721.43 万元,罚款为 52328.57 万元。① 杭萧钢构内幕交易案中吴某某(个人)违法所得为 748.42 元,罚款为 748.42 万元。② 如果违法所得不足 3 万元的,罚款通常为 3—5 万元。总体上处罚适用规定的下限,处罚相对较轻。

在认定违法所得时,主要依据净差额计算,即计算内幕信息公开前后买卖股票的实际收益。如 ST 黄海赵某某案件,赵作为上市公司总经理,利用

---

① 证监罚字(2013)59 号。
② 证监罚字(2013)72 号。

公司债务豁免的消息,在 2007 年 8 月至 10 月,累计买入股票 32 万股,成交金额 2860 万元,数额特别巨大。但正逢上证综指从 6000 点的历史高位一路下跌。其卖出股票后累计损失 35 万元。证监会对其处以 10 万元的罚款。在其他案件中也存在类似的情形。总体而言,内幕交易的处罚较轻、执法力度偏弱,对内幕交易的震慑力不强,对中小投资者的保护力度有待加强。

第二节　内幕交易行刑衔接问题研究

一、内幕交易刑事责任与行政责任竞合原因探析

(一) 行政权扩张与司法权萎缩

虽然我国并不实行"三权分立"的权力分配、实施和相互制约制度,但是公权力被划分为立法权、司法权和行政权,分配于不同的国家机构之间,在一定程度上实现了相互制约,并在宪法上得到体现。不过,由于行政权的性质以及我国的特殊情况,导致行政权挤压司法权的实施,并与司法权的功能形成交叉。

行政权本质上是一种管理权,以效率为基本价值取向,具有主动性和天然的扩张倾向。司法权以公正为基本价值取向,其启动具有被动性和终局性,其运作完全按照现有法律进行。我国正处于社会转型期,在以经济建设为中心的国策引导下,蓬勃发展的经济活动中出现各种的新问题亟待解决,具有效率优势的行政权可以及时作出反应,而在处理新问题的过程中则不可避免地使行政权发生自我创制和膨胀。[①] 司法权的启动遵循"不告不理"原则,且诉讼过程耗时甚长,无法对新问题主动进行处理,凭其保守的天性,即使介入新问题,恐怕也难以突破现有法律作出符合经济形势的处理。

---

① 参见时延安:《行政处罚权与刑罚权的纠葛及其厘清》,载《东方法学》2008 年第 4 期。

回到内幕交易的问题上,我国对内幕交易进行处理的行政机关是中国证监会,由稽查部门和地方派出机构立案的案件在调查终结后,移交行政处罚委员会进行审理,根据行政处罚委员会的审理,证监会对处罚对象采取两类制裁:行政处罚决定书和市场禁入决定书。由于内幕交易案件的线索主要是通过交易所的监控以及证监会的日常监管获得,所以证监会总能第一手接触内幕交易案件,也就能先行启动行政执法程序。进入刑事司法程序的内幕交易案件多数是由证监会移交给公安机关的。也就是说,只有在证监会职权范围之外、证监会无法处理的内幕交易案件,才会进入刑事司法程序。现实中,由于法律规定不够明确、证监会与司法部门认识不一、维护本部门利益等主客观原因,进入刑事司法程序的内幕交易案件寥寥无几,多数内幕交易案件都由中国证监会处理结案。所以说,在内幕交易的查处中,中国证监会行政权的扩张挤压了司法机关司法权的行使。

(二) 刑事司法与行政执法衔接不畅

1. 实体法方面——入罪标准过低导致司法实践被架空

要分清内幕交易行政违法与内幕交易罪,不仅应在立法上清楚界定内幕交易行政违法与内幕交易罪的界限,而且这一界限还需符合现实中经济犯罪数额越发庞大的演变趋势,但是我国现行行政法律规范与刑法对内幕交易行政违法与内幕交易罪的区分却不尽如人意,入罪标准与现实犯罪数额严重脱节。

最高人民法院、最高人民检察院《关于办理内幕交易、泄露内幕信息刑事案件具体应用法律若干问题的解释》(以下简称《解释》)第6条规定:"在内幕信息敏感期内从事或者明示、暗示他人从事或者泄露内幕信息导致他人从事与该内幕信息有关的证券、期货交易,具有下列情形之一的,应当认定为刑法第一百八十条第一款规定的'情节严重':(一)证券交易成交额在五十万元以上的;(二)期货交易占用保证金数额在三十万元以上的;(三)获利或者避免损失数额在十五万元以上的;(四)三次以上的;(五)具有其他严重情节的。"《解释》规定的数额标准与最高人民检察院、公安部《关于公安机关管辖的刑事案件立案追诉标准的规定(二)》第35条规定的数额一致,法律规定是清晰且无冲突的,但是在实践中适用情况如何呢?根据中国证监会网站公布的2010年、2011年内幕交易案件的统计,2010年内幕交易行政违法案件是5件,证券交易成交额分别是70万、88万、110万、135万、210万余元;2011年内幕交易行政违法案件是9件,其中4起案件的内幕交易成交额低于50万,5起案件成交额分别为79万、104万、312万、380万、416万余元,①这些数额已经远远超过《解释》规定的"情节严重"标准,但是证监会并未及时将这些案件移交公安机关,而是通过自身机构调查审理结案。证监会的越权是事实,但这也从另一角度说明,现行法律规定的入罪标准与查处证券违法行为经验丰富的证监会所认为的"情节严重"标准并不一致。② 立法机关与执法机关的认识不一致,导致内幕交易罪的入罪标准在行政执法中很难引起重视,证监会在调查内幕交易行为时,并未形成对涉案数额较大、可能涉嫌犯罪的案件及时移交公安机关的意识,而是趋向于先对内幕交易行为作出行政处罚后,再将涉嫌犯罪的移交,最后由法院作出刑事判决,于是就容易出现刑事责任与行政责任竞合的情况。内幕交易入罪标准与实际违法情况的脱节,导致该标准在实践中被架空,对于行政执法与刑事司法的衔接所发挥的作用也较小。

2. 程序法方面

(1) 原则规定多,可操作性细则少

目前规范行政执法与刑事司法程序衔接的政策法规已经不少,主要包括:国务院《关于整顿和规范市场秩序的决定》,国务院《行政执法机关移送涉嫌犯罪案件的规定》,最高人民检察院《人民检察院办理行政执法机关移送涉嫌犯罪案件的规定》,最高人民检察院、全国"整规办"、公安部《关于加强行政执法与公安机关、人民检察院工作联系的意见》,最高人民检察院、全国"整规办"、公安部、监察部《关于在行政执法中及时移送涉嫌犯罪案件

---

① 参见刘宪权:《论内幕交易犯罪最新司法解释及法律适用》,载《法学家》2012年第5期。

② 关于实体法完善的具体论述,详见本书第八章"完善我国内幕交易罪刑法规制的立法建议与司法对策"。

的意见》，中央办公厅、国务院办公厅《转发国务院法制办等部门〈关于加强行政执法与刑事司法衔接工作的意见〉的通知》等，但这些法规更像是指导性的工作文件，而非严格的法律性规范文件，通病就是原则规定多而具体的可操作的实务规定少，例如部分法规规定了相应行政机关在衔接工作中应当承担的责任，但却没有规定对应的违法责任后果。

行政执法与刑事司法的衔接机制的重点应当放在程序规定上，不仅要强调行政执法机关如何移送和公安机关如何接受，还要尤其注意如何避免行政执法部门不移送以及公安机关对移送的案件不接受或者消极接受，要通过程序性规定来保障行政执法与刑事司法能够衔接或防止其不衔接，更重要的是完善监督机制或者救济机制。①

（2）检察机关的监督阙如

权力制衡是国家权力体系运行的核心思想，由于行政权直接干预社会生活的特性以及其难以遏制的扩张性，权力制衡更多地表现为立法权、司法权对行政权的制约。相比于立法机关，司法机关的监督更为直接、有效和及时，因为司法权的监督直接针对具体执法活动，直接建立在追究行政违法责任者的行政责任乃至刑事责任的基础上；在同属司法权的审判权与检察权之间，相比于审判权，检察权的监督和制约更为有效、经常，因为不同于审判机关的被动性，检察机关的监督更加积极主动，且审判机关的介入是以检察机关的监督为前提的。② 因此检察机关作为法律监督者具有天然优势。

在行政执法程序与刑事司法程序衔接机制中，直接接触的是行政执法机关与公安机关，具体到内幕交易行为，则是中国证监会与公安机关，人民检察院并不直接参与案件移交，而是衔接机制的第三者，所以人民检察院要介入衔接机制只能以刑事法律监督者的身份介入。

但在实践中，检察机关难以在行政执法与刑事司法的衔接中进行监督，

---

① 参见郭华：《行政执法与刑事司法衔接机制的立法问题研究——以公安机关的经济犯罪侦查为中心》，载《犯罪研究》2009 年第 1 期。

② 参见徐燕平：《行政执法与刑事司法相衔接工作机制研究》，载《犯罪研究》2005 年第 2 期。

其原因是多方面的。其一是立法细化不足。我国《宪法》和《人民检察院组织法》对人民检察院的监督职能只作了原则性规定，在实践中无法操作。其二是部门之间信息不畅。由于专业阻隔以及部门之间沟通较少，检察机关对证监会处理内幕交易案件的情况不甚明了，对于是否有案件应当移送而未移送也不得而知。

衔接机制中的问题导致中国证监会与公安机关之间的案件移交存在诸多障碍，中国证监会作出行政处罚后再将案件移交公安机关，或者公安机关先行介入，在司法程序结束后认为还应接受行政处罚的才移交证监会，因此出现了刑罚处罚与行政处罚的竞合。

二、刑事责任与行政责任衔接机制之理论厘清

刑事责任与行政责任都是公法上的责任，是特定权力运作的产物。刑事责任，是刑事法律规定的、因实施犯罪行为产生的、由司法机关强制犯罪人承受的对其进行的否定性评价，并以此确定对其施加的负担。刑事责任是刑罚权针对犯罪行为行使的产物，其实现方式是刑罚处罚。行政责任，是指作为行政相对方的个人或单位因违反行政法律规范而依法应承担的法律后果，[①]是行政处罚权针对行政不法行为行使的产物，其实现方式是行政处罚。要厘清刑事责任与行政责任的关系，就需要理清刑事不法行为（犯罪）与行政不法行为的关系、刑罚权与行政处罚权的关系以及刑罚处罚与行政处罚的关系。[②]

（一）刑事不法与行政不法的关系

关于刑事不法与行政不法的区别，理论上主要有三种观点。[③] 一是量的差异理论，认为行政不法行为与犯罪行为相比，只是具有较轻的损害性

[①] 参见崔卓兰主编：《行政法学》，吉林大学出版社2000年版，第366页。
[②] 参见王春丽、闻志强：《完善行政执法与刑事司法相衔接应处理好三个关系》，载《上海法学研究》2013年第1期。
[③] 参见林山田：《经济犯罪与经济刑法》，台北：三民书局1981年版，第110—121页。

与不法性,或是在行为方式上欠缺犯罪行为的高度可责性,行政不法在事实上就是一种"轻微罪行",即行政不法与刑事不法之间只有量的区别。二是质的差异理论,认为刑事不法与行政不法之间具有质的差别,原因在于它们违反的法律规范的目的不同。司法与行政有着根本的区别,为达到司法目的而采取的强制手段,称为司法刑法;为达到行政目的而采取的强制手段,称为行政刑法。违反司法刑法的行为是刑事不法,违反行政刑法的行为则为行政不法。三是质量的差异理论,认为刑事不法与行政不法之间不仅有量的区别,更有质的不同。刑事不法在质上具有较深的伦理非价内容与社会伦理的非难性,而且在量上具有较高的损害性与社会危险性;相对的,行政不法在质上只有较低的伦理可责性,或不具有伦理非价内容,在量上也不具有重大的损害性与社会危险性。这三种理论从量、质或质与量的统一上对刑事不法与行政不法进行了区分,质量的差异理论综合了前两种理论,较为完整全面。不过,不法行为的违法性,归根结底,是由行为的社会危害性决定的,①刑事不法往往具有严重的社会危害性,而行政不法虽具有一定的社会危害性,但还未达到严重的程度。立法者只能选择具有严重社会危害性的行为规定为犯罪,予以刑罚处罚,对一般的行政不法行为,则予以行政处罚。

应该注意到,内幕交易罪作为刑事不法中的行政犯的一种,具有刑事不法与行政不法的双重属性,它是一种禁止恶,不同于自体恶的自然犯,其恶性来自于法律的禁止规定。实际上,行政犯是由行政不法转化为刑事不法的,具有二次违法性,是具有刑罚后果的行政不法,即不纯正的行政不法行为。行政犯与行政不法在行为表现上具有同一性,它们都违反行政规范、具有社会危害性且妨害正常的社会管理秩序,当其社会危害性超越行政不法而触犯刑法时,就演变成犯罪,二者在社会危害性程度上相互衔接。

在司法实践中,区分刑事不法与行政不法考虑的因素主要有:情节轻重、数额多少和后果大小。② 而在经济犯罪中,数额多少是一个关键的衡量

---

① 参见陈兴良:《论行政处罚与刑罚处罚的关系》,载《中国法学》1992 年第 4 期。
② 同上。

因素。以内幕交易罪为例,根据《解释》第 6 条的规定,在内幕信息敏感期内从事或者明示、暗示他人从事或者泄露内幕信息导致他人从事与该内幕信息有关的证券、期货交易,证券交易成交额在 50 万元以上的,或者期货交易占用保证金数额在 30 万元以上的,或者获利或者避免损失数额在 15 万元以上的,应当认定为《刑法》第 180 条第 1 款规定的"情节严重",即具备了构成内幕交易罪的要素之一。这里的"情节严重",可能一次内幕交易行为就足以构成,也可能是多次行为的涉案数额累积而构成,即数额从违反《证券法》规定慢慢增长到违反《刑法》规定。就经济犯罪来说,行为从行政不法到刑事不法,是处于同一行为的进行过程当中,社会危害性程度也相互衔接。

(二)刑罚权与行政权的关系

对行政犯的刑事违法性进行判断的过程,是行政权和刑罚权共同运作的过程。刑罚权是司法权的一种,刑罚权的行使主体是法院,由法院对行为的刑事违法性作出判断,而行为的行政违法性则由行政权的行使主体作出判断,具体到内幕交易行为,则是中国证监会。当我们对行政犯进行判断时,第一层次是行政违法性的判断,第二层次才是刑事违法性的判断,行政违法性的判断主要是客观判断,只要行为人客观上违反了行政法律规范,就可以认定为行政不法,不论其主观上是否有过错,除非法律另有规定;刑事违法性的判断不仅需要从客观方面考察行为是否违反行政法律的规定,还需要考察行为人的主观方面是否有罪过。后者以前者的肯定结论为前提,也就是说,刑罚权的运作依赖于行政权。例如内幕交易罪,在大多数情况下,由于证券领域的专业性,以及中国证监会第一手接触案件的优势,是由中国证监会首先对行为的行政违法性作出判断,再由法院对行为的刑事违法性作出判断。而这一过程,无非是法院对中国证监会的处理结论作出是否认可的决定,关于主观方面的罪过,除非被告人提出充分证据证明自己没有罪过,否则通常可以推定被告人具有罪过。中国证监会对于内幕信息、内幕人以及内幕交易行为方式的判断,基本上足以作为法院定罪量刑的根据。在内幕交易罪的审判中,法院的作用较为被动、消极。也可以说,在刑罚权的实施过程中,行政权发挥的影响非常大。

(三) 刑罚处罚与行政处罚的关系

刑罚处罚与行政处罚分别是刑事责任与行政责任的实现方式,它们最明显的区别表现在种类上。根据《行政处罚法》第8条的规定,行政处罚的种类有警告、罚款、没收违法所得、没收非法财物、责令停产停业、暂扣或者吊销许可证、暂扣或者吊销执照、行政拘留,以及法律、行政法规规定的其他行政处罚;根据《证券法》第202条规定,适用于内幕交易行为的行政处罚类型是警告、罚款、没收违法所得。刑罚处罚包括五种主刑和四种附加刑;根据《刑法》第180条的规定,适用于内幕交易罪的是有期徒刑或拘役以及罚金。这是二者形式上的差别。

二者性质上的差别,一在于制裁对象分别是刑事不法与行政不法,二在于一个是刑罚权的行使结果,另一个是行政权的行使结果。关于刑事不法与行政不法的关系和刑罚权与行政权的关系,前已述及,恕不赘述。

三、完善衔接机制之思考和路径选择

(一) 应当正确理解和把握两个基本原则

1. "一事不再理"原则的准确理解

关于内幕交易行为的刑事责任与行政责任的衔接,有一个作为前提的问题,就是行政犯能否双重处罚。这里涉及对于"一事不再理"原则的理解。"一事不再理"源自古罗马法,在罗马共和国时期,法院实行一审终审制,因而适用一事不再理原则。一事不再理原则是指对于已经发生法律效力的案件,除法律另有规定的以外,不得再行起诉和处理。这个原则普遍适用于民事案件的审判,同时也适用于刑事案件。[1] 就刑事案件来说,英美

---

[1] 参见周枏等编写:《罗马法》,群众出版社1983年版,第334页。

国家的"防止重复定罪和刑罚的危险"原则与一事不再理原则类似,它是指禁止使一个人因同一罪行,在第一次审判之后,再次被起诉和审判。因此,一事不再理原则是指一个人不得因同一行为遭受两次性质相同的处罚。比如因同一罪行被两次审判和处以刑罚并付诸执行。而对内幕交易行为同时给予的刑罚处罚和行政处罚,是两种性质不同的处罚,各自独立存在也可以并存,并不违反一事不再理原则。这一结论也得到现行立法的承认。如《行政处罚法》第7条第2款规定:"违法行为构成犯罪的,应当依法追究刑事责任,不得以行政处罚代替刑事处罚。"第28条规定:"违法行为构成犯罪,人民法院判处拘役或者有期徒刑时,行政机关已经给予当事人行政拘留的,应当依法折抵相应刑期。违法行为构成犯罪,人民法院判处罚金时,行政机关已经给予当事人罚款的,应当折抵相应罚金。"也就是说,行政处罚与刑罚处罚二者性质不同不可相互替代,二者是可以并存的,并存时,针对同一权利内容的处罚种类应予以折抵。

2. 灵活把握"刑事优先"原则

有学者认为,"刑事优先"原则可适用于解决刑事责任与行政责任的竞合问题,即先解决行为人的刑事责任问题,再解决其行政责任问题。① 理由是:第一,行政犯罪与行政违法行为相比,社会危害性更严重,应优先审查。第二,刑罚处罚与行政处罚相比,制裁程度更严厉,应优先施行。第三,行政机关先对行为人作出行政处罚,并不是司法机关审理行政犯罪案件的必经程序,作为行政处罚的事实和证据依据,对司法机关并不具有当然的效力,还需经司法机关重新调查、核实和认定;而司法机关认定的犯罪事实和审查的证据,对行政机关具有当然的效力。基于以上理由,在行政处罚与刑罚处罚竞合的情况下,在适用程序上应遵循刑事优先原则。

对于上述观点,笔者认为是对刑事优先原则的误解。在大陆法系,刑事优先原则是指一个案件同时涉及刑事和民事诉讼,应当刑事附带民事诉讼一并解决,若急需解决刑事问题,则先刑后民,并由同一审判组织审理。在

---

① 参见周佑勇、刘艳红:《论行政处罚与刑罚处罚的适用衔接》,载《法律科学》1997年第2期。

英美法系,是指当一个案件同时涉及刑事和民事两个诉讼时,可以刑民分诉,但被害人只有在刑事案件审理终结后,才能单独向法院提起因犯罪而造成的损失的赔偿之诉。① 在我国,刑事优先原则是指法院在审理刑事附带民事诉讼时,应合理协调二者的程序,按照"先刑后民"、减少重复的原则进行,审理刑事案件时所调查核实的证据和查清的事实,适用于民事诉讼,不需要重复调查。可见,刑事优先原则的适用范围是有一定限制的,应适用于同一法院审理刑民交叉案件的情况,而不能将其任意引申至刑事责任与行政责任竞合的案件。如果说在刑行交叉案件中有所谓"刑事优先"的话,应该是指在刑事司法程序与行政执法程序孰先孰后的问题上,如果行政机关调查行政不法案件的过程中,发现已经构成犯罪的,应当及时移交公安机关立案调查,由司法机关先行追究。而不是指在刑事责任与行政责任竞合的情况下,一律优先实现刑事责任。

(二) 完善实体衔接

1. 适用方法

对于行政犯罪的刑罚处罚与行政处罚竞合时二者如何适用的问题,主要有三种观点。②

第一,选择适用。也称"代替主义",认为对违法行为的制裁,只能在刑罚处罚和行政处罚之中选择一种。理由是,刑罚处罚与行政处罚都是公法上的责任实现方式,在法的实现与促进机能上,二者是类似的,在一般预防与个别预防的机能上,二者也是互相交错的。因此,从处罚经济原则以及保护个人权利的角度出发,只应从两种处罚中选择一种。至于选择何种,又有两种观点,一是根据适用法律责任的重罚吸收轻罚的原则,选择刑罚处罚,二是根据有利于行为人的原则选择较轻的行政处罚。

第二,合并适用。也称"二元主义",主张对同一违法行为,既要适用刑罚处罚,又要适用行政处罚。理由有三点:一是行政犯在性质上具有刑事

---

① 参见金文彤:《论"刑事优先"原则及其适用》,载《法学评论》1995年第6期。
② 参见汪永清:《行政处罚》,中国政法大学出版社1994年版,第21—22页。

违法性和行政违法性双重属性,其性质决定了其责任和处罚的双重性,二是刑罚处罚与行政处罚是两种性质、形式和功能皆不相同的处罚,二者的差异性决定了二者不能相互替代,也不能适用"重罚吸收轻罚"原则,因为这一原则是针对同一性质的处罚而言的,而二者的合并适用又可以相互弥补各自的不足。三是我国立法实践已经承认行政处罚与刑罚处罚竞合时的合并适用。如《行政处罚法》第28条规定:"违法行为构成犯罪,人民法院判处拘役或者有期徒刑时,行政机关已经给予当事人行政拘留的,应当依法折抵相应刑期。违法行为构成犯罪,人民法院判处罚金时,行政机关已经给予当事人罚款的,应当折抵相应罚金。"

第三,附条件并科。也称"免除替代",主张刑罚处罚与行政处罚可以并科,但任何一个执行后,即没有必要再执行另一个时,可以免除执行。这一观点成立的前提是相应机关拥有是否执行另一种处罚的决定权,而这在实践中恰恰是有问题的。行政机关在适用行政处罚后,并没有权力决定不再适用刑罚处罚;法院在适用刑罚处罚后,对于吊销许可证或执照等特定形式的行政处罚,也无法决定是否执行。行政机关与司法机关有各自的职权范围,不可越俎代庖。

对于上述三种观点,笔者认为第二种观点比较可取,即当同一行为既违反行政规范又触犯刑法而发生行政处罚与刑罚处罚的竞合时,二者应合并适用。同时,合并适用是一般原则,在某些不能合并或不需合并的情况下还可以以排斥适用原则作为补充。如在对内幕交易的刑罚处罚和行政处罚进行合并适用时,应当注意应然与实然的关系。我们说内幕交易罪应受双重处罚,并不是说其实际上一定会受到双重处罚,也有可能只受一种处罚。如刑罚处罚与行政处罚针对的权利内容相同时,采取刑罚处罚吸收行政处罚的方法,实际上只受刑罚处罚。具体的适用情况,可以按照行政执法程序与刑事司法程序的先后顺序分为先刑后罚和先罚后刑两种。

2. 具体适用情况

(1) 先罚后刑

如果行政机关已经对违法行为作出行政处罚,人民法院在适用刑罚处罚时，应当按照下述方式进行衔接：

第一，同质罚相折抵。

这里我们论述行政处罚与刑罚处罚的折抵方法，有一个前提，即刑罚处罚还未执行，而行政处罚已经执行完毕或在执行的过程中。如果在执行刑罚处罚时，行政处罚还未执行，那么直接执行刑罚处罚即可，对同质行政处罚不需执行。

首先，以罚款折抵罚金。罚金与罚款在形式上具有相同之处，都是强制违法者缴纳金钱，针对的都是行为人的财产权。因此，人民法院在判处罚金时，应考虑行为人已受的罚款处罚及其数额，按照罪刑相当原则使罚金刑与具体情节相适应，并按照《行政处罚法》第28条第2款的规定以罚款折抵罚金的相应数额。需要注意的是，由于罚款与罚金的适用主体不同，二者的数额一般也不相等。如果罚金数额大于罚款，不足部分应由行为人补交；但如果罚款数额大于罚金数额，折抵后剩余的罚款数额是否还具有法律效力呢？如果不具有，则多余部分应退还给行为人；如果具有法律效力，那么多余部分仍按照行政处罚法的规定履行。对此，法律没有给出明确答案。有学者认为，罚款折抵罚金有剩余的，剩余部分仍具有法律效力。理由是，罚款折抵罚金是在罚款决定具有法律效力的情况下发生的。如果行政罚款决定不具有法律效力，则失去了折抵的前提，因为折抵必须在两个有效的法律决定之间进行。而且，罚款折抵罚金后，并不意味着原行政罚款决定就无效了，折抵只是解决两种处罚的重合问题，而非效力问题。所以原行政罚款决定仍然有效，剩余部分也应当履行。① 笔者赞同这一观点。

其次，以拘留折抵有期徒刑或拘役。行政拘留剥夺行为人的人身自由，有期徒刑和拘役同样是在一定期限内剥夺行为人的人身自由权，二者针对同一权利，应以拘留的期间折抵有期徒刑或拘役的期间。按照《行政处罚法》第28条第1款规定"违法行为构成犯罪，人民法院判处拘役或者有期徒刑时，行政机关已经给予当事人行政拘留的，应当依法折抵相应刑期"，《刑

---

① 参见叶群声：《行政处罚与刑罚的适用衔接》，载《江西社会科学》2004年第3期。

法》第 44 条规定"拘役的刑期,从判决执行之日起计算;判决执行以前先行羁押的,羁押一日折抵刑期一日"和第 47 条规定"有期徒刑的刑期,从判决执行之日起计算;判决执行以前先行羁押的,羁押一日折抵刑期一日",所以,具体的折抵方法是:行政拘留 1 日,折抵有期徒刑或拘役 1 日,行为人的实际服刑期间是法院判处刑期减去行政拘留的期间。

谈到内幕交易罪,根据《证券法》第 202 条规定,适用于内幕交易行为的行政处罚类型是警告、罚款、没收违法所得,根据《刑法》第 180 条的规定,适用于内幕交易罪的是有期徒刑或拘役以及罚金,由于内幕交易的行政处罚中不包含行政拘留,所以如果内幕交易的刑罚处罚与行政处罚需要折抵,一般是发生在罚金和罚款之间,以罚款的数额折抵罚金的相应数额即可。

第二,异质罚各自适用。

如果行政机关决定的处罚与人民法院判决的刑罚针对不同的权利内容,则二者分别适用,互不干扰。具体到内幕交易的处罚,作为行政处罚的警告与没收违法所得,就不会与刑罚处罚发生折抵问题,直接适用即可。

（2）先刑后罚

行为人已经刑事司法程序接受含刑罚处罚的刑事判决后,行政机关再针对同一行为给予行政处罚的,依照以下方式衔接:[①]

第一,同质罚不得再处罚。

人民法院已经判处罚金的,行政机关不得再处以罚款。虽然罚款和罚金的性质不同,但二者针对的权利内容一致、目的一致,都是给予行为人经济上的惩罚,并且由于罚金是由具有终局效力的司法权作出,其效力优于行政权作出的罚款。因此,如果人民法院已经给予罚金的刑罚处罚,给行为人以经济制裁的目的已经达到,不宜再采用罚款作为行政处罚。

人民法院已经判处有期徒刑或拘役的,不得再处目的和内容相同的行政拘留。而且行政拘留的期限不超过 15 日,拘役的期限在 1 个月以上,有

---

① 参见周佑勇、刘艳红:《论行政处罚与刑罚处罚的适用衔接》,载《法律科学》1997 年第 2 期。

期徒刑的期限在 6 个月以上,行为人被判处拘役或有期徒刑后再适用行政拘留,并不能使处罚力度加大多少,意义甚微。

第二,异质罚可予再处罚。

针对不同权利、不同主体的处罚,可再予适用。首先,如果人民法院已经适用了管制、拘役、有期徒刑或罚金,行政机关仍然可以依法适用吊销许可证或执照等能力罚,若人民法院没有判处罚金,行政机关认为有必要的,可以依法处以罚款。其次,单位有违法犯罪行为的,如果人民法院只追究了直接责任人员的法律责任,未对单位判处刑罚的,行政机关还可以对单位依法适用行政处罚。

第三,免刑的应予再处罚。

根据法律规定,某些犯罪情节轻微的,可以免予刑事处分。人民法院依法免予刑罚处罚或处以非刑罚处罚后,行政机关应当依法给予行为人相应的行政处罚。但这并不意味着所有被免刑的行为人都要被给予行政处罚,是否给予行政处罚,应由行政机关根据案件的具体客观情况和行为的社会危害程度来决定,行政机关有权依法作出行政处罚的决定,也有权依法不予处罚。另外,行政机关不得因行为人有犯罪行为而突破行政法律规范的处罚幅度而加重处罚,应当与一般违法者一视同仁。

在对内幕交易罪进行刑罚处罚后再给予行政处罚时,人民法院对行为人已经判处罚金的,证监会不应再处以罚款;人民法院只对行为人判处有期徒刑或拘役的,证监会可以再处以警告、罚款、没收违法所得;单位犯罪,人民法院对单位判处罚金,对直接责任人判处有期徒刑或拘役的,证监会可以对直接责任人员再适用警告或罚款;人民法院免予刑事处分的,证监会可以依法给予警告、罚款或没收违法所得的行政处罚,可在法定范围内从重处罚,因为行政犯罪毕竟比一般的行政违法行为的社会危害性大,对其从重处罚也符合罚当其责与公平原则,同时也体现了与刑罚处罚的衔接。

（三）完善程序衔接

1. 完善程序立法

针对行政执法与刑事司法衔接领域的程序立法原则规定多、可操作性细则少的问题，建议由全国人大常委会就此作出专门规定，或者对《刑事诉讼法》或《行政处罚法》的内容加以修改补充，细化行政机关向司法机关移送案件以及司法机关向行政机关反馈和反向移送案件的程序，同时也可以提升法律位阶，解决法规混乱、政出多门的问题。①

国务院《行政执法机关移送涉嫌犯罪案件的规定》已经对行政执法机关移送案件的标准、移送的期限、不依法移送和不依法接受移送的法律责任问题作了规定，然而还有一个需要解决的问题：人民法院在依据刑事诉讼程序对犯罪嫌疑人审理之后的处理程序，即刑事司法与行政执法的反向衔接问题。② 对此，可以区分不同情况设置以下几条规则：其一，行为人的行为已经构成行政犯罪的，无论是给予刑罚处罚还是依法免除刑罚处罚，都应当将处理结果通知相关行政执法机关。如果还需要行政执法机关追究行政责任的，应当提出司法建议，并将案件移送行政执法机关追究行政责任。其二，行为人的行为不构成犯罪，但违反或可能违反行政法规的，应当及时移送有管辖权的行政执法机关，由该机关依行政执法程序追究行政责任。其三，行为人的行为不构成犯罪，也不违反行政法规，如果是由行政执法机关移送而来的案件，应当将处理结果及时通知该行政执法机关。

对于衔接程序的配套保障制度，学界已经提出不少对策，实务界也进行了诸多探索，如行政执法机关与公安机关、检察机关之间畅通信息共享机制、健全联席会议机制、鼓励协同工作机制、制订奖惩考核机制等。③

---

① 参见范雪旺：《证券犯罪中的行刑转化问题分析》，载《中国检察官》2011 年第 3 期。
② 参见周佑勇、刘艳红：《行政执法与刑事司法相衔接的程序机制研究》，载《东南大学学报》2008 年第 1 期。
③ 同上；徐燕平：《行政执法与刑事司法相衔接工作机制研究》，载《犯罪研究》2005 年第 2 期。

2. 健全并强化检察机关对行政执法机关的监督权

关于检察机关对行政执法机关的监督，首先需要明确检察监督的内容和特点。① 在内容上，检察机关的监督包括两个方面，一是对行政处罚案件性质的审查，审查案件的定性是否符合刑法规范、涉嫌犯罪；二是对行政处罚案件处罚程序的审查，审查涉嫌犯罪的案件是否应移送司法机关进入刑事诉讼程序、受到刑事追诉。检察监督的特点包括三个方面：一是监督的主动性和预防性，即检察权对行政处罚权的监督应当及时接续在行政处罚作出以后，预防行政机关不移送涉嫌犯罪案件。二是监督的法制性，即检察监督应有强制性法律规定作为依据和保障，并规定相应的法律后果。三是监督的专门性，检察机关相对于行政执法机关具有刑事法律专业上的优势，可以针对行政处罚行为进行刑事法律方面的监督。但同时，检察监督也仅限于刑事法律方面，而不可逾越界限，不能干预行政执法机关的其他行为。

为实现检察机关对行政执法机关的监督，还需明确检察机关在衔接机制中的具体权限。有学者建议赋予检察机关六项权限，包括备案审查权、提前介入权、调卷审查权、移送通知权、违法纠正权和专项检查权。② 明确这些权力是必要的，不过，笔者认为对于提前介入权应谨慎把握。提前介入权是指对于行政执法机关查处的可能涉嫌犯罪的案件，检察机关认为有必要时可以主动派员提前介入，引导行政执法机关围绕案件定性收集、固定和保全证据，使检察机关的提前介入权向前拓展，从涉嫌犯罪案件移送后向移送前拓展，从刑事诉讼环节向行政执法环节拓展。然而，提前介入权的行使延伸了检察监督权的范围，使部分行政案件的调查过程受到检察权的干预。行政权的过分扩张固然不合理，但检察权作为司法权的一部分也不应破坏权力分立和相互制约的局面，不应入侵行政权的运行领域，干预行政权的行使并非检察监督主动性的题中之义。

---

① 参见唐光诚：《论人民检察院对行政处罚权的刑事法律监督》，载《行政法学研究》2008 年第 2 期。
② 参见徐燕平：《行政执法与刑事司法相衔接工作机制研究》，载《犯罪研究》2005 年第 2 期。

在内幕交易的刑事责任与行政责任的竞合与衔接中,正确把握刑事不法与行政不法、刑罚权与行政权以及刑罚处罚与行政处罚的关系。在刑罚处罚与行政处罚竞合的情况,遵循以合并适用为主、以排斥适用为辅的原则,切实按照上述方法适用刑罚处罚与行政处罚,并配合以程序衔接的完善,能在实体上和程序上保障衔接机制的合法有序运行,使内幕交易行为得到更为全面有效的规制。

第七章 内幕交易监管模式研究

第一节 主要证券市场的监管模式

一、美国证券监管模式——SEC 行政与司法并济

在美国证券市场发展的早期,证券交易能够在缺乏政府机构监督的情况下依靠自律规则得以有序运行。但在 19 世纪 80 年代以后,华尔街市场作为美国证券交易中心,吸引大量外来经济商参与交易过程。行业自律已经不能维系交易主体之间的诚信关系。而彼时美国政府奉行完全放任的自由市场主义,"买者自负"成为政府对待证券欺诈行为的默认准则。之后,随着 20 世纪初经济大萧条时代的到来,1929 年股市大崩盘成为美国证券监管的重要转折点。

美国先后通过了以"披露原则"为主的《1933 年证券法》和《1934 年证券交易法》。美国证券交易委员会(SEC)得以组建并开始行使披露监管职权。美国证券监管开始了以登记、披露为主导要求的监管模式。随后《1970 年证券投资者保护法》《1995 年证券私人诉讼改革法》《2002 年萨班斯—奥克斯利法》及 SEC 一系列配套的规章补充并完善了美国证券监管制度体系。

(一)信息披露为主的监管模式

美国证券监管模式以"披露至上"为基本原则和监管底线。其理论基础在于通过政府介入市场主体交易过程中的信息披露监管来避免因信息不对称所造成的市场博弈失衡。[①] 就监管责任而言，SEC 仅在法律授权范围内，通过颁布法规、法令或要求登记的方式就买卖双方如何进行信息披露提出要求，并不干涉市场主体参与市场活动的具体交易行为。因此，美国的证券监管不是以行政审批模式，而是通过对存在法定信息披露义务的登记备案来实现保证市场交易公平、合理的监管目标。SEC 只负责维护市场交易公平，不负责维持市场信息，也不实施其他直接干预市场交易的行为。

美国证券监管遵循尊重市场主体交易自主，保护市场交易信息对称的方式进行。任何主体违反法定的披露义务，则会因其行为的违法性，可能在行政、刑事、民事领域受到追诉或处罚。在监管责任划分上，交易所负责日常的交易监管和对上市公司级会员的契约约束。SEC 负责各市场主体进行信息披露的合法性、合规性监管。各监管机构不要求对市场主体披露内容进行实质性审查。但是信息披露义务主体必须按照法定程序披露相关事项。如果违反相关准则或信息被证实有误导、遗漏或错误，监管机构则可以启动相应的程序追究违法主体的相关责任。总体而言，SEC 的监管体系基于保护投资者利益，围绕保障市场公平、有序，通过信息披露实现对市场的有效监管。

（二）强大、灵活的实时监控体系

美国证券监管的有效性有赖于监管机构的监管能力和监管效率，这取决于证券市场法律体系的完整性、监管机制的完备性、监管技术的发达程度以及监管人员的专业素养。通过强大的市场监管技术，对证券交易活动进行实时动态监控和事后统计分析。具体监管流程如下图所示：

---

① 参见郑彧：《证券市场有效监管的制度选择——以转轨时期我国证券监管制度为基础的研究》，法律出版社 2012 年版，第 39—42 页。

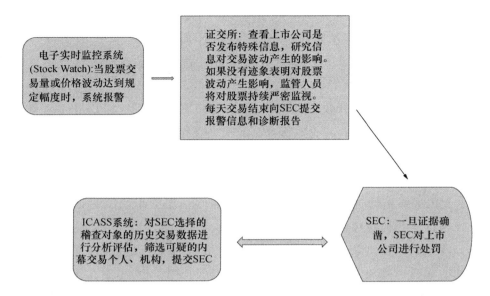

证券犯罪案件类型主要集中在内幕交易、市场操纵、财务欺诈、虚假陈述、上市公司海外腐败犯罪等。SEC 负责的违法犯罪案件信息来源主要包括：（1）SEC 对上市公司、证券交易机构等的定期监管；（2）证券交易所、证券交易商协会等证券自律组织根据证券市场实时检查机制，发现有异动情况并初步调查发现有违法犯罪嫌疑的，报告 SEC；（3）SEC 受理公开发行证券、并购重组、财务公告等日常行政监管事宜过程中发现的内线交易等违法犯罪线索；（4）SEC 执法投诉中心（Enforcement Complaint Center）获悉的公众以及内部人的举报信息。

（三）行政与司法并济模式

SEC 处理证券违法（内幕交易）案件主要有以下特点：第一，实时性执法机制。在获取证券交易所等证券机构实时提供的违法犯罪案件信息后，SEC 立即采取行动以阻止证券欺诈犯罪行为及其对证券市场投资者的损害。必要时，SEC 会向法院申请临时禁止令，立即阻止违法犯罪行为或者快速冻结资产。第二，鼓励合作与揭发。尤其是对于涉嫌证券犯罪的嫌疑人，SEC 鼓励其配合调查，主动陈述犯罪事实，保证其尽量采取刑事和解等方式处理案件。第三,重视证券违法犯罪利益追缴与民事处理措施。SEC以弥补投资者损失为导向,以追缴犯罪经济利益为主要工作目标,尽可能将犯罪所得返还受害的投资人,并重视对犯罪者施加惩罚性赔偿。证券犯罪案件适用刑事和解的,以迅速、有效以及富有弹性的民事处罚措施替代刑事处罚手段。SEC调查的涉嫌证券犯罪案件,大约有90%以上通过和解的方式结案,当事人向SEC支付巨额罚款,只有极少数的案件移送至Department of Justice(DOJ)进行公诉。

SEC负责所有与证券有关的违法犯罪案件的调查与起诉工作。在具体操作上,对于证券违法案件中的民事赔偿部分,SEC直接向法院提起诉讼或者与被告达成和解。对于涉嫌证券刑事犯罪案件,SEC有权直接予以和解,或者与犯罪嫌疑人达成不起诉协议,只有最为严重的证券犯罪才会移送并协助DOJ进入证券犯罪公诉程序。SEC执行署的检察人员会与联邦司法部的检察官进行合作办案。在证券犯罪案件移送DOJ进入公诉程序后,DOJ仍然有权与犯罪嫌疑人进行辩诉交易,就不起诉、暂缓起诉、罪名选择、量刑等问题达成不同的协议。由于证券犯罪案件通常涉及民事责任与刑事责任两种责任追究,SEC与DOJ在提起民事程序与刑事程序时适用两种模式,即分离模式与平行模式,前者是指证券犯罪民事赔偿程序与刑事诉讼程序在时间上完全分离,后者是指民事与刑事程序同时展开。①

二、英国金融监管模式——自律监管转向集中监管

19世纪上半叶,英国掀起股票交易的热潮,但此时并无法律规定相应的监管机构及监管工作。证券监管多采用自我管理的方式,通过道义劝说对参与主体的业务活动与经营活动进行监督管理,②形成有大量实质管理作用和影响力的行业自律组织。根据《1986年金融服务法》(Financial Service Act),英国成立了拥有合法管理证券市场权限的证券和投资委员会

---

① See SEC Division of Enforcement Manual, Section 5.2.1 at 108—111, and Section 5.6.1 at 115—118(Jan. 13, 2010).

② 参见乔海曙:《金融监管体制改革:英国的实践与评价》,载《欧洲研究》2003年第2期。

SIB。在 SIB 的授权下,若干自律性组织承担起对不同金融行业直接的、日常的监察工作,每一个自律组织负责管理金融服务业中的一个特别领域。1991 年证券协会和期货经纪商与交易商协会合并后创建了证券与期货管理局(The Security and Future Authority,SFA),成为证券市场的监管机构,由此形成多头管理的证券监管体制,即不同的机构监管不同类型的证券业务。后英国颁布《2000 年金融服务和市场法》,整合之前关于金融监管的所有法律,成为英国规范金融业的一部基本法。SFA 整合先前全部金融监管机关,成为英国金融行业统一的官方监管机构,对银行业、证券业、保险业等采取以风险控制为基础的金融监管措施。

依据《2000 年金融服务和市场法》,英国金融服务管理局(Financial Services Authority,FSA)被授权在以下四个法定目标下行使监管职权:第一,维持金融系统的市场信心;第二,促进公众对金融系统的理解;第三,采取适当措施保护消费者;第四,减少金融犯罪。为此,FSA 希望在促进效率、有序和公平的市场,帮助零售性客户获得公平的交易,以及提高商业容量和效率这三个方面实现法定目标和监管原则。[①]

在以上监管原则下,FSA 拥有对金融市场的规定制定权、调查权和执法权力,并且有义务制定市场监管的标准与准则。其工作重点在于识别、防范并解决金融市场的风险。FSA、英国皇家检察署(The Crown Prosecution Service,CPS)、中央欺诈犯罪处(Central Fraud Division,CFD)[②]等承担金融检察职能的机构尽管分别针对不同类型的金融犯罪案件承担检察职能,但这些机构在金融检察整体范畴内对于金融犯罪案件的调查、起诉、不起诉、资产扣押等具有完整的检察裁量权,主导着英国打击金融犯罪的执法与司法运作。

综观英国证券监管制度,有着较为完善的证券市场自我管理体系,强调

[①] 参见郑彧:《证券市场有效监管的制度选择——以转轨时期我国证券监管制度为基础的研究》,法律出版社 2012 年版,第 102 页。

[②] CFD 是 CPS 于 2010 年 4 月成立的,专门负责英格兰与威尔士境内的复杂、数据特别巨大的欺诈犯罪案件的起诉与反起诉欺诈犯罪策略咨询。

自律原则多过政府监管。① 其监管特色在于没有专门的证券法,有关证券发行、交易的监管制度散见于财产法、公司法及有关证券代理的法律。沿用普通法和衡平法下的商品交易裁决规则,通过法院造法和法院释法的形式对证券交易行为进行事后监管。② 近二十年来,为了顺应证券市场的发展,英国结合证券市场的特点在实现监管体制集中化的同时,努力实现证券市场立法的成文化和体系化。

三、德国证券监管模式——三重监管架构

在 1994 年之前,德国证券市场没有建立统一的证券法体系,没有对证券市场进行监管的中央机构,通过自律管理维持市场的基本运作。1994 年之后,依据《第二部金融市场促进法案》颁布了《有价证券交易法》,设立联邦证券交易管理局(BaFin)对内幕交易和上市公司的信息披露等行为进行监管。2002 年,为适应对金融混业经营的监管,成立联邦金融监管局,对银行、保险、证券市场以及政府资产进行监管。

德国现行证券监管模式为三重监管架构:除联邦金融监管局外,各州也设有各自的监管机构。加上在证券交易所内设置的监管办公室,形成了德国证券市场监管的三层架构。③ 三层监管机构的职权范围彼此有别,又相互合作。

交易所的监管办公室处于证券监管的最前线,负责管理证券发行、上市

---

① 参见周正庆主编:《证券知识读本》(修订版),中国金融出版社 2006 年版,第 358 页。
② See Stuart Banner, Anglo-American Security Regulation, Cambridge University Press, 1998, p. 111.
③ 参见郇公弟:《德国:三层构架对国内证券市场实施监管》,载《经济参考报》2007 年 9 月 13 日第 3 版。

和交易等具体业务,履行对证券交易的一线监管职能。州政府交易所监管机关负责监管本辖区内的证券交易所和证券交易行为,对交易所实施法律监督,对辖区内的交易、结算和其他证券活动进行监管。联邦金融监管局履行对包括证券市场在内的金融市场的国家监管职能。

根据德国《有价证券交易法》规定,德国内幕交易罪执行机构由联邦有价证券交易监督部、证券交易所以及检察机关三者组成。BaFin作为行政机关具有行政权力,但是没有司法权限。《有价证券交易法》第40a条规定,如果要将有关内幕交易的活动引入司法程序,BaFin只能将犯罪嫌疑成立的事实通知主管的检察机关,通过检察机关推动司法程序。同时规定,有关司法机关进行司法程序的案件及相关情况应通知BaFin,使其对案件有知悉权。这样就使行政机关和司法机关之间的互动为法律所保障。不仅各自程序有规定,而且程序间的连接也实现了法定化。

四、日本证券监管模式——护送船队监管模式

20世纪80年代之前,日本证券监管属于政府高度管制的"过度规则"状态。这种过度监管与其融入金融自由一体化的进程格格不入,证券监管的难度越来越大。为适应国际金融业发展的趋势,增强国际金融市场地位,日本政府对金融体制进行了放松监管、加速金融自由化、重组金融机构等多方面的改革。[①] 1998年证券监管部门从大藏省独立出来成为总理府直接管辖的金融监督厅。2000年7月,在此基础上成立金融厅。后于2001年1月升格为内阁府的外设局,成为日本金融监管的最高机构,独立行使对金融业的监管。

日本证券监管的特点为"护送船队"模式:在监管机构的护卫下,以航速最慢的船只即效率最差的金融机构为标准,制订各种市场管制措施,维持

---

① 参见魏君贤:《放松规制加强监管——日本金融大爆炸中的证券监管变革》,载《金融法苑》1999年第12—13合刊。

不破产神话。① 具体来说，从金融市场的游戏规则到市场参与者的行为规范都在监管之列，连金融服务的价格和金融机构的日常经营活动也由一只高高在上的"看得见的手"来操纵。②

证券期货犯罪等特殊的金融犯罪主要由金融监管机构承担调查与起诉的职能，但由于检察厅具有丰富的刑事犯罪案件侦查权与公诉权实际运作经验，金融监管机构通常会积极寻求与检察厅进行信息沟通与合作办案。因此，在证券期货犯罪刑事检察工作层面，金融监管机构与检察厅的合作相当密切。

日本证券交易监视委员会下设特别调查课，专门办理证券期货犯罪案件。证券期货犯罪案件主要涵盖内线交易、市场操纵、散布虚假信息等犯罪。上市公司、金融商品监管等具有法定权限的人员，利用在履行职责过程中获取的对金融商品投资具有重大影响的信息，从事相关金融商品交易的，构成内幕交易，法定刑为单处或并处 5 年以下惩役，500 万日元以下罚金。日本《金融工具交易法》第 210 条、第 211 条规定，证券交易监视委员会进行犯罪案件调查时，其任意调查权包括命令关系人到场、询问、检查、留置等，其强制调查权包括取得法院令状后进行临检、搜索及扣押等。为加强与金融监管机构的合作，日本检察厅向证券交易监视委员会派驻四名检察官，协助证券期货犯罪案件的刑事调查程序。

第二节 我国证券市场内幕交易监管的基础考察

我国证券市场内幕交易的监管体制及执法体系伴随着内幕交易行为的不断"壮大"而逐步发展，受制于社会经济发展，同时也受到政治、体制、法律环境等诸多因素的影响。有学者认为，我国证券交易市场的存在与发展并不是市场意志的体现，而是政府意志与推动力的集中反映，即我国证券

---

① 参见朱海洋、高远：《日本证券市场监管体制的变革——对发展我国证券市场的启示》，载《世界经济情况》2007 年第 5 期。

② 参见孙翠雯：《日本证券市场的法律监督》，载《学习时报》2005 年 2 月 28 日。

市场的建立是一种以引进为基础的供给主导型的制度变迁过程,而非完全的市场自然演化所形成的制度变迁。从全国性证券交易市场的职能看,证券市场除具有正常交易职能外,还在一定程度上承载了实现国家经济政策调控的功能。在通过证券市场实现国家意志的过程中,中央政府逐渐形成了目标与手段相互适应的强有力的行政干预体系。因而反映在监管体系中,无论是具体监管制度、方式、路径,还是执法体系都体现了政府主导的强制性变迁特征。①

一、我国证券市场内幕交易监管体制的演进路径

(一) 内幕交易监管的初始阶段

内幕交易监管的初始阶段,正值证券市场成立之初,相应的法律法规较为零散、单薄,执法力量也严重不足。1993—1995年,由证监会法律部承担内幕交易个案的查处工作。到1995年11月,证监会在其组织架构中设立稽查部,负责证券、期货市场违法违规行为的稽查工作。地方负责监管的机构隶属于地方政府的地方证管办而非中国证监会。直至1998年,根据国务院办公厅《中国证券监督管理委员会职能配置、内设机构和人员编制规定》,中国证监会设立稽查局,统一负责包括内幕交易在内的全部证券市场违法违规行为的查处工作。所以,在此之前,内幕交易的监管多为以国务院证券委和证监会为主,其他部门和地方政府协作的多头共管模式。该种模式更多地在为国有企业通过证券市场脱贫解困进行保驾护航、平衡各种利益关系,缺乏对投资者利益的保障和对市场主体平等交易的维护。

由于稽查效率低下,无法适应证券市场的完善发展,2001年第一次全国稽查工作座谈会上明确了稽查体制调整的基本原则。证监会将稽查局分设稽查一局和稽查二局。稽查二局主要负责内幕交易与操纵市场的查处。并在全国范围内成立九大稽查局,实行"两局分工、系统交办、适度交叉、协

---

① 参见郑彧:《证券市场有效监管的制度选择——以转轨时期我国证券监管制度为基础的研究》,法律出版社2012年版,第54—55页。

调配合"的监管方式。当时证券市场的主要违规问题表现为证券经营机构的非法经营、上市公司大股东的"掏空"行为。内幕交易在十类违法问题中,排在倒数第二位。此时证监会的关注重点在证券经营机构和上市公司。由于内幕交易行为的隐蔽性和分散性,除少数由机构主导且数额巨大的内幕交易行为受到查处外,绝大多数内幕交易问题,并未纳入监管重点范围。① 之后2004年,证监会会同有关部门,相继开展证券公司挪用投资者结算资金的清理工作、实际控制人和控股股东侵占上市公司资金的清理工作,内幕交易案件的查处数量较少。②

（二）内幕交易监管体制的改进

2007年证券执法体制进行了重大改革,一是设立证监会行政处罚委员会,下设办公室;二是将稽查一局和二局合并为稽查局,作为管理机构负责组织、协调、指导、督促案件调查,负责立案、复核及行政处罚的执行等工作;三是设立直属的稽查总队,负责对全国范围内的证券期货市场违法违规重大案件的调查,主要承办证券期货市场重大、紧急、跨区域案件以及上级批办的其他案件。通过此次改革,建立了集中统一指挥的稽查体制,提高快速反应和整体作战能力,从制度上确定了证监会执法的"查审分离"模式,形成调查与处罚权的相互制约机制,有利于提高执法效率和公正性。

在此模式下,稽查局负责组织、协调案件调查,负责立案及行政处罚的执行,负责跨境执法合作和行业内反洗钱工作等;稽查总队负责调查内幕交易、市场操纵、虚假陈述等重大案件;地方稽查局及各地方监管局的稽查力量主要负责辖区内案件的调查,以及非正式调查和各类协查工作;行政处罚委员会负责所有案件的审理。反映在行政执法的实践中,内幕交易案件的查处力度有显著上升,增幅明显。

与此同时,为了弥补证监会监管权力的有限性,公安部证券犯罪侦查处

---

① 参见马韬:《中国证券市场内幕交易监管实践研究和案例分析》,中国方正出版社2014年版,第101页。

② 具体案件的查处情况可以参阅《1993—2015内幕交易案件行政处罚统计表》。

于2002年3月升格为证券犯罪侦查局,实行垂直管理。在案件处理上,证券犯罪侦查局受公安部和证监会双重领导,以公安部领导为主,派驻证监会办公。证券犯罪的立案案件主要来源于证监会的移送。当证监会查处到内幕交易行为涉及需要查封、冻结当事人账号时,也由公安部证券犯罪侦查局出面行使查封权力。

(三)内幕交易综合防控机制的建立

2010年全国证券期货监管工作会议上,首次提出"打击内幕交易问题成为当前证券期货监管的主要矛盾",监管重心向内幕交易、市场操纵、虚假陈述类行为转移。2012年,证监会对内幕交易正式立案113起,移送公安机关18起。

2010年11月,在证监会、公安部、监察部、国资委和国家预防腐败局五部委联合调研的基础上,国务院下发了《国务院办公厅转发证监会等部门关于依法打击和防控资本市场内幕交易意见的通知》。启动打击、防控内幕交易的专项工作,积极推动地方政府发布、转发、批转内幕交易综合防控类文件,与地方政府金融、公安、监管等部门建立起内幕交易防控联席会议、领导小组等工作机制,从组织体系上较大程度地填补了监管空白。

二、内幕交易监管的现状与反思

应当说,我国证券市场内幕交易的监管机制已经有了长足的发展,在打击内幕交易行为方面形成了一套相对完整的运转体系。但是这种监管机制的有效性却多受质疑,主要体现在以下几个方面:

(一)监管机构独立性的缺失

政府监管理论一般认为,监管的效力与监管独立性呈正相关性。监管的不独立往往来自于政治干预、行业俘获,从而产生监管失灵(监管不作为、监管寻租、监管失败等)。根据监管独立性的相关研究,监管主体缺乏必要的独立性,首先会导致既定的监管目标可能受到监管之外因素的干扰,使得监管者无法在一个连续的时间内,或对于同一个事件,保持独立和一贯的态度、准则和行为。① 就证监会而言,一方面它是证券市场的监管者,另一方面受政府委托,要遵循特定时期的经济政策,培养、服务于监管对象,二者之间存在严重的目标冲突,且监管者与被监管者之间存在各种各样的联系,监管容易受到行政力量的影响和制约。

(二) 法律制度的完备性与形同虚设的情形并存

在证券市场发展之初,相关法律法规严重缺失,使得证券市场的行业自律行为无法形成,监管机关的监管行为也于法无据。面临制度严重短缺带来的后果,在没有实践基础和立法经验的情况下,"拿来主义"是最为便捷也相对安全的路径选择。可以看到,时至今日,在前置性法规中仍有许多成熟资本市场内幕交易规定的痕迹。快速建立证券法律体系的同时,不可避免地带来部分规定水土不服的境况,出现虽然法规中有明确规定,但实践中不遵守、不执行的状况;或者在参照国外规定制定规则后,在我国具体司法实践中无法妥当适用,进而随意解释而扩大适用范围等等。

(三) 内幕交易行政处罚与刑事处罚的界限模糊

证券内幕交易案件行政执法数量与证券刑事执法数量相差悬殊。应当说,在证券市场法律责任的递进体系中,证券行政执法数量与证券刑事执法数量本应呈正向关系:当证券行政执法的数量增多时,证券刑事执法的数量也应相应增加。但是,证券行政执法与证券刑事执法在数量上形成强烈反差。相较于近年来内幕交易行政案件数量的大量增加,内幕交易刑事案件数量增幅有限。而且在查阅某些内幕交易行政案件后,会发现其数额特别巨大,完全满足刑法内幕交易罪的相关规定。那么行政处罚与刑事处罚的边界何在?

针对这种情形,有观点认为根本原因在于证券刑事立法存在诸多不足

---

① 参见马勇:《监管独立性、金融稳定与金融效率》,载《国际金融研究》2010 年第 11 期。

以及证券刑事司法能力有所欠缺。证券行政执法案件虽然移送至刑事司法程序,但由于证券刑事立法存在种种缺漏和不足,导致证券犯罪刑事指控的成功率太低。① 也有观点认为,行政执法中存在大量以行代罚的情形,表明实践中统一用行政执法来应对证券市场中所有的内幕交易行政违法、民事侵权乃至刑事犯罪。② 究其根本,我国内幕交易案件的立案与查处过程相对封闭,除案件查处完毕公布行政处罚或监管部门主动披露外,公众无法得知案件的具体情况。且案件的发现渠道相对单一,主要来源于交易所的监察和个别举报,证监会并没有多少主动的甄别途径。而公安机关的立案则来自于证监会筛选后的案件线索与证据。在此过程中,行刑边界的模糊导致案件处理有极大的不确定性,进而影响对具体案件的正确把握以及对同一类问题的判断与处理。

(四) 内幕交易处罚相对较轻与严厉打击执法理念的冲突

在我国证券法律体系中,内幕交易的法律责任有行政责任、民事责任和刑事责任三大类。从现有内幕交易行政处罚的案件来看,较为常见的行政处罚为罚款和没收违法所得。如果行为人有违法所得,一般会被处以没收违法所得、罚款,且罚款数额通常为违法所得的一倍。可以看到,尽管法律规定的罚款额度为违法所得的 1 至 5 倍,但行政机关通常会就低掌握处罚尺度。如果行为人买卖股票的金额巨大,甚至特别巨大,但没有盈利,甚至是亏损,通常只处以罚款,且罚款金额不会太高。还有一部分被处以警告或市场禁入等,但总体而言,处罚的威慑力有限。内幕交易的民事侵权案件,由于证据等方面的原因,在司法实践中数量极少,尚未形成一套行之有效、健全完善、具有可操作性的执法机制。刑事案件则数量有限,判处的刑罚相对较轻。

---

① 参见高铭暄、王剑波:《我国证券犯罪立法的本土化与国际化思辨》,载《法学家》2008 年第 1 期;张志超、袁朝:《我国证券犯罪的立法不足与完善》,载《法治论坛》2011 年第 3 期。

② 参见张东臣:《证券犯罪惩戒应坚持"严而不厉"——访北京大学法学院白建军教授》,载《中国经济时报》2005 年 9 月 14 日第 5 版。

与实践中对内幕交易案件惩处相对较轻形成鲜明对比的是,证券市场对内幕交易的零容忍态度、加大对内幕交易行为惩处力度的执法理念,以及在刑法修正案中对内幕交易罪的反复修改。那么,对于内幕交易行为到底应当坚持哪一种执法理念?是轻缓执法还是重拳治理?应当看到,近年来,主要资本市场国家都纷纷加大了对内幕交易犯罪的处罚力度,提高该罪的法定刑、增加罚金的最高额等。但是美国、英国、德国等国家都鼓励投资者通过私权救济的方式追究内幕交易行为人的民事责任。即通过民事责任增加内幕交易行为人承担责任的可能性,通过加大违法行为成本来制约非法行为。

总体而言,我国证券市场内幕交易监管体制在理论研究和司法适用中不断加以完善和改进,但还存在诸多执法、适用上的困境。导致这一局面的原因是多方面的,有固有体制方面的因素,有市场本身监管有效性的问题。应当肯定的是,证券监管模式没有统一标本。任何经济行为有其自发演进的过程,需要依赖市场在资源配置中的基础性作用。而政府监管制度也是一种演进过程。一种制度的选择,与其具体经济、文化、政治等因素密不可分。因此,监管模式应当与本国的现实情况相适应。同时应当看到,监管作为一种事后监督手段,无法取代清晰的治理结构、成熟的行业自律、完善的法律制度。应当考虑建立统一、明确且具可操作性的前置性规定,并使规定的内容在市场中实然确立,从而构建起预防、监管内幕交易的法律体系。

第三节 金融检察介入金融监管的考察①

从世界各国和地区金融检察制度及其实践现状来看,金融检察与金融犯罪调查(侦查)、金融犯罪起诉及金融监管等概念密切相关。金融监管一般是指政府通过设置特定行政机构对金融交易行为主体进行的某种限制或

---

① 部分内容参见上海市宝山区人民检察院课题组:《域外金融检察的发展状况比较研究》,中国检察学研究会、金融检察专业委员会2012年度研究课题。

规定,即通过法律、法规等规范限制与管理金融交易主体的行为,从而维持金融体系稳定、巩固金融市场信息、保护金融消费者权益、控制金融犯罪。由于金融监管具有控制金融犯罪的职能,因而与金融检察存在事实上的关联性。

各国和地区的检察机构在性质、地位、权力配置等方面存在差异。那么,金融检察在各国实践中存在范围大小亦有不同。有的国家和地区金融检察只局限于金融犯罪的起诉(如我国香港特别行政区),有的国家和地区的金融检察扩展到金融商事案件的诉讼监督(如法国)。金融检察不仅是各国检察机关对于金融犯罪有关的预防、调查、起诉、诉讼监督职权,而且包括了检察机关在金融领域与其他金融监管机构之间的互动关系,涉及承担金融犯罪案件调查与起诉的金融监管机构的职能运作。

一、金融检察模式简述

各国和地区在金融检察制度与实践的发展过程中形成了各具特色的运行模式与具体法律规则。美国联邦司法部负责联邦犯罪调查与指控,其下属的刑事犯罪检察署具体承担侦查、起诉等检察职能。刑事犯罪检察署下设金融诈骗、有组织犯罪、网络犯罪等专项行动组,分别对不同环节的金融犯罪进行调查与起诉。同时美国实行功能性金融监管,银行、证券、保险等监管机构承担部分金融犯罪检调职责。美国证券交易委员会对证券犯罪承担调查、和解职责。美国金融检察的特色在于金融犯罪辩诉交易、暂缓起诉、不起诉协议等制度。

英国皇家检察署对警察部门移送的金融刑事案件进行审查,作出起诉或不起诉决定。皇家检察署下设多个专案机构。其中重大欺诈犯罪处、国际处、有组织犯罪处、恐怖主义犯罪及特殊犯罪处等分别对金融欺诈、跨国金融犯罪、与有组织犯罪或恐怖主义犯罪有关的金融犯罪行使检察职权。同时,英国金融服务监管局、反重大欺诈部也针对特定的金融犯罪案件承担预防、调查、指控等职能。英国金融检察的特色在于极为细分的专业化金融检察机制。

德国联邦各级检察署以及各州地区检察署以上级别的检察机关均设重大金融犯罪监察部门或专项工作组,审查由德国联邦金融监管局(BaFin)、地方刑事犯罪调查部以及德国联邦调查局(Bundeskriminalamt)移送的金融犯罪案件。法国金融检察朝着专业化方向发展,各级驻初审、上诉、最高法院分别设置金融中心检察处,集中调查与起诉金融犯罪案件。

欧盟致力于发展刑事司法一体化,通过计划设置欧洲公诉人办公室等机构强化金融犯罪侦查、逮捕、起诉等工作。欧盟委员会制定了《欧盟金融利益刑事保护与欧洲检察制度建构》,通过建立欧洲检察署提升金融犯罪惩防效率。

日本检察厅在承担金融犯罪案件起诉工作的同时,选派检察官派驻警察厅、金融厅、金融证券交易监视委员会、财务省等行政机关,协助金融监管机构调查金融违法犯罪案件。证券监视委员会下设证券犯罪特别调查科,根据日本《金融商品交易法》行使证券犯罪案件调查权,日本检察厅驻该会的检察官协助行政监管人员行使临检、搜查、扣押等强制调查权,查处证券犯罪案件。

各国和地区的金融检察实践除了适用基本的刑事诉讼制度之外,基本上都根据本国金融市场的实际情况以及其对金融犯罪惩治与防控的理解,构建不同的金融检察制度。借鉴域外金融检察职能在金融监管中的地位与作用,考察不同法律制度在金融检察职权配置、具体运作、金融检察专业化发展程度等方面的优势,有助于建构我国金融检察实践的优化方向。

二、金融检察职能定位

金融检察职能定位,是指承担金融检察职能的机构在承担惩治与预防金融犯罪过程中,所采取的基本政策导向与执法司法行动定位。金融检察职能的基本定位主要是由特定国家和地区的检察制度所决定的,但金融检察机构应对金融犯罪调查与起诉等具体工作的能力,也在一定程度上影响金融检察职能的基本定位。主要分为能动性金融检察模式与常规性金融检察模式。

1. 能动性金融检察模式

能动性金融检察模式是指承担金融犯罪案件调查、起诉等工作的职能机构主导特定国家和地区的金融犯罪预防、惩治等法律职能,不仅采取积极主动的措施严厉控制金融犯罪活动,而且在职能配置上明显能够控制金融违法犯罪案件的前期调查、刑事侦查、起诉或者不起诉等核心权力。

美国、英国等国家属于能动性金融检察模式。在美国,SEC、DOJ等承担金融检察职能的机构中的检察官,对于金融犯罪案件的调查、起诉、不起诉等具有全流程且排他性的检察裁量权,能够不受检察权之外的其他权力的控制,独立决定是否针对特定金融犯罪案件进行起诉、不起诉、暂缓起诉。反内幕交易、市场操纵犯罪的司法实践中,检控机构及其检察官始终是反证券期货犯罪的第一责任主体。

在英国,CPS、FSA、CFD等承担金融检察职能的机构尽管分别针对不同类型的金融犯罪案件承担检察职能,但这些机构在金融检察整体范畴内对于金融犯罪案件的调查、起诉、不起诉、资产扣押等具有完整的检察裁量权,主导着英国打击金融犯罪的执法与司法运作。

2. 常规性金融检察模式

常规性金融检察模式是指承担金融犯罪案件调查、起诉等工作的职能机构无法在整体上主导特定国家和地区的金融犯罪预防、惩治等法律职能,采取常规的执法与司法措施控制金融犯罪活动。金融检察在职权配置上主要限定于金融犯罪的起诉与不起诉工作,不仅在金融违法犯罪案件的前期调查阶段受到金融行政监管机构的行政权约束,而且在起诉与不起诉权的运作上倾向于流程化职权行使,金融裁量权范围受到一定程度的限制。

我国、德国、法国及我国香港地区基本上都是这种模式。我国金融监管职能完全由证监会、银监会、保监会等金融行政监管机构行使,且上市金融监管机构中不存在检察官的配置。也就是说,金融违法案件的调查权完全在封闭的行政控制下运作,检察官不具有金融违法案件的调查权。同时,公安机关在我国刑事诉讼法框架下独立承担金融犯罪案件的侦查职能,检察机关仅能在有限的提前介入侦查、引导取证等环节间接参与金融犯罪案件的侦查。更为重要的是,尽管我国检察机关具有不起诉权,但在实践操作中,金融犯罪案件适用不起诉的通常仅限于简单且轻微的犯罪行为,对于疑难且复杂的证券期货犯罪、金融诈骗犯罪等极少适用不起诉。且检察机关无权在疑难复杂的金融犯罪案件中与犯罪嫌疑人、被告人进行控辩协商等。

相对于我国,尽管德国、法国等检察机关对于金融犯罪案件的侦查具有强大的指挥权,但其金融行政监管机构仍然是以行政权的运作方式调查金融违法案件,在发现涉嫌犯罪的情况下,将金融犯罪案件移送至司法机关,金融执法机构与司法机关在检察人员配置上没有实现对接。我国台湾地区虽然制定并实行了检察人员派驻金融监管机构的规定,但在金融监管机构中的检察人员承担的工作更多的是执法与司法之间的信息沟通,真正在金融监管机构中设置能够独立办案的检察人员仍是一种长远的发展预期。

三、我国金融检察的现状

(一)我国金融检察机构的设置

《人民检察院组织法》第 20 条规定:"地方各级人民检察院可以分别设立相应的检察处、科和其他业务机构。"从实践上看,我国各地应对金融犯罪形势分别建立起了专业化的办案机构。自 2004 年首次提出金融检察概念以来,我国开始了金融检察专业化进程。2004 年,北京检察院第二分院成立了专门的金融检察办案机构——金融犯罪公诉组。该公诉组实行以批捕、公诉、二审监督一体化的办案模式,开启了我国金融检察专业化的进程。到 2009 年,以上海金融市场的快速发展为依托,我国金融检察发展迅猛。上海市人民检察院设立了金融检察处,并且在七个辖区内设立了金融、知识产权公诉科,在未设立的县区检察院的公诉部门成立了专门的金融公诉组,形成了一套对金融犯罪专业化的办案机构。2010 年,上海市检察机关启动了首期"金融检察官"培训计划,并与上海中欧国际金融研究院签署了关于金融法律培训长期合作的意向书。同年,上海金融法制研究会依附浦东新区人民检察院成立了金融检察工作委员会,并就金融检察工作展开了多次讨论。上海市人民检察院成立了研究金融检察专业化的课题组,并确定专业化建设实施方案。随着检察机关与金融监管部门的合作日渐增多,检察机关在金融监管机构"联席会议机制"的基础上,凭借监管部门提供的信息,对金融监管体制出现的问题以及制度建设出现的漏洞开展有效的预防措施,并取得了不错的成绩,检察机关保障金融安全的作用日益凸显,检察机关与金融监管机构的合作是大势所趋。2011年在上海成立了中国金融检察专业委员会,正式确立了金融检察制度。2012年北京市西城区人民检察院在其检察部门设立了金融犯罪检察处,实行金融犯罪案件的起诉、监督、调研、预防四位一体的专门处理金融犯罪的工作机制。

从实践来看,这些金融检察专门机构的职能模式主要有以下四种:一是公诉为主模式,以上海市浦东新区人民检察院金融、知识产权犯罪公诉处和上海市黄浦区人民检察院金融犯罪案件检察科为代表。金融检察专门机构实行以公诉为主,兼具调研、法制宣传和综合治理的职能。二是捕诉为主的模式。金融检察专门机构实行以批捕、公诉为主,兼具研究、法制宣传和综合治理的职能。三是三检合一的模式,以上海市杨浦区人民检察院金融检察科和上海市静安区人民检察院金融和知识产权检察科为代表。所谓三检合一的模式,是指金融检察专门机构兼具批捕、公诉、民行检察的职能,同时也将预防和研究工作纳入其职能范围。四是综合事务模式,以上海市黄浦区人民检察院外滩金融检察工作室为代表,其职能涵盖金融犯罪的调查研究、信访接待、法制宣传以及协助院内各部门开展检察工作等,没有独立的检察业务范围,基本上属于院内派出综合业务部门的性质。[①]

(二)金融检察介入金融监管面临的障碍

1. 金融检察监督手段相对单一

目前,检察机关介入行政金融监管并没有具体和直接的法律依据,检察

[①] 顾建中、张庆立:《上海金融检察专门机构的职能介评与定位》,载《第九届国家高级检察官论坛论文集:法治思维与优化检察权配置》,2013年。

机关只能依据自身的法律监督职能,通过打击金融犯罪、查办金融领域的职务犯罪、对金融领域的判决进行诉讼监督、结合办案开展综合治理等途径介入金融监管。检察机关的另一职能是行政执法监督,因行政执法和刑事执法的衔接工作尚未推行到金融行政监管部门,故不能发挥相应作用。事实上,检察机关直接介入金融监管主要依靠检察建议,而根据《人民检察院检察建议工作规定(试行)》检察建议适用范围有限,且不具备刚性效力。除了检察建议外,只能通过信息情况、专题调研等间接途径,对金融监管产生一定的影响力。监督手段的单一性使得检察机关难以真正发挥法律监督的作用。

2. 金融检察职能定位尚不统一

目前,在上海进行的金融检察专业化试点改革中,检察机关设立的金融检察专门机构职能范围较广,涉及批捕、公诉、金融犯罪预防、法律政策研究等。但对金融检察的具体职能定位并不明确,也尚未统一。上文已提到,现有金融检察职能主要有捕诉分立模式、捕诉合一模式、捕诉防合一模式以及综合工作模式。此外,北京市人民检察院第二分院实行批捕、公诉、二审"三审合一"模式,即将金融犯罪案件的批捕、二审工作整合至一审公诉部门。同一案件的批捕与公诉工作分别由公诉部门金融犯罪公诉组的不同承办人具体负责。对基层检察院金融犯罪案件的指导工作,通过分院公诉人员参与协办的方式进行指导,同时承担同一案件的二审工作。[①] 由于缺乏统一、明确的金融检察职能定位,不利于金融检察工作的深入开展。

从金融检察职能定位,最主要的就是理顺检察机关侦查监督和公诉两种职能部门的关系。金融检察系统的有序运行需要捕诉权能的自身完善和关系协调。捕诉分立模式可能面临侦查监督不到位、介入引导侦查能力不足、浪费司法资源、影响诉讼效率等问题。[②] 捕诉合一模式虽能克服上述弊端,提高诉讼效率、缩短侦查羁押时间、降低司法成本、建立检察机关统一、协调对逮捕标准和起诉标准的要求等。然而,也会面临逮捕权的滥用或不

---

① 参见张勇:《检察一体化与金融检察专门机构职能模式选择》,载《法学》2012年第5期。
② 同上。

正确使用的风险、不利于检察机关实施内部监督、容易导致错案发生等困境。如何处理好捕诉之间的关系,达到加强侦查监督、形成批捕和公诉合力的目标,理顺检察职权的内部配置和组合关系,是金融检察工作发展面临的重大课题。

3. 金融检察能力建设有待提高

有观点认为,我国金融检察能力建设滞后于金融市场对检察工作的需求。① 应当看到,随着金融市场衍生产品的不断推陈出新,金融犯罪涉及银行信贷、证券期货、投资理财、贸易结算等领域越来越广,作案手段专业化、智能化更加明显,且与跨国金融犯罪、涉众型犯罪多元交织,复杂程度进一步加大,给金融检察工作带来前所未有的挑战。从事金融检察工作不仅需要过硬的法律知识和技能,而且还需要扎实的金融知识和技能。但检察机关内部复合型金融检察人才相对缺乏,加之传统的、分散的"捕诉监防研"检察工作模式,不利于金融检察专业化模式的构建和专业化队伍的打造。

以上海为例,上海检察机关介入金融监管方面的理论研究和实践都走在全国的前列。然而,根据有关报告显示,截至2009年年底,上海检察机关3604人中,具有金融学、贸易学、商业学、会计学等专业金融知识的人才只有24人,主要在侦查监督、公诉、反贪、民检等不同部门。金融专业人才数量,无论与办理金融犯罪案件的专业化要求还是和日益上升的金融犯罪案件数量相比,都形成巨大反差。② 因此,检察机关在预防金融犯罪面临的重要问题就是检察人员专业能力的培养和建设。

四、金融检察介入金融监管的原则与路径

目前全球金融监管改革主要集中在金融行政监管机构的整合以及设立全新的金融监管机构。其注重对全球金融现实与各国政治实践的调整与反应,尤其是在出现系统性金融风险与金融政策变更的情况下,金融监管自然会作出相应的实质性调整。金融检察则更加注重金融犯罪惩治与预防的

---

① 参见高峰:《金融检察工作面临的问题与强化措施》,载《人民检察》2015年第9期。
② 参见邓爽:《金融检察制度研究》,2014年四川省社会科学院硕士论文。

地方性经验,及时处理系统性金融风险。金融监管实践会在很大程度上决定金融检察的制度建设与实务运转。

时下,成熟的金融市场监管理论与实践都在反思如何通过金融监管改革防控金融危机。各国从放松监管(deregulation)逐渐转向监管重建(re-regulation)。强化金融监管力度,必然会传递至后续的金融检察环节,提升金融检察在控制金融犯罪实践中的调查、指控及预防犯罪力度。在严峻的金融监管情势下,金融检察应当在继续保障金融犯罪刑事公诉职能高效行使与维持应对性金融检察功能的同时,努力扩展金融风险预警的预防性金融检察职能。金融检察介入金融监管应当把握以下几个原则:

1. 适当介入原则

检察机关在正确高效办理金融犯罪案件的同时,有必要延伸其金融检察职能,致力于从金融犯罪案件信息中分析与判断金融机构、金融监管机构在预防犯罪、控制金融风险方面存在的疑问与误区,积极向金融机构或者金融监管机构提出具有案件实证基础的金融检察建议。美国金融检察实践通过积极介入上市公司内控管理,通过深化检察官对于法律风险控制的知识优势拓展检察权介入社会经济管理的深度与广度;注重发现和分析金融市场管理中存在的漏洞和薄弱环节,查找发案原因,掌握金融犯罪特点、规律;及时向有关部门通报金融犯罪的新情况、新问题,共同研究建立预防金融犯罪的长效机制。

金融检察介入金融监管应当同时坚持补充性原则,合理划定金融检察介入的边界与力度,明确金融检察在金融监管法律体系中的功能、定位。检察机关参与金融监管法律体制建设,必须与金融监管机构进行多层次的协作,而且检察机关的介入主要是补充性的,不能越位,更不能超越职权干涉金融监管机构的正常监管活动。

2. 金融检察的独立性原则

金融检察职权的独立性是高效惩治与预防金融犯罪并逐步扩展金融检察职能的基础。例如日本金融检察权具有不容置疑的独立性——尽管检察机关隶属于日本法务省,但其实质上具有独立且不受法务省指令影响的职权。类似的,德国检察官办理金融犯罪案件具有充分的独立性,即由检察官独立指导金融犯罪案件的刑事调查与独立行使金融犯罪案件的起诉。

我国尽管检察机关具有独立行使检察职能的权力,但金融犯罪案件的调查权客观上由公安机关承担。同时,在案件移送层面,公安机关需要与证券、期货、银行、保险等各个不同的金融监管机构从违法案件中筛选出符合刑事标准的案件进行移送。多重环节案件移送实际上决定了金融犯罪案件在行使调查层面没有实现最终决定权层面的独立性。权力分散在一定程度上弱化了金融犯罪案件行使调查权的效率,同时也会直接制约后续起诉程序的进展。因此,我国检察机关除了在刑事诉讼法框架中继续运行常规性金融检察职能之外,需要重点研究整合金融犯罪调查权,进而提高金融犯罪案件的调查效率。检察机关认为有必要时,适时介入侦查机关的侦查活动,对证据的补充、收集、保全等活动进行合法引导。

具体而言,可通过两种方式介入侦查活动:第一,建立信息交流机制,通过与公安机关制订工作协议的方式,每日将金融犯罪案情的进展及时通报给检察机关,有效应对案件出现的各种情况。第二,适时介入,对于复杂疑难的金融犯罪案件,检察机关适时地参与案件讨论,提出建议。同时对于侦查人员的任何违反程序的行为,及时发出纠正违法通知书。

3. 遵循规律、服务金融原则

检察机关在办理金融犯罪案件的同时,应当向投资者宣传尊重金融产品经济规律的重要性,重视关注与宣传市场预警机制,并强化多渠道、宽领域的监督与管理。引导市场监督,重视资本市场本身所具备的风险提示能力以及由独立研究人员或者市场专业人员发出的预警信号。美国检察官办理金融犯罪案件中常用的手段是接受举报并对举报人进行巨额奖励。美国证监会针对证券期货违法犯罪难以举证的特点,通过数额极为可观的举报激励机制,建构起强大的证券期货违法犯罪自发性监督机制。SEC 有权将内幕交易案件中民事罚款的 10%,作为举报奖励,对举报者进行巨额经济奖励。

我国金融检察在实践运作中有必要积极发挥市场主体的监督力量,鼓励大众关注金融犯罪案件,通过高额的奖励机制,鼓励投资银行工作人员、律师、会计师等专业人员,通过高度专业化的研究,对涉嫌违规的交易进行专业判断,进行专业分析性举报。忽视市场化的金融犯罪案件监督机制,金融检察职能将会出现严重漏洞。

鼓励市场合作,在查处金融违法犯罪的金融检察理念上,应当积极与涉嫌证券期货违法犯罪的行为人所在单位,包括上市公司、基金公司、证券期货公司、信托公司、投资银行、会计师审计师事务所、律师事务所等单位形成良好的信息互动。要求上述单位通过内部合规程序发现金融犯罪的相关证据,提供给执法部门。这种强调金融检察与案发单位之间的合作实际上是美国金融检察实践的最大特色,也是以市场化的协商方式解决金融犯罪案件的一种市场与权力之间的创新型关系建设。

第四节　完善我国内幕交易罪刑法规制的立法建议与司法对策

从立法上看,迄今为止,我国在证券、期货两大金融领域的立法仍然处在一个构建、完善的发展阶段,特别是在刑事立法领域,相关证券、期货犯罪行为受到刑法规制和惩戒的时间并不算长。已经作出规制的行为方式、方法还缺乏类型化的归纳思维,一些新的作案手法、行为方式还无法全面纳入到现有法律规范的视野中,现行刑事立法规制内幕交易的缺陷仍然存在,漏洞也将随着经济、社会的快速发展不断暴露和呈现出来。

从司法实践的角度看,近年来,随着国内证券、期货市场的不断发展,内幕交易、泄露内幕信息犯罪案件呈逐年增多态势,但真正入罪并受到刑事处罚的案件和行为人则非常少,内幕交易、泄露内幕信息犯罪的实发案件数量与查办案件数量之间存在较大落差。资料显示,截至 2011 年底,全国法院审结内幕交易、泄露内幕信息犯罪案件共 22 件,其中 2007 年 1 件、2008 年 1 件、2009 年 4 件、2010 年 5 件、2011 年 11 件。另据证监会的相关资料显示,2008 年初至 2011 年底,证监会共获取内幕交易线索的案件

426 件,立案调查的只有 153 件。2008 年,公安机关查办的经济犯罪案件共 8.35 万件,但由证监会移送到公安机关的证券、期货犯罪案件仅 10 余件。①

正视我国内幕交易犯罪的立法、司法现状,笔者认为就内幕交易犯罪而言,不管是立法上,还是司法应对上,不论是定罪上,还是量刑上都存在一些问题亟待研究和解决。打击和惩治内幕交易犯罪不仅要有法可依、有章可循、有据可查,还需要有法必依、执法必严、违法必究。作为专业性极强的金融犯罪之一,我们在坚持传统型犯罪治理思路和方法的同时,还必须用专业性的思维和办法有针对性地解决上述问题,通过惩防并举、多管齐下、标本兼治,以期最大限度地遏制和减少内幕交易犯罪,维护证券、期货金融市场正常、稳定的交易秩序,保障和促进证券、期货金融市场的持续、快速、健康发展。

一、我国内幕交易罪的立法缺陷与司法困境分析

(一) 立法缺陷分析

总体而言,我国对内幕交易进行立法规制的法律体系已经逐步建立起来,在刑事法领域,主要的法律依据有 1997 年《刑法》、1999 年 12 月 25 日通过的《刑法修正案》、2006 年 6 月 30 日通过的《刑法修正案(六)》、2009 年 2 月 28 日通过的《刑法修正案(七)》以及 2012 年 5 月 22 日最高人民法院、最高人民检察院联合发布的我国首部证券、期货犯罪司法解释,即《关于办理内幕交易、泄露内幕信息刑事案件具体应用法律若干问题的解释》(以下简称《解释》)。根据最新的刑事法规定,我国的内幕交易罪立法集中体现在《刑法》第 180 条:证券、期货交易内幕信息的知情人员或者非法获取证券、期货交易内幕信息的人员,在涉及证券的发行,证券、期货交易或者其他对证券、期货交易价格有重大影响的信息尚未公开前,买入或者卖

---

① 参见苗有水、刘晓虎:《〈关于办理内幕交易、泄露内幕信息刑事案件具体应用法律若干问题的解释〉的理解与适用》,载《人民司法》2012 年第 15 期。

出该证券，或者从事与该内幕信息有关的期货交易，或者泄露该信息，或者明示、暗示他人从事上述交易活动，情节严重的，处 5 年以下有期徒刑或者拘役，并处或者单处违法所得 1 倍以上 5 倍以下罚金；情节特别严重的，处 5 年以上 10 年以下有期徒刑，并处违法所得 1 倍以上 5 倍以下罚金。单位犯前款罪的，对单位判处罚金，并对其直接负责的主管人员和其他直接责任人员，处 5 年以下有期徒刑或者拘役。内幕信息的范围，依照法律、行政法规的规定确定。知情人员的范围，依照法律、行政法规的规定确定。

结合前述各章节的讨论和分析，反思我国现行的内幕交易罪刑事立法规定，笔者认为主要存在以下几个问题，仍需作出相应修改以进一步完善内幕交易刑事立法：

1. 法定入罪标准过低，且与司法实践严重脱节，入罪情节的认定存在模糊性与随意性

按照现行刑事立法规定，内幕交易罪属于情节犯，即只有实施内幕交易行为，情节严重的，才可能构成内幕交易罪。但实际上，对于情节严重的认定仍是一个比较困难同时也是引起理论和实务界较大争议的问题。按照 2001 年 4 月 18 日最高人民检察院、公安部《关于经济犯罪案件追诉标准的规定》第 29 条，涉嫌下列情形之一的，应予追诉：(1) 内幕交易数额在 20 万元以上的；(2) 多次进行内幕交易、泄露内幕信息的；(3) 致使交易价格和交易量异常波动的；(4) 造成恶劣影响的。根据 2010 年 5 月 7 日最高人民检察院、公安部《关于公安机关管辖的刑事案件立案追诉标准的规定（二）》（以下简称《立案追诉标准（二）》）第 35 条，涉嫌下列情形之一的，应予立案追诉：(1) 证券交易成交额累计在 50 万元以上的；(2) 期货交易占用保证金数额累计在 30 万元以上的；(3) 获利或避免损失数额累计在 15 万元以上的；(4) 多次进行内幕交易、泄露内幕信息的；(5) 其他情节严重的情形。虽然新修订的立案追诉标准较之前者具有进步性和合理性，但是仍然存在一定的问题，导致内幕交易入罪认定仍存在模糊性。2012 年 5 月 22 日最高人民法院、最高人民检察院《关于办理内幕交易、泄露内幕信息刑事案件具体应用法律若干问题的解释》第 6 条规定，在内幕信息敏感期内从事或者

明示、暗示他人从事或者泄露内幕信息导致他人从事与该内幕信息有关的证券、期货交易,具有下列情形之一的,应当认定为《刑法》第 180 条第 1 款规定的"情节严重":(1)证券交易成交额在 50 万元以上的;(2)期货交易占用保证金数额在 30 万元以上的;(3)获利或者避免损失数额在 15 万元以上的;(4)3 次以上的;(5)具有其他严重情节的。第 7 条规定,在内幕信息敏感期内从事或者明示、暗示他人从事或者泄露内幕信息导致他人从事与该内幕信息有关的证券、期货交易,具有下列情形之一的,应当认定为《刑法》第 180 条第 1 款规定的"情节特别严重":(1)证券交易成交额在 250 万元以上的;(2)期货交易占用保证金数额在 150 万元以上的;(3)获利或者避免损失数额在 75 万元以上的;(4)具有其他特别严重情节的。

根据"新法优于旧法"和"后法优于前法"的法律效力认定原则,2010 年的立案追诉标准和 2012 年的"两高"司法解释应当成为内幕交易犯罪的入罪情节认定标准。虽然已经有了相关法律规定,但仍存在一些问题。例如,单次证券交易成交额、期货交易占用保证金数额的认定,考虑到具体案件中情况比较复杂,《解释》对此未确立一个统一的原则,如何具体把握将是一个问题。再如,如何认定获利或者避免损失数额,是按照实际所得还是按照账面所得,是司法实践中经常遇到的问题。考虑到实际情况纷繁多变,《解释》未对获利或者避免损失数额的认定确立一个总的原则,这也为司法实践具体操作留下了疑问。此外,上述《立案追诉标准(二)》和《解释》中的情节严重和情节特别严重的划分是否科学、合理,仍然有待司法实践的检验和完善;《解释》中规定的二次以上内幕交易或者泄露内幕信息相关交易数额的累计计算,涉及"相关交易数额"的理解和累计计算、计算范围等问题;"违法所得数额"的理解和适用;共同犯罪情形中,各犯罪行为人的数额计算等问题仍然有待进一步细化,以明确内幕交易罪的入罪情节认定标准和具体操作细则。

除了上述具体认定方面的问题,总的来看,"情节严重"的入罪情节标准本身也存在一些问题。正如我国知名经济刑法学者刘宪权教授指出的,"上述内幕交易犯罪'情节严重'司法解释标准无法实现刑法规范对资本市场金融产品交易秩序的保障，内幕交易犯罪'情节严重'标准仍旧处于虚置状态，从而容易产生弱化司法权威的负面效果。"①"情节严重"标准过低长期以来颇为各界诟病。② 根据刘宪权教授对中国证监会网站公布的2010年、2011年内幕交易违法案件的统计和分析，证监会网站公布的2010年内幕交易行政违法案件为5件，涉及证券交易成交额累计分别为70万、88万、110万、135万、210万余元，超过内幕交易犯罪情节严重标准2至7倍；2011年内幕交易违法案件为9件，其中4起案件的内幕交易成交额低于50万元，5起案件成交额累计为79万、104万、312万、380万、416万余元，最高超过情节严重标准8倍多。③ 实践中，中国证监会查处的内幕交易行政处罚案件数额远远超过内幕交易犯罪情节严重标准，但大多都没有进入刑事追诉程序。可见，内幕交易犯罪"情节严重"标准过低不仅难逃理论质疑，刑事司法实践客观上也难以按照如此低的数额标准追究涉案人员的刑事责任。④

从具体规定层面分析，由于不符合资本市场发展的社会现实且过于机械抽象，内幕交易犯罪"情节严重"的数额标准与细化解释无法得以适用。⑤根据证监会提供的资料显示，我国个人内幕交易数额平均在600万元以上，单位内幕交易数额平均在6000万元以上，由此可知我国内幕交易实际发生的数额远远高于已有的法律规定。证券成交额50万元以上、期货保证金30万元以上、获利或避损额15万元以上等情节严重的数额标准偏离了我国的证券期货交易实践。⑥

根据有关资料显示，截至2006年年底，我国证券市场中，持股数在1万股以下的账户占持股账户总数的80.28%，持股市值在5万元以下的账户

---

① 刘宪权：《论内幕交易犯罪最新司法解释及法律适用》，载《法学家》2012年第5期。
② 参见顾肖荣、张国炎：《证券期货犯罪比较研究》，法律出版社2003年版，第416页。
③ 参见刘宪权：《论内幕交易犯罪最新司法解释及法律适用》，载《法学家》2012年第5期。
④ 同上。
⑤ 同上。
⑥ 参见孟庆丰、陈国庆、孙茂利主编：《经济犯罪案件立案追诉标准最新适用指南》，中国人民公安大学出版社2012年版，第238页。

占持股账户总数的 79.56%。① 这表明我国股市上绝大多数的股东都是小股东。而针对内幕交易犯罪制定并出台的"散户式"司法解释标准,导致"情节严重"无法筛出具有严重社会危害性的非法证券期货交易行为,也会使最高司法机关制定的解释文件束之高阁,最终丧失权威。② 此外,"三次交易"的具体认定和"其他情节严重"的这种空洞的兜底性条款规定,由于在实践中根本无法执行,其作用和意义不大。

总体而言,上述问题的出现皆缘于我国证券期货犯罪普遍存在的"情节严重"等定罪标准设置过低,没有针对证券期货交易特点建构实践标准。因此,内幕交易犯罪"情节严重"标准的优化应当纳入证券期货犯罪体系进行结构性完善,以最大限度地实现确定性和可操作性,从而有效指导司法实践。

2. 法定刑种的选择单一化,有效性依然不足

根据我国刑法总则的规定,我国的法定刑种包括主刑和附加刑。其中主刑包括五种:管制、拘役、有期徒刑、无期徒刑和死刑;附加刑为罚金、剥夺政治权利、没收财产,以及针对外国人、无国籍人和境外人员适用的驱逐出境。考察我国刑法对内幕交易罪的规定,情节严重的,处 5 年以下有期徒刑或者拘役,并处或者单处违法所得 1 倍以上 5 倍以下罚金;情节特别严重的,处 5 年以上 10 年以下有期徒刑,并处违法所得 1 倍以上 5 倍以下罚金。这表明我国刑法排除了内幕交易罪适用主刑中管制、无期徒刑和死刑的可能性和附加刑中剥夺政治权利、没收财产的可能性(排除外国人、无国籍人和境外人员的内幕交易犯罪,下同)。针对单位犯内幕交易罪的,对单位判处罚金,并对其直接负责的主管人员和其他直接责任人员,处 5 年以下有期徒刑或者拘役。这表明无论是自然人还是单位犯内幕交易罪,都只有拘役和有期徒刑两个主刑刑种和罚金一个附加刑刑种。

从形式上看,我国刑法对内幕交易罪的刑种选择上仍显单一。司法实

---

① 参见孟庆丰、陈国庆、孙茂利主编:《经济犯罪案件立案追诉标准最新适用指南》,中国人民公安大学出版社 2012 年版,第 239 页。
② 参见刘宪权:《论内幕交易犯罪最新司法解释及法律适用》,载《法学家》2012 年第 5 期。

践中,没有绝对的理由或适当的经验积累可以明显排除内幕交易罪适用管制、剥夺政治权利和没收财产的可能性和合理性。因此,笔者认为有必要重新审视我国刑法对内幕交易罪刑种的选择。针对某些虽然达到入罪标准,但仍存在其他方面从宽处罚的情节的犯罪分子适用管制刑并不是不可能的;针对某些国有上市公司、企业和国有控股的股份制公司、企业中的内幕交易单位犯罪,对其直接负责的主管人员和其他直接责任人员适用剥夺政治权利,禁止其担任相应职位和享有相应权利,对于防止其利用职权等便利条件实施内幕交易犯罪也是有一定作用和意义的;针对实施内幕交易的犯罪分子,情节特别严重,给国家和人民利益造成重大损失且难以弥补的,缴纳罚金又不足以赔偿的,可以考虑适用没收财产这一财产刑,彻底铲除某些犯罪分子基于投机目的再次实施内幕交易犯罪的经济土壤和生存空间,也是大有裨益的。

此外,我国至今尚未建立起行政执法与刑事司法在处断行政违法与犯罪领域的有效衔接,这一点尤其表现在对相关行为人的行政处罚和刑罚处罚衔接上。我国《公司法》《证券法》和期货等有关法律法规已经规定了对相关领域行政违法人员的市场准入资格限制的规定,即限制乃至终身禁止某些公司、企业等从业人员,尤其是高级管理人员,及证券期货领域的行政违法人员再行进入有关证券期货市场,担任公司、企业相应职务的行政资格罚规定。这些行政资格罚对内幕交易犯罪的行为人产生了非常重要的遏制作用,但由于其仅是行政处罚,因而实际执行效果大打折扣。而我国现行刑法尚未规定刑事资格刑,无法与行政机关作出的行政资格罚相衔接,且在刑种选择上过于单一化,导致打击内幕交易犯罪的乏力。

3. 法定刑幅度仍显较窄,刑罚力度较轻

从法定刑幅度上看,我国规定内幕交易罪的法定最高刑为10年有期徒刑。结合一些西方发达国家的立法规定,笔者认为虽然与刑法中规定的其他证券期货类犯罪以及一些经济类犯罪刑罚幅度相比,内幕交易犯罪的刑罚幅度不可谓不重,但是与西方国家如美国对内幕交易这种贪利性犯罪的惩罚比较显然仍显较轻。美国国会在2002年通过的《萨班斯—奥克斯利法案》中,将证券欺诈等一系列财务、证券、金融犯罪的刑罚统一升格为20年监禁,并强化上市公司风险控制制度的建构。反观我国内幕交易罪立法,笔者认为在《刑法修正案(八)》通过后,主刑中的有期徒刑作为一种"生刑"(相对于死刑而言),已经得到提升,特别是在适用数罪并罚之时,我们在惩治内幕交易这种带有巨型利益诱惑以及成本与风险极不相称的犯罪时,需要加以严惩。

此外,在内幕交易犯罪的附加刑适用上,仅有一种可以选择,即罚金刑。虽然罚金刑是贪利性乃至所有经济类犯罪惩治的有力对策,但是其作用毕竟是有限的。笔者认为,有必要引入剥夺政治权利和没收财产两种附加刑。当然,这里的没收财产在适用时,可以区分具体案件具体情况酌情选择适用没收部分财产和没收全部财产。针对现行刑法规定的罚金刑,笔者认为其在立法设置方面存在一定问题。

一是罚金刑只是一种选择性适用的附加刑种,即情节严重的内幕交易犯罪,可以在判处主刑的同时处以罚金刑,或者不判处主刑,只判处罚金刑;情节特别严重的,则在判处主刑的同时并处罚金。对此规定,笔者认为罚金刑本身作为剥夺犯罪分子一部分经济利益的附加刑罚,相对于自由刑来说对经济类犯罪惩治的有效性更加明显,因此一旦入罪,罚金刑作为必然的处罚是自然的。现行刑法区分情节严重和情节特别严重两种情形,虽然都有可能适用罚金刑,但笔者认为仅有这一种附加刑选择是不够的,其威慑力和有效性都存在疑问,而且针对内幕交易这种一旦成功获利巨大的犯罪而言,只有彻底地摧毁犯罪分子的经济基础,例如实行无限额罚金制、适用剥夺部分或全部财产,并在结合市场准入限制等禁止性、惩罚性规定的同时,才能收到双管齐下乃至多管齐下的良好效果。

二是罚金刑的数额和幅度设置有待商榷。依据罚金刑的种类、数额和幅度进行划分,我国现行刑法对证券期货犯罪规定的罚金刑主要有三种,分别是:限额罚金制、倍比罚金制、无限额罚金制,但没有规定百分比罚金制。其中针对内幕交易罪规定的是倍比罚金制,即情节严重的,处5年以下有期徒刑或者拘役,并处或者单处违法所得1倍以上5倍以下罚金;情节特别严重的,处5年以上10年以下有期徒刑,并处违法所得1倍以上5倍以下罚金。内幕交易罪选择倍比罚金制的基准是行为人的违法所得。但是,在内幕交易犯罪司法实践中,很多犯罪行为实际上并没有能够实现任何违法所得的实际获取,反而出现内幕交易犯罪行为人亏损大量交易资金的情形。对此,根据现有内幕交易犯罪的罚金刑配置规定,显然无法得以适用。而对于同样没有违法所得的情形,《证券法》则规定:没有违法所得或者违法所得不足3万元的,处以3万元以上60万元以下的罚款。可见,证券期货违法中的行政处罚针对此类违法类型逐利性的行为特征,在没有实际获取非法利益的情况下,仍然通过财产上的行政处罚予以威慑,而刑法恰恰没有在罚金刑层面进行细化考量并进行制度完善,刑罚的精细化程度低于行政处罚,显然是不合理的。①

三是对单位适用罚金刑存在一些问题。根据刑法规定,单位犯内幕交易罪的,对单位判处罚金,并对其直接负责的主管人员和其他直接责任人员,处5年以下有期徒刑或者拘役。这里只规定要对单位判处罚金,但没有规定具体的罚金数额,从理论上看属于无限额罚金制规定模式。有学者认为,包括内幕交易单位犯罪在内的我国证券期货类单位犯罪,均没有规定具体的罚金数额。具体要罚多少,完全交由司法人员自由裁量。这种对所有单位证券期货犯罪罚金刑的具体强度不作规定的情况,很难从理论上作出解释。同时,这种罚金刑规定方式有违"刑罚的明确性原则",难逃违反罪刑法定原则之嫌。②还有学者专门针对这种情况指出:我国存在很多刑事立法与刑事司法相脱节的地方,绝大多数是立法过剩而导致法律虚置,唯独此处是立法不足而导致法律短缺。③笔者认为这一问题需要引起我们的重视并加以解决。

---

① 参见刘宪权、谢杰:《证券期货犯罪刑法理论与实务》,上海人民出版社2012年版,第99页。
② 同上。
③ 参见陈兴良:《刑法疏议》,中国人民公安大学出版社1997年版,第147页。

4. 入罪行为与脱法行为比严重失衡，实体法律漏洞仍须填补，程序法律仍需完善

我国证券期货内幕交易犯罪的查处率非常低，在内幕交易行为查处方面，一直存在着行为发现难、查处难与举证难问题和内幕交易事件调查多、处置少，特别是刑事处置少的现象。刑法和刑罚在规制和打击内幕交易犯罪方面显得滞后和乏力，没有收到应有的效果，也没有与行政机关的监管和行政处罚形成合力，这从近年来曝光与查处的案件数量、比例以及受到证监会等行政监管部门行政处罚与被司法机关立案侦查、受到刑事处罚的案件、比例就可以得到很清晰的印证。不少案件中的行为人囿于法律规定不严密和证据不足，得以逃脱刑法制裁，只能以行政违法行为论处，由此导致入罪行为与脱法行为比严重失衡。在立法规定上，还有不少行为没有被法律明确规定为犯罪，如上市公司董事、监事、经理等高级管理人员的短线交易行为、内幕交易行为与"老鼠仓"行为交叉的案件性质认定和处罚规定等，造成不少违法犯罪分子逍遥法外。

此外，从程序法角度看，绝大部分公诉案件都由检察机关承担举证责任，这成为司法机关在打击和惩治内幕交易犯罪中不断遭遇挫败的程序软肋。其原因就在于以内幕交易犯罪为代表的金融犯罪自身所具有的特殊性和高度专业性，使得现有的陈旧、落后的侦查机制、举证责任分配机制置司法机关特别是检察机关于相对不利的位置。内幕交易犯罪的侦查、取证、固证以及举证，给司法实践特别是侦查机关和起诉机关带来了很大挑战，这一点在证明与法定内幕信息知悉人员具备特殊人身关系或利益关系的非法获知内幕信息人员实施相应交易行为的性质认定等疑难、复杂问题上表现得最为明显。因此，结合上述刑事实体法和刑事程序法存在的问题，笔者认为，只有严密刑事法网，填补实体法律漏洞，修改和完善内幕交易犯罪的刑事立案、追诉程序规定，才能真正实现"天网恢恢，疏而不漏"。

（二）司法困境分析

1. 地方保护主义、部门保护主义严重阻碍司法机关办案

公司，尤其是上市公司，一般对当地的经济发展贡献莫大，主要表现在提供巨额税收收入和促进当地劳动力就业等方面。同时，某一区域所属公司、企业的发展、壮大，尤其是公司上市、收购甚至是在国外上市、跨国收购，对当地党政官员招商引资、GDP 增长等方面的政绩考评也影响颇大。因此，在涉及公司违法犯罪特别是规模巨大、实力雄厚的上市公司涉嫌证券期货交易领域的金融犯罪时，很容易遭到当地党政机关的行政干预，导致承办案件的司法机关承受来自各方面的巨大压力，无法独立、客观、公正地办案。在涉及内幕交易犯罪的案件中，不乏当地党政机关的官员牵涉或卷入相关上市公司的内幕交易犯罪中，他们为了维护自身政绩、荣誉等政治经济私利，往往暗中帮助甚至纵容、包庇内幕交易违法犯罪分子，在地方保护主义和部门保护主义思想作祟下，通过使用各种行政权力和关系干扰司法机关依法办案，某些案件还牵扯出党政官员的贪污、腐败犯罪行径，愈发使得查办内幕交易案件困难重重，这不得不引起我们的高度关注和重视。

此外，在查处一些关涉内幕交易犯罪的大案要案中，甚至不乏公安侦查机关乃至司法机关工作人员的身影。一些办案人员利欲熏心，与涉嫌内幕交易犯罪分子同流合污，为其掩盖罪行，并在刑事侦查、诉讼过程中，强调公司当地司法机关的绝对管辖权，以防外来插手，乃至争抢案件的刑事管辖权。有的在当地党政机关的指示和压力下，违背刑法和刑事诉讼法等法律规定，公然阻挠外地公安司法机关依法正常办案，导致相关案件查处进度缓慢，步履维艰，司法独立、公正和权威尽失。

2. 立法的漏洞与缺失导致法律适用存在障碍

证券、期货领域的金融犯罪专业性非常强，这一点在内幕交易犯罪中也有所体现。正如有学者指出的，"资本市场关系复杂，技术手段先进，涉及证券、期货、法律、会计、计算机和网络通信技术等诸多领域，犯罪分子往往具有较深的专业背景，熟悉资本市场运行规则和信息技术，惯于利用规则

和制度的漏洞逃避法律追究。"① 而现实是，我们的制度构建确实还存在一些法律漏洞，亟待完善，如"老鼠仓"行为与内幕交易行为交叉情形的认定，迄今为止，我国立法不仅对"老鼠仓"行为没有明确的法律界定，对二者结合和交叉情形的法律认定也没有清晰准确的结论。

在内幕交易犯罪中，最主要的三个问题是内幕交易行为的认定、内幕交易主体的认定和内幕信息的认定。应当说，我国目前的立法对这三个问题的规定和实践操作还存在一些法律适用依据和来源的问题，有一些问题的解决至今尚无法律明文规定。刑法的规定过于粗糙、概括化，刑事立法解释和刑事司法解释在弥补法律漏洞、指导司法适用方面发挥着重要作用，但客观地看待我国证券期货领域的立法规定及其解释，可以发现司法解释不多，立法解释更少；二者的法律效力显然是后者大于前者，但是司法解释却过多地代替了立法者自身对刑法规定的解释和说明，这种现象的存在多少有不妥当之处；而且即使如此，立法解释和司法解释对司法实践中经常遇到的问题并不是一一作出规定，反而存在很多法律规范缺失甚至已有规定相互冲突、矛盾的问题。在内幕交易犯罪主体问题上，立法在刑法上的体现仅是一些委托性规定，始终未能在刑事法上清晰界定犯罪主体的范围，特别是"非法获取型"和"特定身份型"两大类人员仍然无法在司法实践中得到统一、规范的认定。在内幕信息的认定上，内幕信息的根本特征仍是众说纷纭。我国立法规定采取"列明＋兜底"的立法模式，看似全面无遗漏，实则挂一漏万，这些仅具有列举性意味的条款在司法实践中的作用毕竟是有限的，从根本上讲必须明确内幕信息的特征和具体认定标准，否则再多的列举都仅具有提示性作用，真正在司法实践中发挥的作用和效果必然不尽如人意。在内幕交易行为的认定上，获取内幕信息和实施相关交易行为之间到底是一种什么关系，至今未能明确；建议行为和其他行为方式的根本区别何在，如何正确认定行为人的客观方面各种各样的表现形式，仍然是一个历久弥新的"老问题"和"新问题"。类似问题还有相关交易行

---

① 苗有水、刘晓虎：《〈关于办理内幕交易、泄露内幕信息刑事案件具体应用法律若干问题的解释〉的理解与适用》，载《人民司法》2012年第15期。

为异常的判断标准有待细化，内幕交易犯罪阻却犯罪事由还需要在结合司法实践的过程中逐步完善，证券期货两大金融领域的定罪量刑标准特别是数额标准仍需进一步考证和作出相应调整，证券期货作为不同的交易对象，规则和流程也不尽相同，在一些方面仍需分而处之，现行立法不加区分，将二者作统一规定也有可待商榷之处。上述问题，有些已经得到法律明确规定，有些仍然不明确，这些已有的规定还需要修改和完善，而尚未制定的法律规范则意味着存在立法漏洞，亟须填补。

3. 相关案件极强的专业性导致侦查、取证、固证等工作遭遇巨大挑战

我国金融领域的犯罪黑数大，这在内幕交易犯罪中亦是如此。一个重要的原因就是这类犯罪的专业性极强，而且案情特殊、复杂，并非传统犯罪所能相提并论，因而对传统的侦查取证、固证等刑事诉讼领域的基础工作提出了巨大挑战。其中不少案件，特别是近年来曝光的大案要案，不仅案情庞杂，而且作案手法和形态也发生了很大变化，不少犯罪行为人还拥有较高的金融专业知识、学历和丰富的证券期货交易经验，侦查机关在查处相关犯罪中，也与这些高智商、智能化犯罪分子展开了侦查与反侦查、跟踪与反跟踪的斗智斗勇的穿梭于现实与虚拟网络两大空间的博弈和斗争。

随着经济社会的快速发展，高科技手段在金融领域犯罪中被使用的情形可谓层出不穷，内幕交易也逐渐由纸面化交易转变为无纸化交易，相关交易行为留下的交易痕迹等证据瞬间灭失，即使获得也很难被固化为纸面证据而被可视化地提交法庭。一些电子交易记录很容易遭遇黑客攻击而被破坏、灭失，甚至被犯罪行为人通过高科技手段抹去交易痕迹，"来无影去无踪"，导致案件查处难度迅速加大。证券、期货交易具有无纸化、信息化等特点，犯罪分子往往利用互联网、3G 通信等先进技术传递信息和意图，加大了事后取证的难度，导致内幕交易犯罪实发案件数量与查办案件数量存在较大落差。① 如此日复一日、年复一年，包括内幕交易在内的金融犯罪黑数不断增大，并随着经济社会的发展日益水涨船高。这不仅给本来已经

---

① 参见苗有水、刘晓虎：《〈关于办理内幕交易、泄露内幕信息刑事案件具体应用法律若干问题的解释〉的理解与适用》，载《人民司法》2012 年第 15 期。

入不敷出的司法资源和社会资源带来了历史遗留问题使之严重供不应求，导致供需失衡，也使刑事司法机关不堪重负，同时也对我国证券期货两大金融市场的长远、健康发展贻害无穷，这不得不引起我们的高度关注和深刻思考，并寻求治标之法和治本之策。

4. 现行司法队伍的素质与财力有限导致执法成本和司法成本较高

内幕交易犯罪行为人的高素质、智能化犯罪态势凸显，呈高发势头，但是反观我国当下的司法队伍水平、质量和素质，不得不让人堪忧，在打击如此富含技术含量和智慧头脑的金融犯罪面前，未免捉襟见肘，双方实力的比拼和较量在很大程度上不在一个层次上。包括内幕交易犯罪在内的金融犯罪往往涉及许多金融学方面的知识，尤其需要查处大批账目，关注交易数据信息寻找规律，这便要求办案人员不仅具有相应的法律知识，而且还具备相关的经济知识，尤其是财会、金融知识。目前，我国经济侦查队伍中缺乏熟练掌握金融、财会业务的办案人员。很多经办人员对一些新的金融业务只知其表或一窍不通，抓不住问题的关键和要害，很难对犯罪行为准确定性和对罪犯适当量刑。[①] 再看我国打击金融犯罪的司法队伍和后勤保障，也存在很大问题。金融犯罪案情往往较为复杂，一般比其他案件需要投入更多的司法力量和财力，而在实践中，相应的人力、物力、财力投入远远不能满足办案需求，后勤保障也跟不上。限于现行司法队伍的素质和人力、物力、财力等原因，执法成本和司法成本过高，而让司法机关望而生畏，进而使得不少内幕交易案件最终草草了结，仅以民事赔偿或行政处罚了事，从而增加了犯罪黑数和再次发生相关犯罪的概率，使得保障证券期货金融市场的长远健康发展成为空谈。同时，这也是我国近年来涉嫌内幕交易犯罪案件曝光多、查处少，作为行政违法行为处理多、追究刑事责任少，内幕交易屡禁不止反而愈发增多的一个重要原因。

---

① 参见刘宪权：《金融犯罪刑法理论与实践》，北京大学出版社2008年版，第38页。

二、立法建议与司法应对

（一）立法建议

1. 进一步修改和完善内幕交易犯罪的入罪标准，保持入罪的法定标准与实践标准协调、统一

在刑法规制内幕交易犯罪问题上，有论者主张将现行刑法规定的内幕交易罪由情节犯改为行为犯，适当降低入罪门槛，以扩张刑法圈，扩大刑罚圈。还有论者甚至认为应当将其改为危险犯，以便于刑法提前介入内幕交易犯罪的惩治和预防中。对此，笔者认为上述观点无论是从理论上来讲，还是从司法实践角度看，都是站不住脚的，有待商榷之处。内幕交易犯罪的危害之大、影响之广不言而喻，但这是否意味着刑法要一味介入甚至是提前介入呢？笔者认为持上述观点的人未免过于激进，他们过于看重刑法的严厉制裁效果，是治标不治本的举措，将会不适当地扩大内幕交易罪的入罪范围和惩罚范围，使得刑法过多和过度介入金融领域乃至整个市场经济领域，从长远的角度来看将贻害无穷，无异于饮鸩止渴。刑法是一把双刃剑，如果过多倚重刑法和刑罚来惩治包括内幕交易在内的金融犯罪，将会导致过犹不及，收到反面效果，造成适得其反。在我国，内幕交易犯罪曝光多、查处少，特别是刑事处置少是不争的事实，但不能为了提高刑事查处数量、比例等表面化的数据，而一味动用刑法，毕竟造成这种现象和局面的不仅有立法层面的原因，更有司法实践层面的原因，企图扩大刑罚圈以解内幕交易犯罪惩治不力的燃眉之急，是一种不客观、不全面同时也是不科学、不妥当的短见。

针对我国内幕交易犯罪的立法和司法实践现状，笔者认为从根本上讲，不是要继续修改刑法对于内幕交易犯罪的规定，甚至更不应该将内幕交易犯罪提前为、扩展至、上升为危险犯，这一举动是必须加以禁止和避免的。当务之急是要进一步从司法层面，特别是借助司法解释，修改和完善内幕交易犯罪的入罪标准，保持入罪的法定标准与实践标准协调、统一，保持行

政立案、处罚与刑事立案、处罚标准的衔接和协调,保持法律规定尤其是司法解释的现实可操作性。这其中最主要的就是要进一步明确内幕交易犯罪"情节严重""情节特别严重"的规定以及相关司法解释确立的入罪标准的可操作性。以2010年5月7日最高人民检察院、公安部《关于公安机关管辖的刑事案件立案追诉标准的规定(二)》和2012年5月22日最高人民法院、最高人民检察院《关于办理内幕交易、泄露内幕信息刑事案件具体应用法律若干问题的解释》为例,前者第35条规定,涉嫌下列情形之一的,应予立案追诉:"(一)证券交易成交额累计在五十万元以上的;(二)期货交易占用保证金数额累计在三十万元以上的;(三)获利或避免损失数额累计在十五万元以上的;(四)多次进行内幕交易、泄露内幕信息的;(五)其他情节严重的情形。"《解释》第6条规定,在内幕信息敏感期内从事或者明示、暗示他人从事或者泄露内幕信息导致他人从事与该内幕信息有关的证券、期货交易,具有下列情形之一的,应当认定为《刑法》第180条第1款规定的"情节严重":"(一)证券交易成交额在五十万元以上的;(二)期货交易占用保证金数额在三十万元以上的;(三)获利或者避免损失数额在十五万元以上的;(四)三次以上的;(五)具有其他严重情节的。"《解释》第7条规定,在内幕信息敏感期内从事或者明示、暗示他人从事或者泄露内幕信息导致他人从事与该内幕信息有关的证券、期货交易,具有下列情形之一的,应当认定为《刑法》第180条第1款规定的"情节特别严重":"(一)证券交易成交额在二百五十万元以上的;(二)期货交易占用保证金数额在一百五十万元以上的;(三)获利或者避免损失数额在七十五万元以上的;(四)具有其他特别严重情节的。"笔者认为,从总体上看,"情节严重"的入罪情节标准过低,无法实现刑法规范对资本市场金融产品交易秩序的保障,刑事司法实践客观上也难以按照如此低的数额标准追究涉案人员的刑事责任,这是造成内幕交易行为大多在行政处罚领域被处理和消化,进而出现"以罚代刑""以罚了事"等现象的一个重要原因,最终使得立法规定处于虚置状态,进而造成打击不力。从具体规定层面分析,内幕交易犯罪"情节严重"的数额标准与细化解释由于没有确立各个数额的具体认定细则,导致司法实践认定和适用可能出现不一致,如单次证券交易成交额、期货交易占用保证金数额、获利或者避免损失数额等的认定都没有确立一个原则和细则。

总体而言,我国证券期货犯罪普遍存在"情节严重"等定罪标准设置过低的问题,笔者认为需要结合司法实践尤其是要全面统计、总结内幕交易违法、犯罪的第一手数据和资料,紧密结合经济发展态势,并联合证券期货行政监管部门确立具有可操作性的入罪情节标准。有学者提出,"有必要优化证券期货犯罪司法解释,通过对内幕交易、操纵证券期货市场等行政处罚案件进行数据统计,分析此类非法证券期货交易中成交资金额、占用保证金数额、获利数额、避损数额等数据信息,将各个主要项目的数额平均值设定为犯罪情节严重的下限。同时,有必要将'其他情节严重的情形'等虚化、泛化的指标排除在'情节严重'的认定标准之外,转而将内幕交易犯罪行为对资本市场秩序、投资者权益所产生的可量化恶劣影响(例如,内幕交易犯罪行为侵犯股民权益导致大规模证券集团诉讼、引发群体性事件等)作为'情节严重'司法认定的标准",并认为"这样经过实证分析与客观论证的内幕交易犯罪'情节严重'的司法解释标准才能经得起刑事司法实践的考验"。笔者对此表示赞同,可供立法参酌。

同时,针对上述司法解释提出的各个情节认定的具体数额标准作进一步修改和完善,保持法定标准和实践标准的统一、协调,才能真正确保打击和惩治内幕交易犯罪的"稳、准、狠",以消除理论质疑和实践不一的现状。针对内幕交易犯罪各情节具体数额认定问题,也有学者提出了自己的一些思考和见解,并给出了具体计算标准,[①]笔者认为可供立法机关和司法机关修改、完善时参考。

2. 修改和完善内幕交易罪的法定刑种和刑度

我国现行《刑法》规定的内幕交易罪,在刑种方面,可适用的主刑刑种为

---

① 参见苗有水、刘晓虎:《〈关于办理内幕交易、泄露内幕信息刑事案件具体应用法律若干问题的解释〉的理解与适用》,载《人民司法》2012年第15期;刘宪权:《论内幕交易犯罪最新司法解释及法律适用》,载《法学家》2012年第5期。

拘役和有期徒刑,附加刑刑种仅为罚金刑一种;在刑罚力度方面,法定最高刑为 10 年有期徒刑。针对个人犯罪,罚金刑采用的是倍比罚金制,即处违法所得 1 倍以上 5 倍以下的罚金,针对单位犯罪,罚金刑采用的是无限额罚金制。结合前文分析,笔者认为从形式上看,我国刑法对内幕交易罪的刑种选择上仍显单一,针对主刑,可以考虑增加无期徒刑和管制两种主刑,理由除了前述分析外,还有一点在于适当扩大犯罪圈与刑罚圈和维持刑罚轻轻重重的平衡态势。针对情节特别严重,社会危害和影响特别巨大,行为人获利巨大且无法进行有效追赃、弥补广大市场参与者损失的情况,提高处罚上限是可行的、合理的。针对增加管制刑,笔者认为可以适用于一些刚达到入罪情节、在没有其他从宽处罚情节时给予的刑罚处罚,同时结合《刑法修正案(八)》之规定,可以同时对被告人适用禁止令,以更好地惩治和预防类似犯罪。

针对附加刑,笔者认为可以考虑增加没收财产刑和剥夺政治权利刑。针对某些国有上市公司、企业和国有控股的股份制公司、企业中存在的个人和单位内幕交易犯罪,笔者认为可以对行为人适用剥夺政治权利,禁止其担任相应职务和享有相应权利,对于防止其利用职权等便利条件实施内幕交易犯罪将发挥自由刑所不能产生的作用和效果。针对某些实施内幕交易的犯罪分子,情节特别严重,给国家和人民利益造成重大损失且难以弥补的,缴纳罚金又不足以赔偿的,可以考虑适用没收财产这一财产刑,并区分具体案情适用没收部分财产或没收全部财产,彻底铲除某些犯罪分子基于投机目的再次实施内幕交易犯罪的经济土壤和生存空间,也是大有裨益的。

针对内幕交易罪刑罚幅度问题,笔者认为需要作以下修改和完善:

一是在主刑量刑幅度方面,可考虑作如下规定,即犯内幕交易罪,情节严重的,处 5 年以下有期徒刑、拘役或管制;情节特别严重的,处 5 年以上有期徒刑、无期徒刑。

二是在附加刑方面,现行刑法针对个人犯罪规定了倍比罚金制,针对单位犯罪规定了无限额罚金制,笔者认为其在设置和适用上存在一定问题,并且与证券期货等行政法律法规无法有效衔接和协调。结合前文对内幕交易罪罚金刑设置存在问题的分析，笔者认为可以作如下两种处理：一种是对现行刑法规定作出修改，区分行为人有无违法所得情形，分别作出规定。如果行为人有违法所得的，仍根据违法所得按照原有规定适用倍比罚金制；如果没有违法所得的，则适用无限额罚金制，但要与《公司法》《证券法》等有关行为的行政处罚规定结合起来考虑，以保证刑事法和行政法在行政处罚与刑罚上的衔接和协调。另一种是如果不区分行为人有无违法所得情形，一律作出统一规定，则可以考虑规定适用限额罚金制或无限额罚金制。适用限额罚金制可以结合《公司法》《证券法》等行政法律法规，规定一个处罚数额的幅度；适用无限额罚金制，则需要出台相应司法解释进一步规定量刑考量的具体因素和操作细则，同时赋予法官根据个案情况进行自由裁量的权力。

三是针对有学者提出的现行刑法对单位犯内幕交易罪适用罚金刑的规定属于无限额罚金制，存在不妥当之处的质疑和担忧，笔者认为不无道理，需要重视并加以解决。应当看到，包括内幕交易单位犯罪在内的证券期货类单位犯罪，我国刑法均只规定要对单位判处罚金，却没有规定具体的罚金数额。具体要罚多少，完全交由司法人员自由裁量。笔者认为，为了解决一些学者对这种罚金刑规定方式有违"刑罚的明确性原则"，难逃违反罪刑法定原则之嫌的担忧和顾虑，可以结合上述对个人犯内幕交易罪适用罚金刑的分析和思考，参照处理：一种是对现行刑法规定作出修改，区分犯罪单位有无违法所得情形，分别作出规定。如果犯罪单位有违法所得的，可根据违法所得规定适用倍比罚金制；如果没有违法所得的，则适用无限额罚金制，但要与《公司法》《证券法》等有关行为的行政处罚规定做好衔接，保持协调。另一种是如果不区分犯罪单位有无违法所得情形，一律作出统一规定，则可以考虑规定适用限额罚金制或无限额罚金制。适用限额罚金制可以结合《公司法》《证券法》等行政法律法规，规定一个处罚数额的幅度；适用无限额罚金制，则需要赋予法官根据个案情况进行自由裁量的权力，并出台相应司法解释进一步规定量刑考量的具体因素和操作细则供司

3. 严密刑事法网,将短线交易行为入罪

所谓短线交易,一般是指上市公司的董事、监事、经理等高级管理人员以及持有法定比例股份以上的大股东,在法定期限内(一般是6个月)买卖上市公司股票以赚取差价利润的行为。根据我国《证券法》第43、45、47条之规定,下列情况不论是否知悉内幕信息,也不论是否利用内幕信息,行为人在法律规定的期限内持有、买卖某种股票,都被视为内幕交易的性质而被禁止:(1)为股票发行出具审计报告、资产评估报告或者法律意见书等文件的专业机构和人员,在该股票承销期内和期满后6个月内,不得买卖该种股票;(2)为上市公司出具审计报告、资产评估报告或者法律意见书等文件的专业机构和人员,自接受上市公司委托之日起至上述文件公布后5日内,不得买卖该种股票;(3)持有一个股份有限公司已发行的股份5%以上的股东,将其所持有的该公司股票在买入后6个月内卖出,或者在卖出后6个月内又买入,由此所得收益归该公司所有;(4)证券交易所、证券公司、证券登记结算机构的从业人员、证券监督管理机构的工作人员以及法律、行政法规禁止参与股票交易的其他人员,在任期或者法定期限内,不得直接或者以化名、借他人名义持有、买卖股票,也不得接受他人赠送的股票。短线交易与内幕交易的重要区别在于,构成内幕交易的前提是有内幕信息存在,行为人知悉并利用内幕信息进行证券交易,而短线交易在法律上则没有硬性规定交易者必须掌握内幕信息,只要是在特定的禁止期限内抛售证券,即成立短线交易。在归责原则上,内幕交易一般采取过错归责原则,而短线交易则采取无过错归责原则。①

从目前我国的法律规定来看,短线交易行为只是一种行政违法行为,尚不能作为犯罪处理。需要明确的是,内幕交易的行为方式多种多样,短线交易实质上即是其中的一种特殊表现形式,它包含在内幕交易中。短线交易的行为主体主要是上市公司的董事、监事、经理以及持股达到法定比例

---

① 参见王晨:《证券期货犯罪的认定与处罚》,知识产权出版社2008年版,第227页。

的大股东,他们作为上市公司的高级管理人员或者对公司经营拥有话语权的人,很容易知悉公司的内幕信息,其所实施的短线交易行为与知悉、利用内幕信息有着千丝万缕或者说不清道不明的关系。如果对这类行为仅仅施以行政处罚,仅仅通过赋予公司短线交易收入归入权这一民事手段惩治类似行为,其力度远远不够,效果也可想而知。因此,对于短线交易这类游走在违法犯罪边缘的灰色地带行为,仅靠民事赔偿和行政处罚是不够的,为了彻底净化证券交易市场的空气,建立良好的交易秩序,也为了最大限度地保护广大金融市场上的投资者的根本利益和证券期货金融市场的长远、健康发展,笔者认为应当将短线交易行为入罪化。

在此,需要指出的一点是,目前短线交易的惩罚规定主要表现在证券交易市场和证券法律法规上,我国尚未对期货市场上的短线交易进行规制和惩处,但《期货交易管理暂行条例》规定,禁止期货交易所、中国证监会和其他有关部门的工作人员进行期货交易。从理论上讲,不能排除期货市场上存在短线交易的可能,只是可能与证券市场上的短线交易形式、形态等不同,但本质上应当是一样的。如果上述人员利用他人名义或者与他人串通实施短线期货交易,如有证据证明其知悉并利用内幕信息实施相应交易行为,则构成内幕交易罪无疑;如果没有直接证据证明其知悉、利用内幕信息,但行为人不能证明其所实施的短线交易行为与内幕信息无关的,亦成立内幕交易罪。如此,则在证券、期货两大金融市场上填补了刑法规制短线交易的漏洞,实现刑法规制金融犯罪严而不厉的立法态势。

4. 引入资格刑,建立和完善行政执法与刑事司法、行政处罚与刑事处罚的无缝、立体衔接

根据我国《公司法》《证券法》等行政法律法规的规定,对违反行政法律法规的行为人可以处以行政资格罚,即对上述行政违法人员适用市场准入限制甚至禁止的惩罚规定,这在一定程度上远甚于对其实施行政自由罚如行政拘留和行政财产罚如行政罚款等其他形式的行政处罚,因为它有效地阻止了行为人再行利用相应从业资格和从业所处的便利条件实施行政违法行为。考察西方发达国家的刑法规定,其中不少国家的刑法体系中特别是

刑罚体系中都有类似于行政资格罚的资格刑,这对有效打击一些犯罪特别是金融等经济领域的犯罪起到了意想不到的良好效果。反观我国刑法,至今尚无类似资格刑的设置和适用,以至于对金融领域的犯罪惩罚效果不尽如人意。有鉴于此,笔者建议可以考虑在我国刑法总则统一规定一种或数种可能适用的资格刑,或者专门针对金融等经济领域犯罪规定资格刑,如针对内幕交易犯罪行为人可以适用个人市场准入部分限制、全部限制、禁止乃至剥夺从业资格等规定,并对限制内容和时间、禁止内容和时间等作出明确规定;针对单位犯罪的,可以对直接负责的主管人员和其他直接责任人员适用上述规定,同时对单位适用限制、禁止乃至永久剥夺其单位资格和从事金融等领域内行业的从业资格,彻底摧毁这类犯罪分子和犯罪单位,利用这种从业资格或其他便利条件再次实施同类犯罪的合法外衣和保护伞,将这类犯罪分子和单位在某一期限内乃至永久剔除出证券期货等金融市场将会非常有效地打击类似犯罪,防止其死灰复燃。

与此同时,针对我国迄今尚未建立起行政执法与刑事司法在处断行政违法与犯罪领域的有效衔接这一司法现状,笔者认为必须尽快建立和完善惩治内幕交易犯罪行政执法与刑事司法相衔接的有效机制,尤其是要建立和完善对相关违法犯罪行为人和单位适用行政处罚和刑罚处罚方面的衔接。我国《公司法》《证券法》和期货等有关法律法规已经规定了对相关领域行政违法人员的市场准入资格限制的规定,即限制乃至终身禁止某些公司、企业等从业人员,尤其是高级管理人员,和证券期货领域的行政违法人员再行进入有关证券期货市场,担任公司、企业相应职务的行政资格罚规定。这些行政资格罚对内幕交易犯罪的行为人产生了非常重要的遏制作用,但限于其仅是行政处罚,使其作用有限,效果一般。待我国刑法增设资格刑后,要在行政执法和刑事司法、行政处罚和刑罚处罚方面建立无缝衔接和协同配合工作机制,充分发挥二者在各自管辖领域内的执法优势和长处,形成打击内幕交易犯罪的合力,全面有效地打击内幕交易犯罪的生存空间,以彻底消解我国目前惩治内幕交易犯罪行政执法与刑事司法中的脱节和冲突现状,特别是刑事司法跟进处置的滞后和乏力,取得最佳惩治效果。

5．内幕交易行为的非刑法规制建议

犯罪产生的原因非常多，从根本上讲，社会因素占据了很大比例，这一点同样适用于内幕交易犯罪。同样，对于犯罪的有效应对，并不仅仅是刑法一家之言说了算，一家之事自己管，相反，为了有效惩治和预防内幕交易犯罪，必须综合运用包括民事、行政和刑事在内的多种手段和方法系统应对和处理之，只有多管齐下，形成合力，才能全面、有效、严密地惩治和预防内幕交易犯罪。

笔者认为，主要可以从以下几个方面着手完善应对举措：

一是针对公司、企业，特别是从事证券、期货交易或业务的上市公司，必须优化上市公司治理结构，着力消除在股票发行人与广大投资者之间的、公司内部人员与公司外部人员之间的以及大小股东之间的信息不对称、利益不均衡等现象，可考虑建立和完善中小股东利益保护机制、公司内部审计报告、公告制度、公司董事、监事、经理等高级管理人员的激励机制等。要建立严格规范、全面及时的信息披露、报告和公告等具体规章制度，并借助信息披露等制度消除证券期货市场上的信息不对称带来的消极影响。要进一步缩短内幕信息形成后的沉淀时间，使内幕信息在脱离法定或者有效保护期后尽快公之于众，减少相关信息获知人犯罪的时间、空间，这将在很大程度上减少内幕交易犯罪发生的现实可能性。同时，要强化内幕信息法定知悉人员的保密义务，提高责任意识，加大对其泄密或利用内幕信息实施内幕交易的民事责任和行政责任以及相应的民事、行政处罚。此外，在上述公司、企业内部，可以考虑建立和完善反内幕交易的相关规章制度，严格对内幕人员和内幕信息的管理和监控，如建立有效的隔离机制和内幕人员流动监控机制，使得内幕人员之间、内幕人员和非内幕人员之间、工作人员和内幕信息之间都形成有效的隔离，并进行及时、动态的跟踪监管和监督，从而遏制和预防内幕交易犯罪的发生。

二是针对证券期货交易行政监管部门，要进一步在行政执法领域完善行政立法，严格行政执法，建立和完善行政监管部门、证券期货交易所、中央和地方各级各地相关机构和人员之间的信息共享机制、沟通协调配合机制,特别是要深挖相关犯罪线索,严格按照法定内幕交易犯罪入罪标准及时移送司法机关侦查、追诉相关犯罪,防止以罚代刑、以罚了事。与此同时,在强化监管的同时,要注重建立科学的证券期货监管体系,分清主次、轻重、缓急,提高监管效率,防止眉毛胡子一把抓,造成监管的"无所不能"变成"无所都不能"。此外,在加强对参与证券期货金融市场的单位和个人的实时、动态、立体全方位监督、管理的同时,还需要证券期货行政监管部门和相关人员加强对机关、部门内部工作人员的监督,狠抓行政监管机关、部门、单位内部的贪污、受贿等腐败犯罪和渎职犯罪。正如新一届党和国家领导人提出的"打铁还需自身硬",在自身获知内幕信息的职权便利条件下,在面对巨大利益诱惑的犯罪面前,不仅要加强对证券期货交易单位和人员的监督,更要强化监管者自身的自我监督,才能真正收到监督实效,最大限度地预防内幕交易犯罪。

三是针对内幕交易犯罪发生后,可能给广大证券期货市场参与者尤其是内幕交易涉及的证券期货买入卖出者(即直接受害者)的切身利益(一般而言,主要是经济利益)带来的有形和无形损害,可以考虑建立国家救助基金,在追赃效果有限、犯罪分子无法弥补损失时予以代位赔偿,以稳固金融市场秩序和人们的投资信心,避免内幕交易犯罪查处后引发的股市剧烈震荡,保障金融安全和经济安全。同时,要建立和完善内幕交易民事赔偿责任的相关规定,尽快出台内幕交易犯罪引发的民事赔偿诉讼程序和具体损失数额、赔偿数额计算与认定的标准与细则以及明确民事赔偿的基本原则、范围、条件、举证责任、归责原则、赔偿保障与落实等方面的司法解释,以妥善处理内幕交易犯罪引发的"后遗症"和其他问题。

(二)司法应对

立法完善是司法完善的前提和基础,有效的司法应对既是对立法完善的回应和彰显,同时也会进一步发现立法的缺陷甚至漏洞,以查漏补缺,弥补不足,进而促进立法再完善。鉴于证券期货犯罪尤其是内幕交易犯罪的特殊性、复杂性和专业性,结合上述司法实践打击和惩治内幕交易犯罪遭遇的问题和困境,笔者认为在司法实践层面有效治理内幕交易犯罪,可以从以下几个方面着手:

一是彻底打破和消除地方保护主义的干扰,建立和完善惩治内幕交易的行政执法与刑事司法衔接机制。笔者认为,地方保护主义和部门保护主义之所以成为内幕交易等金融犯罪查处时遭遇的重大隐形障碍,主要原因还是在于利益纠葛。因此,要打破利益链条,彻底消除查处内幕交易犯罪遭遇的阻力和障碍。从政府机关、部门等行政机关层面出发,地方政府和相应部门、机关等要树立和完善正确、科学的政绩观和考核观。从刑事司法机关层面看,司法机关要顶住地方党政领导和部门主管单位领导等的压力和阻力,最大限度地排除地方保护主义和部门保护主义的干扰,严格执行刑法和刑事诉讼法等相关法律法规的硬性规定。针对内幕交易等金融领域的犯罪中伴生和掺杂的贪污腐败和相应的监管渎职等职务犯罪,必须严肃查处相关人员的违法犯罪行为并依法追究刑事责任。在诉讼管辖上,可以考虑适度上收证券期货市场违法犯罪案件的管辖至省、自治区、直辖市所在地(市)的中级人民法院、公安机关管辖。在行政监管、执法机关与司法机关之间要尽快建立和完善包括内幕交易犯罪在内的行政执法与刑事司法衔接机制,加强二者在查处金融领域犯罪和相关人员贪污腐败犯罪、职务犯罪领域内的信息沟通共享、犯罪线索移送、处置和及时回复等方面的配合和协调,实现执法合力,最大限度地遏制和减少行政执法领域和刑事司法领域的内幕交易违法犯罪行为。

二是建议由最高司法机关、公安部门和国务院证券期货监管部门联合出台具备可操作性的进一步规定或司法解释,同时由最高人民法院整理、发布有关内幕交易的典型案例作为各级各地司法机关审判指导和参考,以保证司法公正、统一。现行刑法和相关司法解释虽然对司法实践遭遇到的一些涉及内幕交易犯罪的问题作了解释,但是还有不少问题仍然亟须法律依据或者需要进一步明确,如"老鼠仓"行为的具体判断和性质认定,内幕交易民事赔偿制度和诉讼制度的建立和完善,内幕交易犯罪定罪量刑的法定标准和现实标准的弥合,已有的司法解释对相关问题的界定也需要进一步细化,使之具备可操作性从而有效地指导司法实践。

此外,内幕交易犯罪作为新型的金融犯罪在我国受到法律规制特别是刑法规制的时间仍然不长,各级各地司法机关在打击和治理相应犯罪行为方面存在数量多少、经验多少、认定标准不一等问题,而且包括内幕交易犯罪在内的证券期货犯罪专业性较强,较一般案件也更为特殊和复杂,在当下我国司法机关工作人员整体素质不高的情况下,由最高人民法院搜集、挖掘、整理并经过严格遴选公布一批典型案例供各级各地法院审判相应案件时指导和参考不仅是必要的,而且重要性也不言而喻。

三是大力引进先进科技,强化侦查取证、固证能力,同时借鉴域外先进经验,尽快改变司法实践打击不力的现状。针对包括内幕交易犯罪在内的金融犯罪共同具有的高科技化、智能化、电子化、信息化、网络化、取证难等特点,笔者认为在打击类似犯罪时必须高度重视科技的力量,要大力引进高科技手段和相应设备、技术对证券期货交易市场进行实时、动态、立体监控,对证券期货市场参与人员特别是内幕信息法定知悉人员、政府机关监管部门及其工作人员实行跟踪式全方位监控,防止内幕交易滋生。内幕交易犯罪网络化、无纸化交易的显著特点让传统的犯罪侦查和追诉在证据调取、固定、保护和存储等方面遭遇了新的挑战,因此侦查机关要提高犯罪线索挖掘和证据搜索意识,强化侦查取证、固证能力,以应对类似智能化犯罪带来的挑战。与此同时,按照"取其精华,为我所用"原则,要借鉴和吸收西方发达国家在金融市场治理中积累的先进经验,为我国在惩治和预防内幕交易犯罪中取得更大成效提供指导。例如,美国等国建立和适用的执行和解制度、巨额举报奖励制度、非法获取型内幕交易犯罪举证责任倒置制度等,不仅方便快捷,而且取得了非常良好的执法效果,值得我们在做好相应制度准备后参照适用。

四是建议国家行政监管机关与司法机关合作建立包括内幕交易在内的证券期货交易数据库,积累经验,摸索规律,实时、动态监控任何异常或可疑交易,实现信息共享和沟通顺畅,达到事前预防、事中处理和事后惩治的全过程统一与协调，以最大限度地遏制和减少内幕交易犯罪的生存土壤和发展空间。包括内幕交易在内的证券期货交易数量巨大，而且非常频繁，因而行政监管机关和司法机关在打击和治理证券期货犯罪过程中，有限的人力物力等资源在应对和处理非常庞杂的信息量方面难免显得捉襟见肘，而且还可能存在信息不共享、沟通不畅的问题。但证券期货交易市场的瞬息万变，并不意味着证券期货交易没有规律可循，建立和完善由国家证券期货行政监管机关与司法机关通力合作、实时动态监控证券期货交易的数据库，从中积累经验，摸索规律，将对证券期货违法、犯罪尤其是内幕交易违法犯罪的事前预防、事中处理和事后判断裨益颇多。

前述在内幕信息重要性问题的判断上，某一信息是否影响证券期货交易市场特别是证券期货交易价格，以及影响的有效时间和程度之判断与认定，并不是一个法律适用上的逻辑问题，而是一个事实和经验的问题，一旦有相关数据库建立，将会通过发现其中的规律，比较合理、准确地判断某一信息是否具备影响证券期货交易价格的特征以及影响时间和影响程度。在内幕信息敏感期的认定上，如果效仿西方发达国家建立相应的证券期货交易数据库并运用有效资本市场理论，将会比较合理地判断内幕信息的价格敏感性和敏感期限，同时也将对内幕信息是否已公开作出认定。在判断内幕信息获知人基于相应身份关系获取内幕信息实施证券期货交易时，利用这一数据库也能在跟踪监管中获知相关交易行为是否属于交易异常，并提前作出预判，这将为行政监管机关及时发现违法犯罪行为并在第一时间移送司法机关进行侦查、取证、固证提供有力帮助。行政监管机关与刑事司法机关在打击和治理内幕交易违法犯罪过程中，借助这一数据库的建立将会大大提高二者执法衔接的效率和质量。

这一交易数据库的内容可以考虑先从交易时间、对象、数量等基本要素着手，逐渐扩展至相关账户尤其是大额交易账户重点关注和实时动态监控、交易主体实时监控、交易主体违法犯罪记录公布、受处罚人市场准入禁止期限公布、内幕信息重要性判断与证券期货市场价格关联度规律研究等内容，最终完成证券期货交易由开户交易到市场行为再到违法犯罪公布及至市场准入限制、禁止乃至最终被剔除出证券期货市场的全过程、实时动态监控,实现行政监管机关与司法机关通力合作打击和治理包括内幕交易在内的证券期货违法犯罪的事前预防、事中处理、事后惩治统一、协调运作机制。

五是加大投入建设一支高素质、专业化的司法队伍,改变重打击轻预防的传统犯罪惩防观念,转向预防与惩治并重、标本兼治的犯罪惩防新理念。俗话说:打铁还需自身硬。针对前述现行司法队伍的素质与财力有限导致执法成本和司法成本较高的问题,综合考察我国打击和惩治内幕交易犯罪的司法现状,笔者认为,为有效惩治和预防内幕交易犯罪,必须加大投入,积极打造一支高素质、专业化的司法队伍。这支司法队伍不仅法律素质要过硬,而且金融专业也要十分熟悉和精通。打击和治理内幕交易等金融犯罪,是一场斗智斗勇的战争。面对内幕交易犯罪行为人的高素质、智能化犯罪态势和高发势头,我国打击和治理内幕交易也必须尽快迈入高质量、高素质、高效率的科学化、专业化、规范化发展轨道。与此同时,还要加强后勤保障力度,在人力、物力、财力等方面给予司法机关更大的支持和投入,从而最大限度地减少内幕交易犯罪黑数,保障内幕交易犯罪惩治的全面、及时和高效。此外,在处理内幕交易犯罪惩治与预防的关系上,必须彻底扭转传统的重监管、重打击、重已然犯罪惩治轻未然犯罪预防的陈旧观念,转向打击与治理并举、监督管理和宣传教育并重、民事、行政和刑事举措综合运用、惩治已然犯罪与预防未然犯罪于一体的系统性内幕交易犯罪惩防思维和革新理念,如此才是遏制内幕交易犯罪高发、频发势头,进而最大限度地减少乃至杜绝内幕交易犯罪,保障证券期货市场健康、持续、长远发展,保护国家金融安全和经济安全的标本兼治之策。

参 考 文 献

一、编著类

1. 马克昌主编:《犯罪通论》,武汉大学出版社1999年版。
2. 王作富主编:《刑法分则实务研究(上)》,中国方正出版社2001年版。
3. 赵秉志主编:《破坏金融管理秩序犯罪疑难问题司法对策》,吉林人民出版社2000年版。
4. 赵秉志主编:《新千年刑法热点问题研究与适用》,中国检察出版社2001年版。
5. 周道鸾等主编:《刑法的修改与适用》,人民法院出版社1997年版。
6. 孙际中主编:《新刑法与金融犯罪》,西苑出版社1998年版。
7. 薛瑞麟主编:《金融犯罪研究》,中国政法大学出版社2000年版。
8. 盛学军主编:《欧盟证券法研究》,法律出版社2005年版。
9. 成涛、鲍瑞坚主编:《证券法通论》,中国大百科全书出版社上海分社1994年版。
10. 郭立新、杨迎泽主编:《刑法分则适用疑难问题解》,中国检察出版社2000年版。
11. 张军主编:《破坏金融管理秩序罪》,中国人民公安大学出版社1999年版。
12. 宋晓峰主编:《金融犯罪的界限与认定处理》,中国方正出版社1998年版。
13. 孟庆丰、陈国庆、孙茂利主编:《经济犯罪案件立案追诉标准最新适用指南》,中国人民公安大学出版社2012年版。
14. 贺智华主编:《海外证券市场》,经济日报出版社2002年版。
15. 马庆泉主编:《中国证券史(1978—1998)》,中信出版社2003年版。
16. 尚福林主编:《证券市场监管体制比较研究》,中国金融出版社2006年版。
17. 王森、齐莲英主编:《美国证券市场:制度、运作与监管》,经济科学出版社2002年版。

18. 马其家主编:《英国及欧盟证券法案例选评》,对外经济贸易大学出版社 2006 年版。

19. 吴弘主编:《证券法论》,世界图书出版公司上海分公司 1998 年版。

20. 中国证监会编:《中国证券监督管理委员会公告》2007 年第 4 期。

21. 贝多广主编:《证券经济理论》,上海人民出版社 1995 年版。

22. 顾肖荣主编:《证券违法犯罪》,上海人民出版社 1994 年版。

二、著作类

1. 陈兴良:《刑法疏议》,中国人民公安大学出版社 1997 年版。

2. 顾肖荣、张国炎:《证券期货犯罪比较研究》,法律出版社 2003 年版。

3. 刘宪权:《金融犯罪刑法理论与实践》,北京大学出版社 2008 年版。

4. 刘宪权:《金融犯罪刑法学专论》,北京大学出版社 2010 年版。

5. 刘宪权、谢杰:《证券期货犯罪刑法理论与实务》,上海人民出版社 2012 年版。

6. 杨亮:《内幕交易论》,北京大学出版社 2001 年版。

7. 胡启忠等:《金融犯罪论》,西南财经大学出版社 2001 年版。

8. 李宇先、贺小电:《证券犯罪的定罪与量刑》,人民法院出版社 2000 年版。

9. 郑顺炎:《证券内幕交易规制的本土化研究》,北京大学出版社 2002 年版。

10. 朱锦清:《证券法学》(第三版),北京大学出版社 2011 年版。

11. 张小宁:《证券内幕交易罪研究》,中国人民公安大学出版社 2011 年版。

12. 马韬:《中国证券市场内幕交易监管实践研究和案例分析》,中国方正出版社 2014 年版。

13. 《芬兰刑法典》,肖怡译、卢建平审校,北京大学出版社 2005 年版。

14. 魏智彬:《证券及相关犯罪认定处理》,中国方正出版社 1999 年版。

15. 王新:《金融刑法导论》,北京大学出版社 1998 年版。

16. 王晨:《证券期货犯罪的认定与处罚》,知识产权出版社 2008 年版。

17. 张维迎:《市场的逻辑》,上海人民出版社 2012 年版。

18. 汪永清:《行政处罚》,中国政法大学出版社 1994 年版。

19. 胡光志:《内幕交易及其法律控制研究》,法律出版社 2002 年版。

20. 姜华东:《证券市场内幕交易监管的经济学分析》,安徽大学出版社 2010 年版。

21. 贺绍奇:《内幕交易的法律透视》,人民法院出版社 2000 年版。

22. 张宗新:《证券市场内幕操纵与监管控制》,中国金融出版社 2007 年版。

23. 曹里加:《证券执法体系比较研究》,北京大学出版社 2008 年版。

24. 〔英〕理查德·亚历山大:《内幕交易与洗钱——欧盟的法律与实践》,范明志、孙芳龙等译,法律出版社 2011 年版。

25. 〔美〕彼得·G.伦斯特洛姆编:《美国法律辞典》,贺卫方等译,中国政法大学出版社 1998 年版。

26. 〔美〕莱瑞·D.索德奎斯特:《美国证券法解读》,胡轩之、张云辉译,法律出版社 2004 年版。

27. 〔美〕乔尔·塞利格曼:《华尔街变迁史——证券交易委员会及现代公司融资制度的演化进程》(修订版),田风辉译,经济科学出版社 2004 年版。

28. 〔美〕路易斯·罗恩:《美国证券监管法基础》,张路等译,法律出版社 2008 年版。

29. 〔美〕理查德·A.波斯纳:《法律的经济分析》,蒋兆康译,中国大百科全书出版社 1997 年版。

30. 〔美〕罗纳德·H.科斯等:《财产权利与制度变迁——产权学派与新制度学派译文集》,刘守英等译,格致出版社、上海三联书店、上海人民出版社 2014 年版。

31. 〔日〕森田章:《公开公司法论》,黄晓林编译,中国政法大学出版社 2012 年版。

32. 〔日〕河本一郎、大武泰南:《证券交易法概论(第四版)》,侯水平译,法律出版社 2001 年版。

33. 〔日〕芝原邦尔:《经济刑法》,金光旭译,法律出版社 2002 年版。

34. 赖英照:《股市游戏规则——最新证券交易法解析》,中国政法大学出版社 2004 年版。

35. 刘连煜:《内线交易构成要件》(第二版),元照出版公司 2012 年版。

36. 林山田:《经济犯罪与经济刑法》,台北:三民书局 1981 年版。

37. 高如星、王敏祥:《美国证券法》,法律出版社 2002 年版。

38. 朱伟一:《美国证券法判例解析》,中国法制出版社 2002 年版。

三、论文类

1. 刘宪权:《内幕交易、泄露内幕信息罪若干疑难问题探析》,载《犯罪研究》2003 年第 2 期。

2. 刘宪权:《论内幕交易犯罪最新司法解释及法律适用》,载《法学家》2012 年第 5 期。

3. 谢望原:《简评〈刑法修正案(七)〉》,载《法学杂志》2009 年第 6 期。

4. 龙宗智、潘君贵:《我国实行辩诉交易的依据和限度》,载《四川大学学报(哲学社会科学版)》2003 年第 1 期。

5. 陈兴良:《论行政处罚与刑罚处罚的关系》,载《中国法学》1992 年第 4 期。

6. 曾洋:《证券内幕交易主体识别的理论基础及逻辑展开》,载《中国法学》2014 年第 2 期。

7. 程皓:《内幕交易、泄露内幕信息罪若干问题研究》,载《法学评论(双月刊)》2006 年第 4 期。

8. 王新:《不法与行政犯罪区分视角下的内幕交易罪——兼评内幕交易罪司法解释》,载《法学评论》2012 年第 8 期。

9. 冯殿美、杜娟:《内幕交易、泄露内幕信息罪若干问题研究》,载《法学论坛》2006 年第 2 期。

10. 井涛:《英国规制内幕交易的新发展》,载《环球法律评论》2007 年第 1 期。

11. 邢怀柱:《证券犯罪及其立法评述》,载陈兴良主编:《刑事法评论》(第 3 卷),中国政法大学出版社 1999 年版。

12. 张小宁:《论内幕交易罪中"内幕信息"的界定》,载《昆明理工大学学报(社会科学版)》2009 年第 3 期。

13. 主力军:《欧盟禁止内幕交易制度的立法实践及启示》,载《政治与法律》2009 年第 5 期。

14. 闫殿军:《内幕交易、泄露内幕信息罪主体研究——从美国内幕交易归责理论谈我国内幕交易、泄露内幕信息罪的主体》,载《商丘师范学院学报》2000 年第 3 期。

15. 谢杰:《最新内幕交易犯罪司法解释的缺陷与规则优化》,载《法学》2012 年第 10 期。

16. 时延安:《行政处罚权与刑罚权的纠葛及其厘清》,载《东方法学》2008 年第 4 期。

17. 郭华:《行政执法与刑事司法衔接机制的立法问题研究——以公安机关的经济犯罪侦查为中心》,载《犯罪研究》2009 年第 1 期。

18. 徐燕平:《行政执法与刑事司法相衔接工作机制研究》,载《犯罪研究》2005 年第

2 期。

19. 崔磊:《论证券、期货内幕交易罪》,载《中北大学学报(社会科学版)》2008 年第 2 期。

20. 穆津:《我国禁止证券内幕交易立法与执法的若干问题》,载《深圳大学学报(人文社会科学版)》1997 年第 3 期。

21. 王安全:《试论内幕交易犯罪的特点和侦查方法》,载《犯罪研究》1999 年第 4 期。

22. 庞良程:《证券内幕交易罪的构成及认定》,载《中央检察官管理学院学报》1998 年第 1 期。

23. 陈柱钊:《不作为型内幕交易罪》,载《长春工程学院学报(社会科学版)》2007 年第 2 期。

24. 喻福东:《证券内幕交易罪概念的重新界定》,载《求索》2006 年第 2 期。

25. 刘衍明:《内幕交易罪的理解与适用》,载《中国检察官》2009 年第 6 期。

26. 章惠萍、徐安住:《论内幕交易罪》,载《河北法学》2002 年第 1 期。

27. 王政勋:《证券、期货内幕交易、泄露内幕信息罪问题研究》,载《中国刑事法杂志》2003 年第 4 期。

28. 马克昌:《论内幕交易、泄露内幕信息罪》,载《中国刑事法杂志》1998 第 1 期。

29. 郑顺炎、陈洁:《证券内幕交易犯罪构成要件刍议》,载《人民司法》1998 年第 2 期。

30. 庄玉友:《日本金融商品交易法述评》,载《证券市场导报》2008 年第 5 期。

31. 张小宁、刘勇:《中日证券法关于内幕人员范围的比较研究》,载《山东警察学院学报》2010 年第 6 期。

32. 胡光志:《论证券内幕信息的构成要素》,载《云南大学学报(法学版)》2002 年第 4 期。

33. 林国全:《2010 年 5 月"证券交易法"修正评析》,载《台湾法学》第 155 期。

34. 陈晓:《论对内幕交易罪的法律规制》,载梁慧星主编:《民商法论丛》(第五卷),法律出版社 1996 年版。

35. 苗有水、刘晓虎:《〈关于办理内幕交易、泄露内幕信息刑事案件具体应用法律若干问题的解释〉的理解与适用》,载《人民司法》2012 年第 15 期。

36. 陈海鹰、朱卫明、叶建平:《泄露内幕信息罪、内幕交易罪的若干问题探析——由

"杭萧钢构案"展开》,载《法治研究》2008年第3期。

37. 王涛:《内幕信息敏感期的司法认定》,载《中国刑事法杂志》2012年第11期。

38. 黄华平、杜卫东:《试论内幕交易罪》,载《公安大学学报》2000年第1期。

39. 张惠芳:《浅析内幕交易、泄露内幕信息罪的几个问题》,载《河北法学》2004年第9期。

40. 余萍:《内幕交易犯罪定罪难点分析》,载《河北法学》2010年第2期。

41. 刘爱童:《证券、期货内幕交易犯罪若干问题研究——以内幕交易、泄露内幕信息罪为视角》,载《武汉理工大学学报(社会科学版)》2012年第4期。

42. 王作富、顾雷:《证券内幕交易中短线交易犯罪的认定与处罚研究》,载《法学论坛》2001年第2期。

43. 喻福东:《短线交易入罪问题之思考》,载《经济师》2006年第1期。

44. 顾雷:《内幕交易罪的主体结构完善与处罚平衡发展》,载《法学论坛》2000年第6期。

45. 肖中华、马渊杰:《内幕交易、泄露内幕信息罪认定的若干问题——以"两高"司法解释和证监会规章的比较为视角》,载《贵州大学学报(社会科学版)》2013年第1期。

46. 谢杰:《抢先交易刑法规制全球考察——比较法视野下市场操纵犯罪法律完善的启示》,载《海峡法学》2012年第1期。

47. 彭晶:《内幕交易罪的认定及有关争议问题》,载《中国检察官》2011年第9期。

48. 马登民、包雯:《内幕交易罪的法学思考》,载《法学》1995年第1期。

49. 岳平:《内幕交易、泄露内幕信息罪之认定与处罚》,载《上海大学学报(社会科学版)》2004年第3期。

50. 万玲:《美国内幕交易归责理论研究》,载《政法论坛》2004年第3期。

51. 王春丽、闻志强:《完善行政执法与刑事司法相衔接应处理好三个关系》,载《上海法学研究》2013年第1期。

52. 周佑勇、刘艳红:《论行政处罚与刑罚处罚的适用衔接》,载《法律科学》1997年第2期。

53. 金文彤:《论"刑事优先"原则及其适用》,载《法学评论》1995年第6期。

54. 叶群声:《行政处罚与刑罚的适用衔接》,载《江西社会科学》2004年第3期。

55. 范雪旺:《证券犯罪中的行刑转化问题分析》,载《中国检察官》2011年第3期。

56. 唐光诚:《论人民检察院对行政处罚权的刑事法律监督》,载《行政法学研究》

2008 年第 2 期。

57. 陈为:《监管内幕交易面临五大难题》,载《证券市场周刊》2007 年 5 月 11 日。

58. 肖磊:《对我国股市内幕交易的实证研究》,载《金融与经济》2005 年第 6 期。

59. 陈岚:《德国内幕交易立法评述》,载《现代法学》1999 年第 2 期。

60. 史永东、蒋贤锋:《内幕交易、股价波动与信息不对称:基于中国股票市场的经验研究》,载《世界经济》2004 年第 12 期。

61. 张许宏:《股票市场内幕信息操纵的实证研究》,载《科技情报开发与经济》2007 年第 33 期。

62. 蔡奕:《我国证券市场内幕交易的法学实证研究——来自 31 起内幕交易成案的统计分析》,载《证券市场导报》2011 年第 7 期。

63. 陈舜:《内幕交易理论的普通法基础》,载《证券市场导报》2005 年第 1 期。

64. 陈洁、曾洋:《对 8.16"光大事件"内幕交易定性之质疑》,载《法学评论》2014 年第 1 期。

65. 何青:《内部人交易与股票市场回报》,载《经济理论与经济管理》2012 年第 2 期。

66. 胡旭宇:《内幕交易犯罪客观要件的认定——以美国对证券内幕交易罪的相关规定为视角》,载《上海公安高等专科学校学报》2014 年第 2 期。

67. 刘英:《内幕交易及其遏制方法》,载《中国金融》2011 年第 3 期。

68. 陆颢:《基于国情的我国证券内幕交易防控体系构建》,载《南通职业大学学报》2014 年第 2 期。

69. 齐文远、金泽刚:《内幕交易的经济分析与法律规制》,载《法商研究》2002 年第 4 期。

70. 于莹:《内幕交易法律监管的正当性分析》,载《当代法学》2005 年第 2 期。

71. 占先:《论我国对跨境证券内幕交易的监管》,载《金卡工程》2009 年第 2 期。

72. 张建伟、张锐:《美国内幕交易执法理论演进》,载《复旦学报(社会科学版)》2006 年第 1 期。

73. 张心向:《我国证券内幕交易行为之处罚现状分析》,载《当代法学》2013 年第 4 期。

74. 傅勇、谭松涛:《股权分置改革中的机构合谋与内幕交易》,载《金融研究》2008 年第 3 期。

75. 毛玲玲:《中美证券内幕交易规制的比较与借鉴》,载《法学》2007 年第 7 期。

76. 马勇:《监管独立性、金融稳定与金融效率》,载《国际金融研究》2010 年第 11 期。

77. 黄复兴:《后股改时代资本市场安全问题研究》,载《社会科学》2007 年第 3 期。

78. 洪艳蓉:《美国证券交易委员会行政执法机制研究:"独立""高效"与"负责"》,载《比较法研究》2009 年第 1 期。

79. 彭冰:《内幕交易行政处罚案例初步研究》,载《证券法苑》2010 年第 2 期。

80. 张苏:《对内幕交易罪争议要素的评释》,载《中国刑事法杂志》2010 年第 4 期。

81. 朱文超:《并购重组中的内幕交易主体规制——以证券法相关制度完善为依归》,载《证券法苑》2011 年第 5 卷。

82. 赵秉志、陈志军:《证券内幕交易犯罪若干问题比较研究》,载《比较法研究》2005 年第 3 期。

83. 张新、祝红梅:《内幕交易的经济学分析》,载《经济学(季刊)》2003 年第 3 卷第 1 期。

84. 朱伟骅:《内幕交易监管与监管困境研究综述》,载《证券市场导报》2007 年第 9 期。

85. 张育军:《中国证券市场监管能力和监管效率分析》,载《证券市场导报》2003 年第 7 期。

86. 郑彧:《证券市场零和博弈与监管有效性的法经济学分析》,载《法制与社会发展》2011 年第 5 期。

87. 〔日〕射手矢好雄:《关于日本证券内幕交易实务上的诸问题》,1999 年 11 月中日证券法律研讨会论文。

88. 张小宁、解永照:《论美国证券内幕交易罪中"欺诈"的判断方法》,载《中州大学学报》2012 年第 1 期。

89. 谢杰:《论资本市场内幕交易法律监管的完善路径》,载《上海商学院学报》2011 年第 2 期。

90. 王玉杰:《中德反内幕交易罪机制比较研究》,载《金融理论与实践》2009 年第 10 期。

91. 张镇安:《公司控股股东和实际控制人内幕交易罪的认定》,载《人民司法》2011 年第 20 期。

92. 林冲:《关联方之间内幕信息传递行为认定——兼论内幕交易之利用要件》,载《宁夏党校学报》2015 年第 1 期。

93. 张鹏:《内幕交易规制的理论及实务疑难问题研究》,载《法律适用》2015 年第 3 期。

94. 王新:《内幕交易罪危险犯性质及犯罪形态的探析》,载《中国刑事法杂志》2012 年第 3 期。

95. 贺卫、吴加明:《内幕交易罪中内幕信息的司法认定》,载《上海政法学院学报》2013 年第 3 期。

96. 李心丹、宋素荣、卢斌、查晓磊:《证券市场内幕交易的行为动机研究》,载《经济研究》2008 年第 10 期。

97. 李建玲、郭琳:《未实际谋得利益亦可构成内幕交易罪》,载《人民检察》2004 年第 5 期。

98. 杨柳春风:《证券内幕交易、泄露内幕信息犯罪基本问题研究——以〈证券法〉与〈刑法〉的比较为视角》,载《成都师范学院学报》2015 年第 1 期。

99. 俞绍文、张磊:《上市公司大股东内幕交易行为对股票表现的影响》,载《企业经济》2015 年第 1 期。

100. 谢杰:《内幕信息形成时间司法认定问题研究——以法释〔2012〕6 号司法解释第 5 条为中心的刑法解析》,载《中国刑事法杂志》2013 年第 5 期。

101. 薛进展、闫艳、谢杰:《后金融危机时代背景下中国证券中介服务法律监管的优化路径》,载《上海商学院学报》2010 年第 5 期。

102. 毛玲玲:《证券刑法的矛盾样态及反思》,载《中外法学》2014 年第 3 期。

四、外文文献

1. William K. S. Wang, Marc I. Steinberg, Insider Trading, 3red ed. , Oxford University Press, 2010.

2. Arthur Levitt, A Question of Investor Integrity: Promoting Investor Confidence by Fighting Insider Trading, SEC conference, 27 Feb. 1998, cited in Small, R. G. , Path Dependence and the Law: A Law and Economics Analysis of the Development of the Insider Trading Laws of the US, UK and Japan, PhD thesis, University of London, 2001.

3. Practice Notes, Council Statement(1974) 71 Law Society Gazette 395, cited in Rid-

er, B. A. K. (1978), The Fiduciary and the Frying Pan, 42 the Conveyancer 114, 122.

4. Rider, B. A. K., Abrams, C. and Ashe, T. M., Financial Services Regulation CCH Editions, 1997.

5. Report of the Attorney-General's Committee on Securities Legislation in Ontario ("Kimber Report"), 1966, 1.09.

6. Ausubel, L. M., Insider Trading in a Rational Expectations Economy, The American Economic Review, Vol. 80, 1990.

7. Directive 2003/6/EC of The European Parliament and of The Council of 28 January 2003 on Insider Dealing and Market Manipulation (Market Abuse).

8. Burton G. Malkiel, Eugene F. Fama, Efficient Capital Markets: A Review of Theory and Empirical Work, 25 Journal of Finance 383, 384(1970).

9. Corporations and Markets Advisory Committee (Australia), Insider Trading Report (November 2003).

10. George J. Stigler, Public Regulation of the Security Markets, Journal of Business, Vol. 37, 1964.

11. Carol J. Simon, The Effect of the 1933 Security Act on Investor Information and Performance of New Issues, The American Economic Review, Vol. 79, 1989.

12. Donald E. Farrar, The Coming Reform on Wall Street, Harvard Business Review (Sep.-Oct.), 1972.

13. Evan J. Charles, SEC and Law Firm Liability After "Central Bank", New York Law Journal, July 31, 1998.

14. Laurence A. Steckman, Attorney liability of Security Fraud After Washington National Life Insurance Co. of New York v. Morgan Stanly&Co., Security Regulation Law Journal, Vol. 29, 2000.

15. Jeffrey F. Jaffe, The Effect of Regulation Changes on Insider Trading, The Bell Journal of Economics and Management Science, Vol. 5, 1974.

16. Bainbrige, S. M., Insider Trading: An Overview, In Bouckaert, B., Geest, G. D., Encyclopedia of Law and Economics, Cheltenham: Edward Elgar Publishing, 2000.

17. Penman, S. H., Insider Trading and the Dissemination of Firms Forecast Information, Journal of Business, Vol. 55, 1982.

18. Sivakumar,K.,Waymire G.,Insider Trading Following Material News Events: Evidence from Earning,Financial Management,Vol. 23,1994.

19. Manne,G.,Insider Trading and the Stock Market,New York: The Free Press,1996.

20. Litman,J.,Information Privacy,Information Property,Stanford Law Review,Vol. 15,2000.

21. Kathleen M. Kahle,Insider Trading and the Long-Run Performance of New Security Issues,Journal of Corporate Finance,Vol. 6,2000.

22. Niamh Moloney,EC Security Regulation,Oxford University Press,2002.

23. Mark Stamp,Carson Welsh,International Insider Dealing,FT Law and Tax,Biddles Limited,1996.